U0653636

暨南大學第十九批教學改革項目本科課程中心專項（項目編號：JG2017060）

廣東省高水平大學建設經費資助出版

中古近代漢語概論

曾昭聰 編著

暨南大學出版社
JINAN UNIVERSITY PRESS

中国·广州

圖書在版編目（CIP）數據

中古近代漢語概論/曾昭聰編著. —廣州：暨南大學出版社，2018.8
ISBN 978 - 7 - 5668 - 2462 - 2

Ⅰ.①中…　Ⅱ.①曾…　Ⅲ.①古漢語—研究—中古 ②漢語—研究—近代
Ⅳ.①H109.2 ②H109.3

中國版本圖書館 CIP 數據核字（2018）第 193471 號

中古近代漢語概論
ZHONGGU JINDAI HANYU GAILUN
編著者：曾昭聰

出 版 人：徐義雄
策劃編輯：杜小陸
責任編輯：周玉宏　黄　穎
責任校對：劉雨婷　鄧麗藤
責任印製：湯慧君　周一丹

出版發行：暨南大學出版社（510630）
電　　話：總編室（8620）85221601
　　　　　營銷部（8620）85225284　85228291　85228292（郵購）
傳　　真：（8620）85221583（辦公室）　85223774（營銷部）
網　　址：http：//www.jnupress.com
排　　版：廣州良弓廣告有限公司
印　　刷：廣州家聯印刷有限公司
開　　本：787mm×1092mm　1/16
印　　張：14.25
字　　數：300 千
版　　次：2018 年 8 月第 1 版
印　　次：2018 年 8 月第 1 次
定　　價：49.80 圓

（暨大版圖書如有印裝質量問題，請與出版社總編室聯繫調換）

前　言

中古近代漢語是與上古漢語、現代漢語相對而言的。上古漢語指先秦至西漢時期的漢語，記錄的是文言。中古近代漢語則是指從東漢至清初這一歷史時期的漢語，它的特點是記錄了這一時期的漢語口語發展的實際情況，因此對於整個漢語史的研究以及現代漢語的研究都是有價值的。我們在古代漢語這門課程中學習的主要是上古漢語，是以學習文言文爲主的。中古近代漢語這門課則是以幫助大家了解中古近代漢語階段漢語口語在語音、詞彙、語法方面的發展情況爲主，同時也要了解記錄這些語言現象的文獻以及文獻中常見的俗字。

蔣紹愚先生曾經總結王力先生關於漢語歷史詞彙學的研究：“（王力先生説：）‘舊訓詁學的弊病，最大的一點乃是崇古。小學本是經學的附庸，最初的目的在乎明經，後來範圍較大，也不過限於明古。先秦的字義，差不多成爲小學家唯一的對象。’‘我們必須打破小學爲經學附庸的舊觀念，然後新訓詁學才能成爲語史學的一個部分。’（以上引文均見《新訓詁學》，1947 年。《王力文集》第 16 卷）這些話告訴我們：1. 漢語歷史詞彙研究的範圍不應該局限於先秦，而應該擴大到漢語歷史的每一時期。2. 漢語歷史詞彙研究的目的不是‘明經’，而是對漢語詞彙作歷史的研究，它是整個漢語歷史語言學的一個部分。”①

蔣禮鴻先生曾經説：“（清代學者）研究的對象，都是先秦兩漢之書，至多到六朝時爲止，而且還是偏於南朝的。在這一時代以後的語言的詞彙，他們就不甚過問。近代學者才來彌補這一空白。”“對於前人已經研究過的和沒有研究過的，還大有可以繼續努力的餘地。”②

王鍈先生曾經指出：“漢語傳世文獻存在文言和白話兩大系統，中古和近代正是白話系統由萌芽而漸臻成熟的時期。在這一時期內，漢語詞彙面貌發生了很大變化。但由於歷史的原因，前人對此重視不够，給漢語詞彙史的研究留下了大段空白。……中古階段經過一些學者的努力，雖也取得不少成果，但相形之下卻仍顯得

---

① 蔣紹愚：《王力先生的漢語歷史詞彙學研究》，《北京大學學報》（哲學社會科學版）2010 年第 5 期。
② 蔣禮鴻：《訓詁學説略》，載蔣禮鴻著，吳熊和主編：《蔣禮鴻集》（第三卷），杭州：浙江教育出版社 2001 年版，第 19–20 頁。

較爲滯後。這一問題如不及時解決，則近代漢語詞彙研究乃至整個漢語詞彙史的系統性和科學性都將受到嚴重影響。"①

幾位前輩論述中祇是舉例説到中古近代漢語詞彙，實際上俗字、語音、語法諸方面同樣如此。另外，前輩學者都强調漢語史要打通起來研究，作爲記録古白話的中古漢語、近代漢語性質相同，有必要聯繫在一起進行了解、研究。

關於中古近代漢語研究的意義，王鍈先生也作了很好的説明。從漢語詞彙史的角度來説，"詞彙史的研究存在著詳古略近、頭重脚輕的狀況"。"對於白話詞彙，由於問津者少，至今心中無數，許多詞似懂非懂，或祇知其一不知其二。這樣，對於現代漢語某些詞語的語源及其演變，以至整個現代漢語（普通話及各大方言）詞彙的形成，也就難以作出科學的全面的説明。"從辭書編纂角度來説，"大型詞典是詞彙史研究成果的直接體現者。它與中小型詞典不同的是，不僅收詞範圍更廣，舉例釋義更細更全，而且需要窮源溯流。這與白話詞彙研究的關係也十分密切"。從文獻作品的注釋和閱讀角度來説，"由於作爲解字釋詞之'典'的詞典在詮釋白話語詞方面尚有不足，這就必然給讀者閱讀以至注家注釋這一歷史階段的作品帶來困難"。"加强白話詞彙的研究，亦爲批判繼承此段文學乃至全部文學遺產所必需。讀者之困惑限於一己，尚無大礙；注家誤釋，則勢必謬種流傳，影響匪淺。"從作品的斷句校勘角度來説，"古代白話詞彙的研究與作品的斷句校勘亦關係至密。加强這方面的研究，無疑有助於提高古籍整理工作的質量，反之則會影響質量"。②

前輩學者關於中古近代漢語研究的對象、意義的闡述已經非常清楚了，無須我們贅言。本書力圖綜合概括學界已有的相關研究成果，希望能起到引導大學生了解中古近代漢語的作用。因爲本書的編寫目標是基礎知識的講授，以培養學生對中古近代漢語的興趣爲主而不是以培養研究能力爲主，加上本書從實用性出發，篇幅限定在一個學期（每周兩節）的授課時間之内，因此，前賢時彦的諸多研究性成果，未能一一引述、介紹，掛一漏萬在所難免，這是頗感遺憾的。

千里之行，始於足下。對中古近代漢語有興趣以及有志於從事中古近代漢語研究的同學們，請從這裏開始。

曾昭聰

2018 年 6 月

---

① 王鍈：《近代漢語詞彙研究與中古漢語》，載《近代漢語詞彙語法散論》，北京：商務印書館 2004 年版，第 62 頁。

② 王鍈：《試論古代白話詞彙研究的意義與作用》，載《近代漢語詞彙語法散論》，北京：商務印書館 2004 年版，第 7 - 27 頁。

目　錄

1 緒論

中古近代漢語的特點是記録漢語口語發展的實際情況。從漢語史的角度來説，中古近代漢語實際上就是古白話史。本章簡要介紹古白話的形成、漢語史的分期、中古近代漢語的界定與特點及其與現代漢語的關係。

1.1 文言與白話

1.1.1 文言與白話的發展歷史

所謂文言，本指古代正統的書面語言。"文言"一詞，原是《易傳》中的篇名，屬《十翼》之一，專門解釋乾坤二卦。孔穎達疏引莊氏説："文謂文飾，以乾坤德大，故特文飾以爲文言。"文飾之言即有文采的語言，後來即以"文言"指書面中所使用的特殊語言。

從漢語史的發展過程來看，文言不是憑空産生的。記録殷商時期語言的代表文獻是殷商甲骨卜辭、彝器銘文和《尚書·商書》，這些文獻的語言可以稱爲"殷商古語"，特點是艱深古奧。西周時期存在兩套書面語言：一是沿襲前朝的"殷商古語"；一是周人通過揚棄"殷商古語"並提煉周人口語而形成的"文言"。"殷商古語"和周人"文言"都是經過提煉的書面語言，但是兩者在文字、詞彙、句式、語法、語用、修辭諸方面都有區別。西周銘文、周原甲骨卜辭、《尚書·周書》《詩經·周頌》《詩經·大雅》語言因襲"殷商古語"，《周易》卦爻辭、《國語》中西周散文和《詩經》西周風詩則採用相對平易的"文言"。隨著歷史文化條件的變遷，"殷商古語"逐漸走向衰落，"文言"因其接近時代、貼近生活、易懂易寫、便於交流而廣爲接受，成爲春秋戰國以後的主流書面語言。

例如，《尚書·商書·盤庚上》"無傲從康"，表達的是"無傲，無從（縱），無康"。又《盤庚下》"予其懋簡相爾"一句，懋，勉勵；簡，挑選；相，視才而用。句意爲："我將會勉勵你們，從你們當中挑選人才，視你們的才能而加以任用。"又如《盤庚下》"鞠人謀人之保居敍欽"一句，近人戴鈞衡《書傳補商》認爲：鞠，養育；

謀，謀劃；保，安；居，居住；敍，任用；欽，尊敬。句意爲："凡是那些能够養育民衆的人，以及那些爲民衆安居謀劃的人，我都會敍用他們，尊敬他們。"①

《尚書·周書》的語言是沿襲"殷商古語"的，漢代的司馬遷在《史記》中就曾將《尚書》中部分古奧晦澀的詞語改成相對平易的文言。試看下面的例子：

《尚書·周書·吕刑》：

王曰：吁，來！有邦有土，告爾祥刑。在今爾安百姓，何擇非人？何敬非刑？何度非及？兩造具備，師聽五辭。五辭簡孚，正於五刑。五刑不簡，正於五罰。五罰不服，正於五過。五過之疵，惟官、惟反、惟内、惟貨、惟來，其罪惟均，其審克之。五刑之疑有赦，五罰之疑有赦，其審克之。簡孚有衆，惟貌有稽。無簡不聽，具嚴天威。

《史記·周本紀》：

王曰：吁，來！有國有土，告汝祥刑。在今爾安百姓，何擇非其人，何敬非其刑，何居非其宜與？兩造具備，師聽五辭。五辭簡信，正於五刑。五刑不簡，正於五罰。五罰不服，正於五過。五過之疵，官獄内獄，閱實其罪，惟鈞其過。五刑之疑有赦，五罰之疑有赦，其審克之。簡信有衆，惟訊有稽。無簡不疑，共嚴天威。

司馬遷替換之詞有多處。以"五辭簡孚"一句爲例，《史記》以"信"代"孚"。按，《説文·爪部》："孚，卵孚也。從爪，從子。一曰信也。"段玉裁將"卵孚也"校改爲"卵即孚也"。注："'即'字依玄應書補。《通俗文》：'卵化曰孚。'音方赴反。《廣雅》：'孚，生也。'謂子出於卵也。《方言》：'雞卵伏而未孚。'於此可得孚之解矣。卵因伏而孚，學者因即呼伏爲孚。"對於《説文》的"一曰信也"，段玉裁注釋："此即卵即孚引伸之義也。雞卵之必爲雞，鼉卵之必爲鼉，人言之信如是矣。"此説與徐鍇之説不同。徐鍇説："鳥之孚卵皆如其期，不失信也。鳥裦恒以爪反復其卵也。"又，《説文·人部》："信，誠也。從人言。""孚"本指孚（孵）化，引申指信誠義，《史記》以"信"代"孚"，使語義更爲清楚。

從語言材料的實際來看，文言與口頭語言的距離近了一步，例如《詩經》《論語》《孟子》等先秦文獻，就多是當時口頭語言的書面記載（當然從今天讀者的角度來看，能感受到的口語成分的多少並不一致）。在進行書面表達時，人們可以更充分地發揮個人的創造性，因而書面語言大多比口語在詞彙量上更爲豐富，在修辭上更爲精練簡潔，

---

① 以上兩段内容，詳參陳桐生：《商周文學語言因革論》，《文學遺産》2016 年第 4 期。

富有文采，具有更强的表現力。比較一下《論語》與《孟子》可以看出，二書分別以記錄孔、孟言行爲主，但由於後者是孟子及其弟子共同編寫完成，因而能長篇巨製，邏輯性極强，修辭的表達也更多樣化。在先秦語料的基礎上，逐漸形成了一種特殊的書面語言，並逐漸與一直在發展變化的口語脱節，這就是所謂的"文言"。"《詩經》十五國風，率爲各國之歌謡，先秦諸子，或生齊、魯，或隸楚、宋。太史公撰《史記》，亦曾廣遊祖國南北各地。因此，上古典籍，不乏俗語、俚詞。由於時代的久遠，口語與書面語的脱節，以致有初爲俗詞而爲後人所不能曉者，遂有'雅''詁'之作。"①

王力先生在《古代漢語·緒論》中指出："古代漢語是一個比較廣泛的概念，大致説來它有兩個系統：一個是以先秦口語爲基礎而形成的上古漢語書面語言以及後來歷代作家仿古的作品中的語言，也就是通常所謂的文言；一個是唐宋以來以北方話爲基礎而形成的古白話。"

王力先生界定的"文言"非常準確，但關於"白話"的起始時間則需修正。西漢之後，書面語言與口頭語言的分離趨勢越來越明顯。

到東漢，由於多種原因，書面語言與口頭語言成爲兩套差異十分明顯的表達系統，即人們口頭上説的是白話，書面上寫的卻是文言，文言與白話的詞彙、語法等都有很大的差異。胡適《文學改良芻議》："自佛書之輸入，譯者以文言不足以達意，故以淺近之文譯之，其體已近白話。"古人自入學就開始學習文言，有所創作也是以文言居多。從宋呂居仁《軒渠録》所記故事可見當時衹懂文言的文人無法記錄口語的窘態：

　　族嬸陳氏頃寓嚴州，諸子宦遊未歸，偶族侄大琮過嚴州，陳嬸令代作書寄其子，因口授云："孩兒要劣，嫋子又閲閲霍霍地。且買一柄小翦子來，要翦脚上骨茁（上聲）兒肕胝兒也。"大琮遲疑不能下筆。嬸笑曰："原來這廝兒也不識字！"聞者哂之。因説昔時京師有營婦，其夫出戍，嘗以數十錢託一教學秀才寫書寄夫，云："竆賴兒娘傳語竆賴兒爺：竆賴兒自爺去後，直是忔憎兒，每日根（入聲）特特地笑，勃騰騰地跳。天色汪（去聲）囊，不要喫温吞（入聲）蟹託底物事。"秀才沈思久之，卻以錢還，云："你且别處請人寫去。"與此正相似也。竆賴兒，乃子之小名。②

文言是漢代以後官方文獻和正統文學所使用的主要語言，中國傳世文獻大多是用文言寫成。世易時移，五四新文化運動之後，白話取代文言成爲標準語言，但一些文學大

---

① 徐復、唐文《〈吴下方言考〉引言（代前言）》，原刊《江蘇師範學院學報》1980 年第 2 期。此據《吴下方言考校議》（清胡文英著，徐復校議），鳳凰出版社 2012 年版。

② 據元末陶宗儀《説郛》（涵芬樓一百卷本）卷七，見《説郛三種》，上海古籍出版社 1988 年版，第 138 頁。括號中文字原文雙行小字書寫。又，明刻一百二十卷本卷三十四引此，文字略有不同，見《説郛三種》第 1577 頁。

家仍用文言寫下了不少優秀的傳世之作，如魯迅之《中國小説史略》、陳寅恪之《柳如是別傳》、錢鍾書之《談藝録》《管錐編》等。

白話其實也是漢語書面語的一種。因爲我們今天如果不借助書面文獻的記録，就無從了解古代的白話。白話是在口語的基礎上形成的，除了大家所熟知的唐詩、宋詞、宋金元曲、明清小説與歌曲等，還包括漢樂府、東漢以來的漢譯佛經、魏晉南北朝詩歌、唐代變文、唐宋禪宗語録與儒家語録，另外還有歷代的筆記雜著、史書案牘、各類方言俗語辭書等，語料非常豐富。

1.1.2　古白話形成的社會文化原因

古白話的形成，有語言系統内部的原因，也有外部的社會文化方面的原因。語言系統内部的原因所引起的語言變化，例如，語音方面，受三等合口韻母的影響，重唇音變爲輕唇音；詞彙方面，新詞新義大量產生；語法方面，實詞的虚化爲數不少。這些内容，我們以後將會專章介紹。外部的社會文化原因，包括人口遷移、征伐抗爭、佛教傳播、戲曲演唱、科學技術、思想觀念、科舉制度等，每一個方面都對古白話的形成產生了促進作用。

例如，戰爭使得民衆的語言交流增多，這種交流必然以白話爲主。《宋書·張暢傳》記張暢與魏使李孝伯的對話：

暢宣世祖問："致意魏主，知欲相見，常遲面寫。但受命本朝，過蒙藩任，人臣無境外之交，恨不暫悉。且城守備防，邊鎮之常，但悦以使之，故勞而無怨耳。太尉、鎮軍得所送物，魏主意，知復須甘橘，今並付如别。太尉以北土寒鄉，皮絝褶是所須，今致魏主。螺杯、雜粽，南土所珍，鎮軍今以相致。"此信未去，燾復遣使令孝伯傳語曰："魏主有詔語太尉、安北，近以騎至，車兩在後，今端坐無爲，有博具可見借。"暢曰："博具當爲申啓。但向語二王，已非遜辭，且有詔之言，政可施於彼國，何得稱之於此。"……孝伯曰："魏主言太尉、鎮軍並皆年少，分闊南信，殊當憂邑。若欲遣信者，當爲護送；脱須騎者，亦當以馬送之。"暢曰："此方間路甚多，使命日夕往來，不復以此勞魏主。"

以上對話，乍看是純文言，然白話詞語甚多。如"宣"指傳達，"問"指口信，"致意"指問候，"遲"指盼望、等待，"面寫"指面談，"端坐"指安坐，"政可"指祇能，"彼國"指貴國，"並皆"指全都，"分闊"指阻隔，"殊當"指極其，"憂邑"指憂慮，"脱"指如果，"間路"指近路、小路，"使命"指使者，"日夕"指天天，

"勞" 指麻煩, 等等。①

又如《北齊書·綦連猛傳》中的對話, 其白話性質更爲明顯:

爾朱京纏欲投高祖, 謂（綦連）猛曰:"王以爾父兄皆在山東, 每懷不信。爾若不走, 今夜必當殺爾, 可走去。"猛以素蒙（爾朱）兆恩, 拒而不從。京纏曰:"我今亦欲去, 爾從我不?"猛又不從。京纏乃舉枏曰:"爾不從, 我必刺爾。"猛乃從之。去城五十餘里, 即背京纏復歸爾朱（兆）。及兆敗, 乃歸高祖。高祖問曰:"爾朱京纏將爾投我, 爾中路背去何也?"猛乃具陳服事之理, 不可貳心。高祖曰:"爾莫懼, 服事人法須如此。"

戰爭有時導致異族的佔領, 這使得語言接觸成爲日常生活中經常發生的事。語言接觸使漢語的語法、詞彙均產生了比較明顯的變化。例如元代的漢兒言語中, "有" 作爲時製標誌, 表示說話時正在發生或者已經發生但持續到說話時的動作或狀態。《元典章·兵制》:"掛著鷹掉頭, 騷擾百姓有。"《孝經直解》:"這般上頭, 顯得咱每父母名聽有。"《蒙古秘史》中的例子:"母親母親, 疾快起來, 田地顫動的聲音聽得有。""豁阿臣老婦人回說, 載著羊毛有。""看呵, 見裏頭一個少年婦女坐著有。"這裏的 "有" 對應的是蒙古語句法結構中非過去時陳述助詞 –mu 的漢字轉寫。蒙古語動詞的將來時（非過去時）附加成分常用 –mu/ –mü、–mui/ –müi、yu/ –yü 等, 元代直譯體文獻中通常用 "動詞 + 有" 的格式來表示。② 至於元代新興的詞彙現象, 在雜劇散曲中記錄甚多, 其中多有蒙古語外來詞。此不贅述。

佛教傳播對漢語詞彙語法的影響非常大。

梵語 Buddha, 譯作 "佛陀", 或譯爲 "浮屠" "浮圖" "菩提" "勃馱" 等, 簡稱曰 "佛", 意爲 "覺"。佛教認爲, 凡能 "自覺" "覺他" "覺行圓滿" 者皆可爲 "佛陀"。佛教徒即以此作爲對其教主釋迦牟尼的尊稱。在印度阿育王（約前 273—前 232）統治時, 佛教從恒河中下游地區傳播到天竺各地, 並不斷向四周擴展, 終於在西漢末年、東漢初年傳入中國。佛教最早是在西漢哀帝元壽元年（前 2）時傳入的。東漢初年, 漢明帝夜夢金人, 身長六丈, 繞殿飛行。博士傅毅奏道:"西方有神, 其名爲佛, 正如陛下所夢。"於是漢明帝派遣蔡愔、秦景等十多人出使天竺, 求取佛法。使團行至大月氏國（今阿富汗一帶）, 正好遇見在當地傳教的天竺高僧攝摩騰、竺法蘭。永平十年（67）, 漢使梵僧用白馬馱載佛經、佛像, 回到洛陽。天竺高僧開始時下榻於鴻臚

① 參見方一新:《東漢魏晉南北朝史書詞語箋釋·前言》, 合肥: 黃山書社 1997 年版。
② 參見祖生利:《元代白話碑文研究》, 中國社會科學院研究生院博士學位論文, 2000 年; 李偉:《從元漢兒言語 "有" 的用法透視語言接觸下的語言演變》,《語文研究》2009 年第 1 期。

寺。次年，明帝又命於洛陽城西雍門外三里御道之北修建僧院，供僧人長住。此即白馬寺。關於白馬寺的得名之由，傳統説法認爲：一是爲紀念白馬馱經之功，二是紀念最初下榻於鴻臚寺。最新研究表明：寺名實際上是意爲"蓮花"的梵語詞 padma 的音譯。pad 與漢語"白"bak 對音。[1] 白馬寺建立以後，許多僧徒相繼在此翻譯佛經。相傳攝摩騰、竺法蘭翻譯的《四十二章經》就是第一部漢文佛經。[2] 東漢末年以後，外國僧人和我國西部地區僧人翻譯的佛經日多，天竺的小乘佛教和大乘佛教同時被介紹到中國。隨著漢譯佛經的興起，佛經在中國得到了廣泛的傳播。

佛教剛興起時並無佛經。佛涅槃之後三個月，以弟子摩訶迦葉爲首的五百羅漢集於王舍城外之七葉窟中，由多聞第一的阿難誦出經藏，由持戒第一的優波離誦出僧團戒律，由苦行第一的摩訶迦葉誦出關於教理的解釋和研究的論著，全體認可，即形成了佛教的經、律、論三藏。佛滅後四百年中，共進行了四次結集。據《出三藏記集》，漢靈帝光和二年（179），天竺竺朔佛口授，月支支婁迦讖"傳言"，"授與"洛陽人孟元士，張少安"筆受"，四人共譯《般舟三昧經》。所以《般舟三昧經》的譯者雖然是支婁迦讖，但孟元士在"宣梵爲漢"的過程中起了重要的作用。月支高僧竺法護早期譯經有《須真天子經》和《正法華經》。《須真天子經》的參譯人，除竺法護本人外，還有"傳言者"安文惠、帛元信，"筆受者"聶承遠等；《正法華經》的翻譯，帛元信與天竺沙門竺力共任"參校""重校"，另有"勸助者"（贊助者）六人。"傳言者"一職，支婁迦讖是自任，竺法護則是安排安、帛二人。後來譯經程式有所簡化。正是因爲早期的佛經翻譯經過多人之手，口耳相傳，使它不可避免地使用了當時不少的口語詞；又因爲佛經原文中的某些詞没有與之相對應的漢語詞語，同時翻譯者想保留佛經原文的内容和形式，因而也自創了相當多的詞彙。這些詞彙隨著佛經在中國的傳播，影響也日益擴大，對漢語詞彙的發展有著不可磨滅的貢獻。後來有些高僧因爲漢語水準特別高，例如唐代玄奘的譯經，譯文精美流暢，文言色彩濃厚，但是其中能夠反映當時語言狀況的口語詞卻較少。

---

① 參見〔美〕王士元：《白馬非馬：一個俗語源的考察》，載〔美〕王士元著，石鋒等譯：《語言的探索——王士元語言學論文選譯》，北京：北京語言文化大學出版社 2000 年版。又，徐時儀認爲：蓮花在梵語中分爲青、黄、赤、白四種，其中音譯爲"波頭摩"或"鉢頭摩"的梵語詞 padma 赤蓮花較爲常見。由於古代漢語以單音節爲主和漢字表義性的特點，漢語在吸收接納外來詞時往往立於適應自己的結構特點而對外來詞的結構作調整，梵語詞 padma 演變爲"白馬"一詞亦可能出於漢語外來詞單音化的省略和意譯，即 padma 第一個音節 pad 的對音 bak 意譯爲"白蓮"的"白"，此後適應漢語詞彙雙音化的趨勢又取文獻所載白馬馱經的俗語源義而將其意譯爲"白馬"。見徐時儀：《白馬寺寺名探疑》，《古籍整理研究學刊》2002 年第 4 期。

② 《四十二章經》的翻譯年代學術界爭議很大。郭朋《中國佛教思想史》認爲："《四十二章經》中有儒、道兩家的内容，表明儒、道兩家的思想，已滲透到這部早期佛經裏，而又有不少大乘甚至禪宗的貨色，則又表明了這部基本上屬於小乘的佛經，確實已迭經後人竄改過！……當然，儘管《四十二章經》迭經竄改，但歸根結柢，它仍不失爲漢代的一部早期佛經，這當是勿庸置疑的。"見該書上卷，廈門：福建人民出版社 1994 年版，第 65 頁。也就是説，該經可視作經後人潤色過的漢譯本。

　　從東漢以來，漢語從佛經中汲取了大量的借詞，這些借詞有一般的常用詞，也有不少熟語。

　　例如以"魔"爲語素的詞就有一大批：

　　魔子、魔女、魔國、魔民、魔軍、魔界、魔宫、魔障、魔道、魔事、魔戒、魔網、魔緣、魔病、魔境、魔鄉、魔鬼、魔力、魔掌、魔法、魔術、魔窟、魔方、魔頭、魔系、魔縛、魔棍、魔杖、魔難、魔怪、魔母、魔媼、魔怔、魔火、陰魔、死魔、妖魔、業魔、心魔、病魔、著魔、入魔、惡魔、邪魔、群魔亂舞、邪魔外道、妖魔鬼怪、走火入魔、自在天魔。

　　漢語中其他借自佛經的常用詞還有不少，例如：

　　佛、塔、寺、僧、尼、鉢、禪、和尚、尼姑、菩薩、觀音、羅漢、浮屠、舍利、袈裟、因緣、因果、世界、報應、現在、現實、現世、悲觀、平等、圓滿、真諦、體會、信心、實際、佛法、功德、執著、三昧、三世、輪迴、彈指、體驗、法寶。

　　民間的日常口頭用語中也充斥著從佛經用語中轉化而來的詞語。如對人身體的貶稱，有革囊、皮囊、臭皮囊、屎囊、尿屎袋、皮袋等詞，追根溯源，這些詞的最早源頭還是在漢譯佛經中：

　　西晉竺法護譯《普曜經》卷四《出家品》："菩薩遍觀，顧視其妻，具見形體：髮爪髓腦，骨齒骷髏，皮膚肌肉，筋脉肪血，心肺肝腎，屎尿啼唾，外是革囊，中有臭處。"

　　但同時佛教又強調"人身難得"：

　　東漢安世高譯《佛説阿難同學經》："比丘，人身難得，猶優曇鉢花。比丘，人身甚難得，猶彼板一孔推著水中，數萬歲乃值其孔。"
　　後秦鳩摩羅什譯《大莊嚴論經》："人身難得，佛法難值。"

　　與佛經有關的熟語成語中最多：

　　一心無二、一無所知、一無所受、一無所損、一塵不染、一廂情願、四大皆空、刀山劍樹、不可思議、不知不覺、不二法門、如是我聞、行住坐臥、苦海無邊、牛頭馬面、牛鬼蛇神、大徹大悟、刀頭舐蜜、稱心如意、借花獻佛、光明正大、善男信女、劫後餘生、天女散花、天花亂墜、唯我獨尊、超凡入聖、人生如夢、夢幻泡影、電光火石。①

促進古白話形成還有其他方面的原因，此處不再贅述。

1.2 漢語史的分期與中古近代漢語的界定

1.2.1 漢語史的分期

文言與白話的發展歷史表明，語言是變化的，漢語的白話也一直在發展、變化。

對漢語史進行分期有利於科學地認識漢語史，有利於研究的深入發展。漢語發展的歷史並不祇是古代漢語與現代漢語的區別，古代漢語的不同階段有不同的語言現象，因此有必要對漢語史進行分期。前面提到，王力先生主編的《古代漢語》把古代漢語分成"文言"與"古白話"兩個系統；呂叔湘先生也曾經設想，"把漢語史分成三個部分：語音史、文言史、白話史"②。兩位前輩學者都強調漢語史上曾經存在的白話，這些白話與文言的分歧表現在語言的各個方面：語音、詞彙、語法、文字。要對古今漢語作全面的了解，就必須重視古代的白話。我們已經系統地學習了"古代漢語"這門課程，其中的主要内容是文言，即我們已經學習、掌握的"古代漢語"是以上古漢語為主的，對於同屬於"古代漢語"這個大範圍的中古近代漢語，同樣需要重視、學習，這樣才能真正全面而系統地了解古代漢語，了解漢語發展的歷史。

關於漢語史的分期，學界意見並未完全統一。目前比較一致的看法是將漢語史分為四段，即先秦至西漢為上古漢語，東漢魏晉南北朝隋為中古漢語，唐代至清代初期為近代漢語，此後為現代漢語。③

1.2.2 中古近代漢語的界定

中古近代漢語即是指從東漢至清初這一歷史時期的漢語。在這一階段中，雖然正規

---

① 參見曾昭聰：《漢語成語的佛經淵源》，《嘉應學院學報》2004 年第 2 期。

② 呂叔湘：《江藍生〈魏晉南北朝小説詞語匯釋〉序》，《語文近著》，上海：上海教育出版社 1987 年版，第 23 頁。

③ 參見胡明揚：《近代漢語的上下限和分期問題》，載胡竹安、楊耐思、蔣紹愚編：《近代漢語研究》，北京：商務印書館 1993 年版；劉堅：《中古漢語讀本·序》，方一新、王雲路：《中古漢語讀本》（修訂本），上海：上海教育出版社 2006 年版。

的書面語仍以文言爲主，但口語以及接近口語的書面語與上古漢語有了較大的差別。前輩學者張相説："其性質泰半通俗，非雅詁舊義所能賅，亦非八家派古文所習見也。"[①]

中古近代漢語記録的是東漢至清初的漢語。中古漢語與近代漢語有著密切的關係。"漢語傳世文獻存在文言和白話兩大系統，中古和近代正是白話系統由萌芽而漸臻成熟的時期。在這一時期內，漢語詞彙面貌發生了很大變化。但由於歷史的原因，前人對此重視不夠，給漢語詞彙史的研究留下了大段空白。……中古階段經過一些學者的努力，雖也取得不少成果，但相形之下卻仍顯得較爲滯後。這一問題如不及時解決，則近代漢語詞彙研究乃至整個漢語詞彙史的系統性和科學性都將受到嚴重影響。"[②]

1.3　中古近代漢語的特點及其與現代漢語的關係

1.3.1　中古近代漢語的特點

中古近代漢語記録的是東漢至清初的漢語口語發展的實際情況，這是中古近代漢語最大的特點，也是我們研究中古近代漢語最需要注意之處。這裏所説的漢語口語發展的實際情況，包括語音、詞彙、語法。從學習和研究的角度來説，除了這些內容之外，記録這些語音、詞彙、語法現象的語言材料及其文獻載體、書面形式（俗字）也是學習和研究的對象。

1.3.2　中古近代漢語與現代漢語

中古近代漢語是現代漢語的直接源頭。

現代漢語包括普通話和方言。現代漢語是漢語發展到現代的表現形式。跟當前世界其他通用語言進行比較，現代漢語在結構上有如下特點：①語音方面：没有複輔音；音節中母音佔優勢，含複母音的音節和母音收尾的音節都比較多；每個音節都有聲調。②詞彙方面：詞的結構有雙音化傾向；大量採用複合法構成新詞。③語法方面：詞類跟句子成分之間不存在簡單的一一對應關係；句子構造的原則跟片語的構造原則基本一致。此外，詞形變化極少和有豐富的量詞及大量的語氣詞，也是這一方面的特點。如果同古代漢語比較，現代漢語的特點則表現爲：語音系統大大簡化；詞彙以雙音節詞爲主；量詞十分豐富；動態助詞普遍運用；句法嚴密化；等等。[③]

---

① 張相：《詩詞曲語辭匯釋·前言》，北京：中華書局 1955 年版，第 1 頁。

② 王鍈：《近代漢語詞彙研究與中古漢語》，載《近代漢語詞彙語法散論》，北京：商務印書館 2004 年版，第62 頁。

③ 參見張清源主編：《現代漢語知識辭典》，成都：四川人民出版社 1990 年版，第 10–11 頁。

現代漢語是直接繼承中古近代漢語而來的。近代漢語的下限是清初，而現代漢語絕大多數的語音、詞彙、語法形式在此時均已形成。

以明人洪楩編纂的《清平山堂話本·快嘴李翠蓮記》中李翠蓮自誇的一段話爲例①：

爺開懷，娘放意。哥寬心，嫂莫慮。女兒不是誇伶俐，從小生得有志氣。紡得紗，績得苧，能裁能補能繡刺；做得粗，整得細，三茶六飯一時備；推得磨，搗得碓，受得辛苦吃得累。燒賣、區食有何難，三湯兩割我也會。到晚來，能仔細，大門關了小門閉；刷淨鍋兒掩廚櫃，前後收拾自用意。鋪了床，伸開被，點上燈，請婆睡，叫聲安置進房內。如此伏侍二公婆，他家有甚不歡喜？爹娘且請放心寬，捨此之外直（値）個屁！

上面一段話中，語音、詞彙、語法形式諸方面都非常接近現代漢語：

語音方面，可以考察一下諸韻脚字在《廣韻》中的音韻地位：意，去聲至韻（止攝）；慮，去聲禦韻（遇攝）；俐，《廣韻》不載，該字從“利”，利，去聲至韻（止攝）；氣，去聲未韻（止攝）；苧，與“佇”同音，“佇”在《廣韻》中是上聲語韻（遇攝）；刺，去聲寘韻（止攝）；細，去聲霽韻（蟹攝）；備，去聲至韻（止攝）；碓，去聲隊韻（蟹攝）；累，去聲寘韻（止攝）；會，去聲泰韻（蟹攝），《集韻》黃外切，音繪；細，去聲霽韻（蟹攝）；閉，去聲霽韻（蟹攝）；櫃，上聲語韻（遇攝）；意，去聲至韻（止攝）；被，上聲紙韻（止攝）；睡，去聲寘韻（止攝）；內，去聲隊韻（蟹攝）；喜，上聲止韻（止攝）；屁，去聲至韻（止攝）。李翠蓮的說辭從《廣韻》來說，韻脚是換韻，但從現代漢語角度來說，有的與現代漢語韻脚完全一致。例如“做得粗，整得細，三茶六飯一時備”，“細”與“備”，一爲蟹攝，一爲止攝，《廣韻》中是不押韻的，但在元明時代已經押韻。“推得磨，搗得碓，受得辛苦吃得累”，“碓”與“累”，一爲蟹攝，一爲止攝，不但元明時代押韻，現代漢語中也與之一致。

詞彙方面，以下幾個詞語反映了元明時代的口語：

放意：放心。又如《古今小說·蔣興哥重會珍珠衫》：“你若到了家鄉，倘有便人，託他捎個書信到薛婆處，也教奴家放意。”《再生緣》第六二回：“堪放意，可寬心，眼見良緣有得成。”

三茶六飯：泛指各種飲食。又如《紅樓夢》第六八回：“現在三茶六飯，金奴銀婢的住在園裏！”

---

① 《清平山堂話本》多宋元人之作，胡士瑩先生在《話本小說概論》中考證《快嘴李翠蓮記》爲元代作品。由於此書爲明人編纂，把它視爲明代語料較爲穩妥。

三湯兩割：泛指烹飪之事。

能：如此，這樣，與"恁""偌"音近義同，又如唐杜甫《茅屋爲秋風所破歌》："南村群童欺我老無力，忍能對面爲盜賊，公然抱茅入竹去。"

安置：請人就寢的敬詞，類似於今人所說的"晚安"。又如《清平山堂話本·花燈轎蓮女成佛記》："卻不説寺中之事，各人叫了'安置'，散了。"

除此之外，其他的詞語都與現代漢語的用法沒有區別。

語法方面，各種語法形式均流傳到現代漢語，即今天的語法形式，當時已完全形成。以其中出現得較多的"得"的用法爲例。上文"得"用作助詞，放在動詞後，表示可能，能夠。這一用法南朝時已見：《後漢書·隗囂傳》："田爲王田，賣買不得。"後代一直沿用。唐拾得《詩》之十九："獼猴尚教得，人何不憤發。"宋代"得"後可帶名詞賓語。宋陸游《嶽池農家》詩："誰言農家不入時，小姑畫得城中眉。"金董解元《西廂記諸宮調》卷一："觀此異景奢華，果是人間天上，若非國力，怎生蓋得！"《紅樓夢》第六五回："偷來的鑼鼓兒打不得。"茅盾《劫後拾遺》之四："有六十塊錢，一間房也租得，我們九龍那間房也不過二十塊呀。"《清平山堂話本》中繼承了中古以來的用法，與陸游詩用法一致。其中，"做得粗，整得細"一句，"粗""細"是定語代替定中結構的用法，指粗活、細活；"得"的這一用法一直沿用至現代漢語。從這個例子可以看出現代漢語的某些語法形式源遠流長。

☆練習題

1. 舉例説明本門課程與古代漢語課程的異同。
2. 舉例説明中古近代漢語的特點。
3. 閱讀《孝經》與元代貫雲石《孝經直解》，分析兩種語料所體現的文言與白話的區別。

《孝經·開宗明義章第一》：

仲尼居，曾子侍。子曰："先王有至德要道，以順天下。民用和睦，上下無怨，汝知之乎？"曾子避席曰："參不敏，何足以知之？"子曰："夫孝，德之本也，教之所由生也。復坐，吾語汝：身體髮膚，受之父母，不敢毀傷，孝之始也。立身行道，揚名於後世，以顯父母，孝之終也。夫孝，始於事親，中於事君，終於立身。《大雅》云：無念爾祖，聿修厥德。"

《孝經直解·開發本宗顯明義理的一章》：

　　仲尼，是孔夫子的表德。居，是孔子閒住的時分。孔子徒弟姓曾名參，根前奉侍來。孔子説："在先的聖人有至好的德、緊要的道理，以這個勾當順治天下有。百姓每自然和順有，上下全都無怨心有。你省得麼?"曾子起來説道是："我不省得，怎能知道着。"孔子説："孝道的勾當，是德行的根本有。教人的勾當，先從這孝道裏生出來。你再坐地，我説與你：身體、頭髮、皮膚從父母生的，好生愛惜者，休教傷損者麼道，阿的是孝道的為頭兒、合行的勾當有。卓立身己，行的好勾當，留得好名聽，著後人知道呵，這般上頭，顯得咱每父母名聽有。這般呵，是一生的孝道了也。這孝道的勾當，在起初時，在意扶侍父母；中間裏，在意扶侍官裏。這孝順父母、扶侍官裏的兩件兒勾當了呵，自家身裏自然立者也。"孔子再把《毛詩》裏言語説："休道不尋思你祖上，依着你祖上行好勾當著。"

2　中古近代漢語文獻

語言研究要立足於語料，了解漢語史的基礎知識要從文獻開始。本章簡要介紹中古近代漢語文獻的分類與判定，分類選讀一些有代表性的中古近代漢語文獻。

2.1　中古近代漢語文獻的分類與判定

2.1.1　傳世文獻與出土文獻

日本學者太田辰夫曾經在他的專著《中國語歷史文法》一書的"跋"《盡信書不如無書》中，將中國古典文獻分爲同時資料（出土文獻）與後時資料（傳世文獻）兩大類，並提到，中國古典文獻大多爲傳世文獻，這對我們進行漢語史的研究是不利的。蔣紹愚先生也説道："資料問題是任何語言研究都必須重視的，但近代漢語研究中這個問題尤其突出。"[1] 因爲中古近代漢語語料比較零散、駁雜，語料中的衍奪倒訛等現象比比皆是，加之前人研究得較少（相對於上古漢語的研究），許多文獻有待整理、利用。

所謂出土文獻，就是指考古發掘出土的文字材料，包括甲骨文、金文、戰國盟書、璽印、簡牘、帛書、敦煌文獻、吐魯番文書、徽州文書，也包括歷代墓誌、碑銘等。傳世文獻，則是指歷代抄、刻而流傳下來的文獻。"傳世"與"出土"是相對而言的，文獻"出土"的時間一長，也就成爲傳世文獻的一部分。例如《穆天子傳》《竹書紀年》等是比較早的出土文獻（西晉時出土），隨著時間的推移，現在已經被看成是傳世文獻了。

1925 年，王國維在接受清華學生會的邀請作演講時説："古來新學問，大都由於新發現。有孔子壁中書出，而後有漢以來古文家之學；有趙宋古器出，而後有宋以來古器物、古文字之學。"[2] 似乎祇是強調出土文獻的學術價值。實際上，出土文獻與傳世文獻應結合使用，脱離了與傳世文獻的比較，出土文獻也就成爲無源之水。王國維同年提

---

①　蔣紹愚：《近代漢語研究概要》，北京：北京大學出版社 2005 年版，第 15 頁。

②　王國維編：《最近二三十年中中國新發現之學問》，載干春松、孟彥弘編：《王國維學術經典集》（上卷），南昌：江西人民出版社 1997 年版，第 175 頁。

出："吾輩生於今日，幸於紙上之材料外，更得地下之新材料。由此種材料，我輩固得據以補正紙上之材料，亦得證明古書之某部分全爲實錄，即百家不雅訓之言，亦不無表示一面之事實。此二重證據法，惟在今日始得爲之。"① 二重證據法，即運用"地下之新材料"與古文獻材料互相印證，用以研究古代歷史文化，這已成爲公認的學術研究方法。二重證據法是 20 世紀初中西學術交融和新史料大量發現刺激下的產物。此前，中國古代學者已經初步將二重證據進行綜合利用，例如乾嘉學者錢大昕利用碑刻史料與歷史文獻互相比勘解釋以考證元史，但其時所利用的材料有限。20 世紀初，甲骨文、漢簡等重要出土文物的發現以及西方近代學術思想的傳入，促成了王國維二重證據法思想的產生。

要進行深入的語言研究，必須將傳世文獻與出土文獻相結合，二者互相印證，才能得出最妥當的結論。

2.1.2　中古近代漢語文獻年代的判定

語言研究的基礎工作是必須判定所使用的文獻的年代。不論是傳世文獻還是出土文獻，都需要做這一基礎性的工作。

劉堅在《略談"話本"的語言年代問題》一文中曾經指出："一般説來，作品本身的證據可以説明我們確定作品的上限，作品以外的證據（版本目録的記載）可以説明我們確定作品的下限。美國哈佛大學韓南教授把前者稱爲'内在證據'，把後者稱爲'外在證據'。……我國國內研究話本年代問題的論據很多，集大成者要算胡士瑩教授的《話本小説概論》，所謂'内在證據'和'外在證據'在這部專著裏都有詳細的論列。"②

所謂"作品本身的證據"就是語言學方法（内在證據），"作品以外的證據（版本目録的記載）"就是文獻學方法（外在證據）。

首先説文獻學方法。文獻學方法是指從文獻的目録與版本、文獻的流傳情況、文獻中的内容所涉及典章制度、文獻作者生平等方面來考證。

例如，《水滸傳》第六十三回説關勝是"漢末三分義勇武安王嫡派子孫"，據孫承澤《清明夢金録》："公（關羽）於（蜀）後主景耀二年追謚壯繆侯……（宋）大觀二年，加封武安王，宣和二年又封義勇武安王，高宗二年加封壯繆武安王。"可見《水滸傳》稱"義勇武安王"是宋南渡前後用語。

又如，《水滸傳》第三回："魯達看見衆人看榜，挨滿在十字路口，也鑽在叢裏聽時，魯達不識字，只聽得衆人讀道：代州雁門縣，依奉太原府指揮司該准渭州文字，捕

① 王國維：《古史新證——王國維最後的講義》，北京：清華大學出版社 1994 年版，第 3 頁。
② 劉堅：《略談"話本"的語言年代問題》，《運城師專學報》1985 年第 1 期。

捉打死鄭屠犯人魯達……"按,《明會要》卷四十二職官十四:洪武三年始設各地都指揮使司,太原都指揮使司設於同年。可見小説文字作於洪武三年以後。①

其次説語言學方法。語言學方法是指通過對文獻中語言現象的分析來證明文獻的時代的方法。我們可以通過具體的研究證明某些語言現象在某時代才首次出現,如果某文獻有此語言現象,則可以證明該文獻的上限,即最早是甚麼時候產生的。

例如,東晉干寶所撰《搜神記》原有三十卷,多已散佚,後人再從《北堂書鈔》《藝文類聚》《太平御覽》《法苑珠林》等類書中輯録而成二十卷本。除了歷代輾轉傳抄之外,後人多襲其書名,例如晉陶潛《搜神後記》、北魏曇永《搜神論》、唐代勾道興《搜神記》、宋代的《搜神總記》、元刊《新編連相搜神廣記》、明代羅懋登六卷本《搜神記》、焦璐《搜神録》(即《窮神秘苑》),明代還有一個八卷本《搜神記》。

江藍生《八卷本〈搜神記〉語言的時代》用語言學的方法考定八卷本《搜神記》應是晚唐五代或北宋的作品,與題名干寶所撰二十卷本《搜神記》分屬不同的系統。文章用了六條語法方面的鑒定詞和四條詞彙方面的鑒定詞,逐條詳加比勘,結論翔實可信。但作者認爲"詞彙方面的現象難以與語法方面的同等對待",因而祇舉了四條作爲參考。② 其實有些具有鮮明時代特色的詞語,對鑒定作品的語言年代也是相當有效的。汪維輝《從詞彙史看八卷本〈搜神記〉語言的時代》一文,舉出"阿娘"等十九個詞語證明該書"絶不可能是晉代干寶作,而應該成書於唐以後";又舉出"分説"等七個詞語證明應成書於北宋。③ 王鍈《〈八卷本《搜神記》語言的時代〉補證》著重從詞彙方面再作了補充證明。用以補證的詞語有"輒、憑、卻活、如何、祇、諮"六個,除"祇"和"如何"屬半虛半實的副詞之外,其餘四個都是實詞。④

汪維輝《從詞彙史看八卷本〈搜神記〉語言的時代》一文材料最豐富,下面舉例介紹該文的材料與論證方法。

汪文從八卷本《搜神記》中選用的詞語,從時代看有兩類,一類是"未見或罕見於先唐文獻",這些詞語可以證明八卷本非晉代干寶所作:

[阿娘(孃)]

阿娘可爲兒囑王,安兒於樂處……昨日請阿娘諮告知,何卻以爲無憑也?

兩處"阿娘"二十卷本作"母",反映了同一個稱謂的時代差別。就目前所知,

① 以上二例見蔣紹愚:《近代漢語研究概要》,北京:北京大學出版社2005年版,第305-306頁。
② 江藍生:《八卷本〈搜神記〉語言的時代》,《中國語文》1987年第4期。
③ 汪維輝:《從詞彙史看八卷本〈搜神記〉語言的時代》(上、下),四川大學漢語史研究所編:《漢語史研究集刊》(第三、四輯),成都:巴蜀書社2000—2001年版。
④ 王鍈:《〈八卷本《搜神記》語言的時代〉補證》,《中國語文》2006年第1期。

“阿娘（孃）”未見於隋代以前文獻，而在唐人著作中多有用例。《説文·女部》段玉裁注“孃”字：“按《廣韻》，孃女良切，母稱；娘亦女良切，少女之號。唐人此二字分用劃然，故耶孃字斷無有作娘者。今人乃罕知之矣。”張涌泉先生云：“但從敦煌寫本的實際情況來看，唐五代間‘孃’‘娘’似已開始混用。”八卷本“阿娘”字作“娘”，反映的是唐五代以後的書寫特點。

〔合眼〕

語子珍云：“弟可合眼，須弟見父。”珍即閉目。

“合眼”是口語詞，“閉目”則是相應的文言詞。唐以前祇有“閉眼”，而無“合眼”。“合眼”是唐代新興的説法，但當時並不多見。

〔全家〕

全家大驚，往問劉安。……全家得免，不損一人。

唐以前一般説“舉家”，唐人通常説“渾家”“闔家”，有時也説“全家”。宋人沿用。

〔阿婆〕

其妻走出，告姑曰：“阿婆兒夜來不知何故，變作一胡人，在新婦床上卧。”（勾道興本作“阿家兒”）

“阿婆”一詞，唐以前已見，是“祖母”義。用“阿婆”稱丈夫的母親，《漢語大詞典》所引的始見書證是《敦煌變文集·秋胡變文》：“……以事阿婆。”這種“阿婆”也見於勾道興本《搜神記》卷二十三。這個稱呼可能自晚唐五代才開始使用，此前則稱婆婆爲“姑”或“母”。

以上材料證明：八卷本《搜神記》絕不可能是晉代干寶所作，而應該成書於唐以後，通過以下詞可以更具體地考察它的成書年代。

〔分説〕

分説不及，已打損頭面。（勾道興本作“不聽分疏”）

《漢語大詞典》“分説”條釋作“分辯，辯白”，首引《京本通俗小説·錯斬崔寧》："衆人那裏肯聽他分説。"可見這是一個産生較晚的詞。目前尚未見到唐代用例。
唐人用得較多的是同義詞"分疏"。如《遊仙窟》："五嫂曰：'娘子莫分疏，兔入狗突
裏，知復欲何如！'"《漢書·袁盎傳》："夫一旦叩門，不以親爲解。"顏師古注："解
者，若今分疏矣。"可見"分疏"是唐代口語。敦煌變文中也常見。有時也用"分雪"，
如《漢將王陵變》："火急西行自分雪，霸王固取莫莫摧（推延）。"勾道興本作"分
疏"，合乎唐人的語言習慣。如《從容庵録》："一庵深藏霹靂舌，從教萬象自分説。"
又，"豈容分説"。《劉知遠諸宮調·君臣弟兄子母夫婦團圓第十二》："向馬前睹吏者顫
顫兢兢，荒忙忙分説。"話本小説中多見。八卷本用"分説"，可能是宋人語。

　　［割麥］

　　見一少年在田中割麥。……汝卯日割麥地南大桑樹下，有二人圍棋次。（二十卷本
和勾道興本均作"刈麥"）

　　"割"雖是個很古老的詞，割的物件也可以是多種，但唐代以前一般不施於莊稼及
其他草本植物。把長著的莊稼或草類收割下來，通用的詞是"刈"。"割"取代"刈"
當是較晚的事，非但唐以前未見"割麥/割稻/割禾/割草"的用法，在唐代文獻中也很
難見到。宋代禪宗語録中有"割"字。例如《景德傳燈録》卷十"前池州南泉普願禪
師法嗣"："汝見大唐天子還自種田割稻否？"《從容庵録》："你道大唐天子還割茅刈
草否？"
　　從詞語的類型看，汪維輝選作斷代標準的詞有三類：其一，某個詞語在某個時代以
前沒有出現，如"阿娘"；其二，同一事物或動作，前一個時代用甲詞表達，後一個時
代用乙詞表達，如"刈麥"和"割麥"；其三，同一個書寫形式，前一個時代是甲義，
後一個時代是乙義，如"阿婆"。這些詞語都具有明顯的時代性，所以可用於斷代。
　　漢語史研究者多採用語言學方法來論證某一部文獻的時代性，其中又多包含較多的
文化史内容。下面再看幾個經典的例子。
　　《孔雀東南飛》最初出現在南朝陳徐陵所編的《玉臺新詠》裏。詩前小序："漢末
建安中，廬江府小吏焦仲卿妻劉氏，爲仲卿母所遣，自誓不嫁。其家逼之，乃没水而
死。仲卿聞之，亦自縊於庭樹。時人傷之，爲詩云爾。"徐陵把這首詩列在繁欽和曹丕
兩人詩的中間，所以大都把它當作漢末的作品。徐復先生《從語言上推測〈孔雀東南
飛〉一詩的寫定年代》認爲，語言中的詞彙是最現實的，也是變化最敏感的東西，祇
要時代一有了變化發展，就會産生新的詞語。因此該文可從詞彙角度對詩的時代進行考
察。徐復先生根據"蘭家女""勝貴""爾爾""登時""不堪""逼迫""啓""作計"
"處分""冥冥""承籍（當作承藉）""恨恨（當作恨恨）""其往（當作其往）""姥"

"新婦""阿母""君""卿""小子""郎君""下官"等詞語使用的年代以及古韻、語法、避諱等情況，認爲《孔雀東南飛》一詩確定是東晉時代寫定的。①

例如詩中有"蘭家女"一詞："媒人去數日，尋遣丞請還。'說有蘭家女，承籍有宦官。云有第五郎，嬌逸未有婚。遣丞爲媒人，主簿通語言。'直說太守家，有此令郎君，既欲結大義，故遣來貴門。"清代的吳兆宜以爲文字有誤，後來紀容舒又疑句有脫失，問題的焦點就是"蘭家女"沒有正確的解釋。後來也有人以己意更改原文，或徑行刪去這四句。徐先生認爲，這一段文字無誤，無脫落，無須更改。《列子·說符》中有這樣的話："宋有蘭子者，以技干宋元……又有蘭子又能燕戲者聞之……"晉代張湛注："《史記》云：'無符傳出入爲蘭'，應劭曰：'蘭，妄也。'此所謂蘭子者，以技妄遊者也。疑蘭與闌同，凡人物不知生出者謂之蘭也。"據張湛注，"蘭"通"闌"，有虛無之義，漢代已然。②但"蘭子"卻是晉代語言（《列子》是晉人僞託已成學界定論）。"蘭家女"猶念言某某家的女兒一樣，衹是虛指。一連六句，描摹媒人怎樣從寒暄入手，或言女家，或言男家，並將官府做媒的派頭渲染一番，最後接著用"直說太守家"數語，才把此番特來做媒的意思點出。一般注家忽略了這個特殊的詞語，就把這一段的意思完全說錯了。又，上文"尋遣丞請還"之"丞"，一向解釋爲縣丞，其實應說爲"府丞"，當時太守遣府丞到蘭芝家請婚，並即時還報，就是"請還"二字的意思。此處不應牽涉到縣丞，以致把文章的脉絡阻塞起來。

又如，詩中有"卿當日勝貴"，一般解釋爲"你將會一天天富貴起來"，就沒有把"勝貴"這個晉代特殊的詞語說清。胡三省注《通鑒》說："江東人士，其名位通顯於時者，率謂之佳勝、名勝。"這是解釋"勝"的，"勝貴"連言，指的也是名位顯貴的人，單釋作富貴，是不符合當時實際情況的。《世說新語·政事》就有"貴勝年少，若和、裴、王之徒"的例子。這些都是晉人的特殊詞語，通過漢語史的角度來鑒定它的年代，這對文學的理解，將會深刻、細緻得多。

再舉學界關於《列子》一書的時代性的討論。傳世《列子》一書自宋代以來就被懷疑爲僞作。1950年季羨林先生在他的著名論文《〈列子〉與佛典》中對古今人的有關考辨作了全面而扼要的評述。據季先生推斷，《列子》是徹頭徹尾一部僞書，完全出自注者張湛一人之手。此後學界又有幾篇相關論文。總之《列子》出自晉人之手，已成學界定論，但在論證上從語言史的角度進行研究的太少。張永言先生因而著《從詞彙史看〈列子〉的撰寫時代——爲祝賀季羨林先生八十華誕作》，從漢語詞彙史的觀點就《列子》在用字用詞上的某些特殊現象，特別是書中所見晚漢魏晉以降的新詞新義，舉

① 徐復：《從語言上推測〈孔雀東南飛〉一詩的寫定年代》，《學術月刊》1958年第2期。
② 徐銘延、馬和順：《對徐復的〈從語言上推測《孔雀東南飛》一詩的寫定年代〉一文的商榷》，《學術月刊》1958年第12期。

了很多例子進行了探討。

語言學證據之一：在用字上，《列子》書中有時不用本字而用借字，其中有的是羌無故實的自我作古。例如《黃帝》："狀不必童而智童。"張注："'童'當作'同'。"《揚朱》："賓客在庭者日百住。"張注："'住'當作'數'。"此類通假字是有意避熟就生，爲求古而創新。《列子》在用詞上也有一些貌似古奧的用法。例如《黃帝》："吾誠之無二心，故不遠而來。"以"誠"爲"信"，依傍的是《爾雅·釋詁》："誠，信也。"但《爾雅》用來訓"誠"的"信"乃是"真誠、誠實"義的"信"。用籍用例並可爲證。而《列子》作者卻把"誠"用爲"相信"的"信"，作及物動詞，與固有用法不符。

語言學證據之二：書中有不少漢代以後乃至魏晉以後方才行用的新的語言成分，特別是詞彙成分。如《説符》："衛人有善數者，臨死，以訣喻其子。""訣"（訣竅義）是晉代的新詞新義。《周穆王》："有生之氣、有形之狀，盡幻也。……吾與汝亦幻也。""幻"這個詞先秦就有，但不是《列子》這裏所用的意義。這個"幻"指虛幻、幻像，當是由於魏晉佛典多用"幻"對譯梵文 māyā 因而生發出來的新義。

語言學兼文化史證據：書中還出現了兩種富有時代特徵的外來名物，即錕鋙劍和火浣布。《湯問》："周穆王大征西戎，西戎獻錕鋙之劍、火浣之布。其劍長尺有咫，練鋼赤刃，用之切玉，如切泥焉；火浣之布，浣之必投於火，布則火色，垢則布色，出火而振之，皓然疑乎雪。"按"錕鋙劍"實指金剛石刻刀，中國文獻最早提到的是東漢後期的著作。《東觀漢記》卷九："鄧遵破諸羌，詔賜鄧遵金剛鮮卑緄帶一具。""金剛鮮卑"即鑲嵌金剛石的帶鉤。"火浣布"即石棉布，可信的史料最早提到火浣布的是《魏略·西戎傳》（《三國志·魏志·烏丸鮮卑東夷傳》裴注引）："大秦多……火浣布。"但直至東漢末年火浣布在中國仍是極其稀有名貴的進口貨。據《魏志·齊王芳紀》裴注引《傅子》，桓帝時貴戚梁冀有一件火浣布單衣，以誇耀於群僚。史籍關於域外進獻火浣布的正式記載見於《齊王芳紀》"〔明帝〕景初三年"（239）："二月，西域重譯獻火浣布，詔大將軍太尉臨試，以示百寮。"約略同時，孫吳方面通過同海南諸國的接觸也有人知道並見過火浣布，有關記載見於康泰《扶南土俗》、朱應《扶南異物志》、萬震《南州異物志》、張勃《吳錄》等書。①

又如，《齊民要術》作者是北魏賈思勰，但其卷前《雜説》作者則非其人。柳士鎮《從語言角度看〈齊民要術〉卷前〈雜説〉非賈氏所作》根據"蓋磨"、量詞"個"、量詞"徧"等用法，認爲《雜説》中出現了一些魏晉南北朝時期尚未產生的語言現象。

①　張永言：《從詞彙史看〈列子〉的撰寫時代——爲祝賀季羨林先生八十華誕作》，《語文學論集》（增補本），北京：語文出版社 1999 年版。

從漢語史的角度來看，這衹能説明《雜説》應當寫成於這一時期之後。①

又如，東漢譯經在語言研究上有重要價值，但有些佛經譯經人舊題有誤，或題失譯。方一新、高列過所著《東漢疑僞佛經的語言學考辨研究》②，在梳理前人研究成果和總結譯經語料特徵的基礎上，提出了考辨東漢疑僞佛經的語言學方法與原則；通過對佛教經録、相關類書以及譯經的詞彙、語法現象作全面考察，考辨了舊題爲安世高、支婁迦讖、康孟詳的八部佛經與兩部失譯經，可以説是這一領域具有開創性意義的最新成果。該書明確提出了鑒別標準提取的原則，對鑒別步驟作出了詳細説明，爲相關研究提供了可供借鑒的方法，例如普通鑒別詞的提取原則，有常用性（量的原則）、規律性（可以類推的原則）、聯繫性（詞彙的系統原則）、時代性（更替的原則）。這些原則與方法條理明晰，具有較强的概括性、指導性和可操作性。該書考辨結論如下：舊題安世高譯《寶積三昧文殊師利菩薩問法身經》中所體現的語法、詞彙特點與東漢安世高譯經不相吻合，可能晚於東漢所譯。舊題安世高譯《佛説阿難問事佛吉凶經》的翻譯年代當在公元 385 年至公元 518 年之間。舊題安世高譯《佛説奈女祇域因緣經》的翻譯年代應晚至西晉或以後。舊題安世高譯《太子慕魄經》當爲竺法護所譯。舊題支讖譯一卷本《般舟三昧經》和三卷本《般舟三昧經》與確切可靠的支讖譯經及其他東漢佛經是有差異的，但其譯者與翻譯年代尚有待作進一步考察。舊題支讖譯一卷本《雜譬喻經》翻譯年代不會早於東晉。舊題康孟詳譯《興起行經》的翻譯年代可能晚至東晉，但應當在南朝梁《出三藏記集》的編撰年代之前；《大方便佛報恩經》的時代不會早於東晉；《分別功德論》時代可能晚至西晉。這些考辨結合了文獻學證據，並且從語言角度作了多方面的考辨，結論可靠。當然，這一成果的研究方法對本科生來説稍有難度，有志探索者在有一定的基礎之後可閲讀該書。

2.1.3　中古近代漢語文獻的地域方言

中古近代漢語作品，絶大多數是用全國各地的共同語寫成的，純粹的方言作品爲數不多。但由於作者受自己方言的影響，在一些用共同語寫的作品中也有多少不等的方言成分，呈現一定的方言色彩。例如：《金瓶梅詞話》《水滸傳》《醒世姻緣傳》《聊齋俚曲集》是山東方言，《歧路燈》是河南方言，《何典》《海上花列傳》是吳方言，《西遊記》《儒林外史》是江淮官話，《紅樓夢》（後期版本）、《兒女英雄傳》是北京話，《粵謳》《花箋記》等是粵方言。

具體來説，這些作品中的哪些成分是方言？屬於哪一種方言？這是中古近代漢語研究的一個重要問題。換句話説，如何判定某部書所使用的方言系屬呢？一般是與現代漢

---

① 柳士鎮：《從語言學角度看〈齊民要術〉卷前〈雜説〉非賈氏所作》，《中國語文》1989 年第 2 期。
② 方一新、高列過：《東漢疑僞佛經的語言學考辨研究》，北京：人民出版社 2012 年版。

語方言進行對照，這是一個可行的辦法。但是一定要注意方言詞的選擇與對照是成批的，不是三五個方言詞就能確定的。

"方言古已有之，但是不同時代、不同類型的作品反映方言的程度（或說是對方言的'依賴'程度）有所不同。"[①] 例如，吳敬梓《儒林外史》的基礎方言是甚麼？有南京、揚州說，有合肥、南京說，一般的論證都是在詞彙採用舉例說明的方法。受研究方法的限制，學界祇有模糊籠統的結論，祇能看到《儒林外史》帶有下江官話或南京官話的色彩，而不能得到一個明確的結論。遇笑容《〈儒林外史〉詞彙研究》通過對《儒林外史》作者的家世、生平的考察，尤其著力於書中的安徽全椒方言的考察，得出了《儒林外史》的基礎方言祇能是全椒方言的結論。她發現在調查的《儒林外史》方言詞中，有71個詞語現在祇保留在全椒方言裏，這些詞語多數是一些口語程度較高的詞或短語，它們在《儒林外史》中比較多地出現在對話中，大約占60%。例如：

章.頁	《儒林外史》詞彙	全椒	合肥	揚州	南京	吳語	閩語	粵語	湘語	武漢	太原	客家	山東	寧夏
	調查人數	6	2	2	6	3	3	2	2	1	1	1	1	1
2.16	"落後"請將周先生來	+												
2.19	"打瓦"踢球	+												
3.29	門檻影子"抹"過前山	+												
3.32	好得"緊"，妙得"緊"	+												
3.34	"跳駝子"板凳	+												
3.34	我"小老"這雙眼	+												
3.34	還怕後半世"靠不著也怎的"	+												
4.42	縣主的"相與"到了	+												
5.55	夫妻"齊鋪鋪"……磕頭	+												
5.55	客官	+												
6.60	"大老爹"卸了行李	+												
6.61	"焦怎的"	+												
6.67	媳婦"新新的"	+												
7.78	若有"些許怠慢"	+												
7.79	侯先生考過了再處	+												
9.93	"一莖草"也沒人動過	+												

---

① 遇笑容：《〈儒林外史〉詞彙研究》，北京：北京大學出版社2001年版，第9頁。下文所引表格見該書第29頁。

（續上表）

章.頁	《儒林外史》詞彙	全椒	合肥	揚州	南京	吳語	閩語	粵語	湘語	武漢	太原	客家	山東	寧夏
	調查人數	6	2	2	6	3	3	2	2	1	1	1	1	1
9. 96	小老遲日再來城裏府內 "候安"	+												
9. 101	"老爹" 不在家裏	+												

這種較大規模的方言詞的比較分析與論證才有説服力。從事中古近代漢語著作中的方言詞與現代漢語方言詞對照的工作，要注意下面兩點①：

首先，某個詞語現象在今某方言中有，未必就在今其他方言中沒有。

在考證作品的方言成分時必須要用嚴格意義上的方言概念，強調 "某個詞語現象在今某方言中有，未必就在今其他方言中沒有"，這是十分正確的。例如，關於《金瓶梅》的作者學界還有一些爭議②，其中有些研究方法就值得商榷。湖南作家彭見明對於《金瓶梅》作者的方言考證方法是 "於書中（明萬曆丁巳刻本）精選出一些祇在平江東鄉人讀來一目了然而在外人看來半知半解或知其意不得其解或索性不懂的詞語來，逐一對照解釋"，因而認爲該書的作者是湖南平江人。這一論證就是犯了這一方面的錯誤。③因爲他所謂 "祇在平江東鄉人讀來一目了然而在外人看來半知半解或知其意不得其解或索性不懂的詞語" 其實判斷並不準確。

即使有文獻依據幫助判斷某詞屬某方言，也不能由此斷言該詞僅屬於某方言。因為不同的方言中會有相同的方言詞，例如：

《廣州語本字》卷七 "企住" 條：

企者，立也。《楚辭》："登巑岏以長企兮。" 注："企，立也。" 廣州凡言立皆曰企。

《客方言》卷二《釋言下》"謂立曰企" 條：

《方言》："企，立也。"《説文》訓爲 "舉踵"。《通俗文》："舉跟曰企。"《詩·河

---

① 蔣紹愚：《近代漢語研究概況》，北京：北京大學出版社 1994 年版，第 321 – 322 頁。

② 參見蔣紹愚：《近代漢語研究概要》，北京：北京大學出版社 2005 年，第 327 – 331 頁；張雙慶：《〈金瓶梅〉所見的粵方言詞彙》，張洪年、張雙慶、陳雄根主編：《第十屆國際粵方言研討會論文集》，北京：中國社會科學出版社 2007 年版。

③ 彭見明：《〈金瓶梅〉作者新考》，《湖南師範大學社會科學學報》1996 年第 3 期。

廣》："跂予望之。""跂"即"企"之借。（王逸《楚詞注》引《詩》正作"企予望之"。）此許義也。今俗謂直立爲"企"，義同《方言》。

《潮汕方言》卷二《釋言（單字）》"企"條：

《方言》："企，立也。"《説文》訓爲"舉踵"。《通俗文》："舉跟曰企。"《詩》："跂予望之。""跂"即"企"也。俗呼立爲"企"。（"騎"下上聲。凡字有彳旁者，呼曰"雙企人"。）

按，《説文·人部》："企，舉踵也。从人，止聲。𢓲，古文企从足。"段注："从人、止。"段注改爲會意，即人下有足，象舉踵之形。"企"本指跂起脚，引申指站立，如上引《廣州語本字》所引《楚辭》例。諸辭書都認爲"企"是其方言詞，而事實上，該詞在方言中極爲常見。《漢語方言大詞典》"企"："❸〈動〉站；站立；立；欠（身）。"所出方言是西南官話、徽語、吳語、湘語、贛語、客話、粵語、閩語。

不同方言有相同方言詞的原因，簡單來説有兩個方面：一是歷史傳承，二是受相鄰方言的影響。前一方面，例如上面所列舉的《説文·人部》"企，舉踵也"之義就分別保存在後來不同的方言中；後一方面，不但一般的方言詞會受相鄰方言的影響，即使是方言特徵詞也有可能是受別的方言影響而產生的。例如，"廣東境内的粵、閩、客三大方言幾乎都有'大褸大衣、鷄竇鷄窩、煲煮、鋪頭店鋪、火水煤油、恤衫襯衣'的説法，但是廣東以外的閩語和客家話則説法不同，這顯然是客、閩方言受粵語影響的結果"①。這是廣東境内的客、閩方言受強勢方言粵語影響的情況。

其次，即使考定了某個詞語祇在今天某方言中存在，那也祇是考定了它的今籍，而今籍未必就等於祖籍。如"憑賴"一詞，即使考定了它今天祇在吳語中使用，也還不能由此斷定在數百年前它也是吳語的方言詞語。因爲在關漢卿的《竇娥冤》中也有這個詞，可見在元代它在北方也是通用的。

從理論上講，一個詞語原來是通語，後來祇在某一方言中使用，以及一個詞語原屬於甲方言，後來進入了乙方言，最後甲方言中這個詞語消失，而乙方言中卻保存了下來。這兩種情況都是可能的。所以在考察近代漢語作品的方言成分時，絕不可簡單地把"今籍"和"祖籍"等同起來。

---

① 李如龍：《論漢語方言特徵詞》，載《漢語詞彙學論集》，廈門：廈門大學出版社 2011 年版，第 150 頁。

相關研究要像遇笑容《〈儒林外史〉詞彙研究》那樣，有較大規模的方言詞的比較分析與論證才有說服力。樣本過少，或者忽視"今籍"與"祖籍"的相關問題而得出的結論是大可懷疑的。

2.2 中古近代漢語文獻選讀

2.2.1 中古漢語文獻分類選讀

1. 漢譯佛經選讀

自東漢桓靈時代開始，佛經在中國得以廣泛傳播。漢譯佛經因其與今天不同的翻譯方式（早期的佛經翻譯是由多人共同完成的）以及語言的獨特性（既受原典語言的影響同時又在一定程度上記錄了當時的漢語口語），口語性較強，所以研究價值很大。例如，據俞理明《佛經文獻語言》一書的統計，東漢至西晉時有名的譯人就有很多：迦葉摩騰（竺摩騰）、安世高、支讖、安玄、嚴調佛、支曜、康孟詳、竺律炎、支謙、康僧會、康僧鎧、曇諦、白延、竺法護、聶承遠、聶道真、安法欽、無羅叉、竺叔蘭、白遠（一作帛遠，字法祖）、法炬、法立、支法度、若羅嚴、敦煌三藏。西晉之後譯人還有不少。① 要研究中古漢譯佛經的語言，可以讀這些譯人所譯佛經。從佛經角度來説，口語性、趣味性較强的有《六度集經》《生經》《雜譬喻經》《百喻經》等。

（1）《六度集經》。

《六度集經》，列《大正藏》"本緣部"中的"佛本生經"，吳康居國沙門康僧會譯。共八卷。所謂"度"，即"渡"之意，佛經中又意譯爲"事究竟""到彼岸""度無極"等，簡譯爲"度"；音譯爲"波羅蜜""波羅蜜多""播羅弭多"等。六度，指佈施、持戒、忍辱、精進、禪定、智慧等六種到達彼岸的方法和途徑，謂菩薩乘此六度船筏之法，既能自度，又能度衆生，從生死大海之此岸，度到涅槃究竟之彼岸。這是大乘佛教最主要的中心教義。康僧會把他所收集到的佛本生故事和佛傳故事按照"六度"分類整理翻譯，用以闡述大乘佛教之菩薩行；而菩薩行的核心就是"六度"，故名此經爲《六度集經》。

《六度集經·佈施度無極章第一》：②

---

① 俞理明：《佛經文獻語言》，成都：巴蜀書社 1993 年版。
② 此章共有二十六個故事，分列《六度集經》卷一至卷三。這裏所選的是全書第二個故事（也是該章第二個故事），該故事原有標題《薩波達王本生》。

　　昔者菩薩，爲大國王，號薩波達，佈施衆生，恣其所索，滑濟①厄難，常有悲愴。天帝釋睹王慈惠②，德被十方，天神鬼龍僉然③而曰："天帝尊位，初無常人，戒具行高，慈惠福隆，命盡神遷，則爲天帝。"懼奪已位，欲往試之，以照④真僞。帝命邊王曰："今彼人王，慈潤滂霈，福德巍巍，恐於志求奪吾帝位。爾化爲鴿，疾之王所，佯恐怖求哀彼王，彼王仁惠，必受爾歸。吾當尋後從王索爾，王終不還，必當市肉，以當其處，吾詭不止。王意清真⑤，許終不違，會⑥自割身肉，以當其重也。若其秤肉，隨而自重，肉盡身痛，其必悔矣，意有悔者，所志不成。"

　　釋即化爲鷹，邊王化爲鴿。鴿疾飛趣於王足下，恐怖而云："大王哀我，吾命窮矣。"王曰："莫恐莫恐，吾今活汝。"鷹尋後至，向王說曰："吾鴿，爾來。鴿是吾食，願王相還。"王曰："鴿來，以命相歸，已受其歸，吾言守信，終始無違。爾苟得肉，吾自足爾，令重百倍。"鷹曰："吾唯欲鴿，不用餘肉。希王當相惠，而奪吾食乎？"王曰："已受彼歸，信重天地，何心違之乎？當以何物，令汝置⑦鴿，歡喜去矣。"鷹曰："若王慈惠，必濟衆生者，割王肌肉，令與鴿等，吾欣而受之。"王曰："大善！"即自割髀肉秤之，令與鴿重等。鴿逾⑧自重，自割如斯，身肉都盡，未與重等，身瘡之痛，其爲無量。王以慈忍，心願鴿活，又命近臣曰："爾疾殺我，秤髓令與鴿重等。吾奉諸佛，受正真之重戒，濟衆生之危厄，雖有衆邪之惱，猶若微風，焉能動太山乎？"

　　鷹照王懷守道不移，慈惠難齊，各復本身。帝釋、邊王，稽首於地曰："大王，欲何志尚，惱苦若茲？"人王曰："吾不志天帝釋，及飛行皇帝⑨之位，吾睹衆生沒於盲冥，不睹三尊，不聞佛教，恣心於凶禍之行，投身於無擇之獄⑩。睹斯愚惑，爲之惻愴，誓願求佛，拔濟衆生之困厄，令得泥洹。"天帝驚曰："愚謂⑪大王欲奪吾位，故相擾耳。將何救誨⑫？"王曰："使吾身瘡愈復如舊，令吾志尚佈施濟衆行高逾今。"天帝

---

① 滑濟：憐憫救濟。
② 慈惠：猶仁愛。
③ 僉然：猶皆，都。
④ 照：明察。
⑤ 清真：純潔質樸。
⑥ 會：必將。
⑦ 置：棄置。
⑧ 逾：更加。
⑨ 飛行皇帝：轉輪聖王的別名，因爲輪王能飛行空中而名。
⑩ 無擇之獄：無間地獄的古譯，造業之人，不擇何人而押收。一劫之間，受苦無間，又稱阿鼻地獄。
⑪ 謂：以爲。
⑫ 救誨：告誡教誨。

即使天醫，神藥傳①身，瘡愈色力②逾前，身瘡斯須豁然都愈。釋卻稽首③，繞王三匝④，歡喜而去。自是之後，佈施逾前。菩薩慈惠度無極，行佈施如是。

（2）《百喻經》。

《百喻經》是用寓言以申教誡的一部著作，列《大正藏》"本緣部"之"佛本生經"中的"佛及弟子因緣"類，蕭齊天竺三藏求那毗地譯，共四卷，九十八則。《百喻經》於十二部經中，屬於譬喻一類，每篇都由喻和法兩部分合成。喻是一篇簡短的寓言，法是本篇寓言所顯示的教誡。這些寓言主要描寫幽默可笑的事情，富有諷刺性。該經的意趣，要在對治煩惱、勸行佈施、持戒、淨命、精進、兼明緣生、無我和一乘的道理，所以它是通於大小乘之作。譯文筆調樸實而明朗，極具可讀性。

《百喻經·婦詐稱死喻》：

昔有愚人，其婦端正，情甚愛重。婦無貞信⑤，後於中間共他⑥交往，邪淫心盛，欲逐傍夫⑦，捨離已婿。於是密語一老母言："我去之後，汝可齎一死婦女屍，安著屋中。語我夫言，云我已死。"老母於後，伺其夫主不在之時，以一死屍置其家中，及其夫還，老母語言："汝婦已死。"夫即往視，信是已婦，哀哭懊惱。大積薪油，燒取其骨，以囊盛之，晝夜懷挾⑧。婦於後時，心厭傍夫，便還歸家。語其夫言："我是汝妻。"夫答之言："我婦久死，汝是阿誰，妄言我婦。"乃至二三，猶故不信。

如彼外道，聞他邪說，心生惑著⑨，謂爲真實，永不可改。雖聞正教，不信受持。

《百喻經·三重樓喻》：

往昔之世，有富愚人，癡無所知。到余富家，見三重樓，高廣嚴麗，軒敞疏朗⑩，心生渴仰⑪，即作是念："我有財錢，不減於彼，云何頃來而不造作如是之樓？"即喚木匠，而問言曰："解作彼家端正舍不？"木匠答言："是我所作。"即便語言："今可爲我

---

① 傳：當作"傅"，通"敷"，塗抹。
② 色力：猶氣力，精力。
③ 稽首：僧家禮拜之禮。
④ 匝：環繞一周。
⑤ 貞信：信守節操。
⑥ 他：他人。
⑦ 逐：追隨，跟隨。傍夫：姦夫。
⑧ 懷挾：放在懷裏，懷抱。
⑨ 惑著：疑惑執著。
⑩ 軒敞疏朗：高大寬敞，空而明亮。
⑪ 渴仰：渴望羨慕。

造樓如彼。"是時木匠即便經地①，疊墼②作樓。愚人見其疊墼作舍，猶懷疑惑，不能了知③，而問之言："欲作何等?"木匠答言："作三重屋。"愚人復言："我不欲下二重之屋，先可爲我作最上屋。"木匠答言："無有是事，何有不作最下重屋，而得造彼第二之屋? 不造第二，云何得造第三重屋?"愚人固言④："我今不用下二重屋，必可爲我作最上者。"時人聞已，便生怪笑。咸⑤作此言："何有不造下第一屋而得上者?"

譬如世尊四輩弟子，不能精勤修敬三寶⑥，懶惰懈怠，欲求道果⑦，而作是言："我今不用餘下三果，唯求得彼阿羅漢果⑧。"亦爲時人之所嗤笑。如彼愚者等無有異。

（3）《佛説九色鹿經》。

《佛説九色鹿經》，列《大正藏》"本緣部"中的"佛本生經"，三國吴月支優婆塞支謙譯。該經述九色鹿與溺人故事，强調做人須誠信、懂得感恩的道理。《中華大藏經》第十九册收錄該經三個版本：金藏廣勝寺本、明永樂北藏本、麗藏本。此據明永樂北藏本。

2. 道經選讀

中古時期產生了不少道經名篇，如《淮南子》《抱朴子内篇》、張角太平教信奉的《太平經》等。此外還有五斗米道祭酒宣講《五千文》的注本《老子想爾注》，上清經錄派的《真誥》《黄庭經》和《上清大洞真經》，晉代靈寶經系和三星經系的首經《度人經》《三皇文》，南朝梁陶弘景《周氏冥通記》等著名道教典籍，是語言研究的好材料。

---

① 經地：丈量地基。
② 疊墼：堆砌磚塊、磚坯。
③ 了知：懂得，領悟。
④ 固言：固執己見地説。
⑤ 咸：都。
⑥ 三寶：佛教稱佛、法、僧爲三寶。
⑦ 道果：證道得果。道是菩提，果是涅槃，道果即通過修行，脱離世俗，斷滅一切煩惱、自我，達到解脱的境界。
⑧ 阿羅漢果：聲聞乘有四種果位，即須陀洹果、斯陀含果、阿那含果、阿羅漢果。初果須陀洹，漢語意譯爲入流，意即初入聖人之流；二果斯陀含，意譯爲一來，意即修到此果位者，死後升到天上去做一世天人，再生到我們此世界一次，便不再來欲界受生死了；三果阿那含，意譯爲無還，意即修到此果位者，不再生於欲界；四果阿羅漢，意譯爲無生，意即修到此果位者，解脱生死，不受後有，爲聲聞乘之最高果位。

佛說九色鹿經

吳月支優婆塞支謙譯

佛言：昔者菩薩身為九色鹿，其毛九種色，其角白如雪。常在恒水邊飲食水草，常與一烏為知識。時水中有一溺人，隨流來下，或出或沒，攀捉樹木，仰頭呼天：山神、樹神、諸天、龍神，何不愍傷我也。

鹿聞人喚聲，即走往水邊，語溺人言：汝莫恐怖，汝可騎我背，捉我兩角，我相負出。至於岸上，鹿大疲極。溺人下地，遶鹿三匝，向鹿叩頭，乞為大家作奴，給其使令，採取水草。鹿言：不用卿也，且各自去。欲報恩者，莫道我在此間，人貪我皮角，必來殺我。於是溺人受教，而去。

爾時國王夫人夜臥夢見九色鹿，其毛九種色，其角白如雪。夫人即託病不起。王問夫人，夫人言：我昨夜夢見非常之鹿，其毛九種色，其角白如雪。我思得其皮作衣裘，其角作拂柄。王當為我得之，王若不得，我當死矣。

王告夫人：汝且起，我為一國之王，何所不得？王即募於國中：若有能得九色鹿者，吾當與其金鉢盛滿銀粟，銀鉢盛滿金粟，賜其金錢一千枚，分國半治。

溺人貴九色之鹿處，九色鹿處。王募覓九色鹿，於是溺人聞是，心生惡念，生活死生，溺人面上。念言：「我說此鹿可得重賞。」即便語王：「我知鹿處。」王大歡喜，即時語溺人言：「汝得其皮膚，賞汝半國。」當有王所言至汝。

鹿得耳。王即大眾來，鹿故不覺。烏在樹上，即鳴呼，喚鳥便下樹。王遣兵往，鹿即復言：「知識其頭。」雖是畜生，大出人眾，救鹿。神往恒水邊，烏在樹上，起王隊其。宜多將人，兵乃可遠。鹿且起，王來取汝。鹿方驚起，四顧欲問其頭。

鹿見得兵耳，視之鹿。取至鹿故且起，王復走地，便往趣王事，重鹿人非常是天於國王問舉頭。望射王即言，告莫射殺我。假我須史，我有恩愍於國王本溺頭。

射鹿問有何因緣，我曾活此王言不能自勝，大王此人本仰頭。

王看在水中，隨流來下，或出或沒，不隱傷我。溺人本仰頭時。

不惜此命，自投水中。溺此人出天龍神此人何不恩義言不相。

有言鹿奈何有鹿言奈何民即使去下國國中謀當汝五馬於是王使還信鹿為群數千皆來依附他人來殺從是之後……其時富生是大平……義無王即拔其……即三拔其角故於是王使……殺之欲殺鹿者當有時有鹿……反覆無義之人如水中浮木也……王聞鹿言甚大慙愧即誓令國中若有驅逐九色鹿者誅及五族……

於是眾鹿數千為群皆來依附飲食水草不犯人苗稼風雨以時五穀豐熟民無疾病災害不生其世太平運命化去

佛告諸弟子爾時鹿者是我身也烏者是阿難也溺人者是調達也王者是悅頭檀也夫人者是孫陀利也菩薩所行忍辱波羅蜜是也調達更勤苦行精進波羅蜜是也阿難慈恩忍辱阿難……

佛說九色鹿經

嗽 其上聲
卓 音……
酸 ……反
九色鹿經

（1）《太平經》。

《太平經》，道教的第一部重要經典。原書一百七十卷，今本殘存僅五十七卷。近人王明根據《太平經鈔》及其他二十七種引書加以校補，編爲《太平經合校》，基本上恢復了一百七十卷的大致輪廓。

《太平經》相傳爲東漢于吉所傳。從其卷帙與内容來看，此書當是成於衆手，于吉或爲其最後編定者。

《太平經》是中國道教初期的經典，也是中國哲學史、道教思想史上頗有研究價值的資料。它受《老子》影響很深。如《太平經鈔·乙部》"夫道何等也？萬物之元首，不得名者""道無所不化"等都是道家的傳統觀念。除"道德"外，《太平經》更著重於老子説的"自然"，並提出"元氣"的概念，這實際上是老子的"道"的另一種表述。《太平經》又將"道"與"神"兩者聯繫起來，如《太平經鈔·乙部》中説："與道合同，録身正神。""陽者爲道，陰者爲刑。陽者爲善，陽神助之。陰者爲惡，陰神助之。"這反映了道家哲學思想向道教宗教信仰轉化的思想觀念。此書較好的整理本有王明《太平經合校》、俞理明《太平經正讀》等。

《太平經》卷五十四（丁部之三）①：

使能無争訟法第八十一：

"吾所問積多，見天師②言，事快而無已，其問無足時，復謹乞一兩言。"

"平行③。"

"今吾願欲得天地、陰陽、人民、跂行④萬物，凡事之心意，常使其喜善無已，日遊而無職無事，其身各自正，不復轉相愁苦，更相過責，豈可得聞乎哉？"

"子今且言，何一絶快⑤殊異；可問者，何一好善⑥無雙也。然，若子所問，猶當順事，各得其心，而因其材能所及，無敢反强其所不能爲也。如是即各得其所欲，各得其欲，則無有相愁苦者也，即各得其心意矣，可謂遊而無職事⑦矣。天地之間，常悉使⑧非其能，强作其所不及，而難其所不能，時睹於其不能爲，不能言，不憐而教之，反就責之，使其冤結，多愁争訟，民愁苦困窮。即仰而呼皇天，誠冤誠冤，氣感動六方。故

---

① 這一部分内容申述了天下安寧無争的理想社會必須要順應天地陰陽，"與天地陰陽瑞應相應和""因其天性而任之"等，是道家觀念的發展。

② 天師：弟子對師傅的尊稱。

③ 平行：慢慢講。

④ 跂，通"蚑"。跂行：用足行走者，多指蟲豸。

⑤ 何一：爲甚麽竟那樣。絶快：痛快淋漓。

⑥ 好善：樂於爲善。

⑦ 職事：職務，職業。

⑧ 使：驅使，任使。

致災變紛紛，畜積非一，不可卒①除，爲害甚甚，是即失天下之人心意矣。終反無成功，變怪不絕，太平之氣，何從得來哉？故不能致太平也，咎②正在此。雖欲名之爲常平，而內亂何從而得清其治哉？"

"子今問之，欲深知其審③乎！天地之性，萬物各自有宜。當任其所長，所能爲，所不能爲者，而不可強也；萬物雖俱受陰陽之氣，比若魚不能無水，游於高山之上，及其有水，無有高下，皆能游往；大木不能無土，生於江海之中。是以古者聖人明王之授事也，五土④各取其所宜，乃其物得好且善，而各暢茂⑤，國家爲其得富，令宗廟重味⑥而食，天下安平，無所疾苦，惡氣休止，不行爲害。如人不卜相⑦其土地而種之，則萬物不得成，竟其天年⑧，皆懷冤結不解；因而夭終⑨，獨上感動皇天，萬物無可收得，則國家爲其貧極，食不重味，宗廟飢渴，得天下愁苦，人民更相殘賊⑩，君臣更相欺詒⑪，外內殊辭，咎正始起於此。是者尚但萬物不得其所，何況人哉？天下不能相治正，正由此也。此者，大害之根，而危亡之路也，可不慎哉？可不深思慮之胸心乎？

"故古者，大聖大賢將任人，必先試其所長，何所短，而後署其職事，因而任之。其人有過，因而責之，責問其所長，不過所短。是者不感天⑫也，反爲習進此家學⑬，因而慎之，故能得天下之心也。令後世忽事⑭，不深思惟古聖人言，反署非其職，責所不能及，問所不能睹，盲者不睹日，喑⑮者不能言，反各趣⑯得其短，以爲重過，因而罪之，不爲欲樂相利佑，反爲巧弄，上下迭相賊害，此是天下之大敗也。

"自古者諸侯太平之君，無有奇神道也，皆因任心能⑰所及，故能致其太平之氣，而無冤結民也。禍亂之將起，皆坐⑱任非其能，作非其事職而重責之，其刑罰雖坐⑲之

---

① 卒：通"猝"，一下子。
② 咎：過錯。
③ 審：端詳。
④ 五土：指青、赤、白、黑、黃和東、南、西、北、中五色無方土。
⑤ 暢茂：旺盛繁茂。
⑥ 重味：兩種以上菜肴。此處指祭品豐富。
⑦ 卜相：占驗察視。
⑧ 竟：終了，完畢。天年：自然的壽數。
⑨ 夭終：半途而亡。
⑩ 殘賊：殘害。
⑪ 欺詒：欺騙。
⑫ 不感天：謂不使皇天做出譴責性的感應來。
⑬ 家學：世襲的專門技藝，如天文、地理等。
⑭ 忽事：猶"忽視"，不重視。
⑮ 喑：啞。
⑯ 趣：通"取"。
⑰ 心能：心志與才能。
⑱ 坐：由於。
⑲ 坐：判罪。

而死，猶不能理其職務也。災變連起，不可禁止，因以爲亂敗，吉凶安危，正起於此。是以古者將爲帝王選士①，皆先問視，試其能，當與天地陰陽瑞應相應和不？不能相應和者，皆爲僞行。其相應和奈何？大人②得大應，小人③得小應。風雨爲其時節，萬物爲其好茂，百姓爲其無言，鳥獸跂行，爲其安静，是其效也。故治樂欲安國者，審④其署置。

"夫天生萬物，各有材能，又實各有所宜，猶龍升於天，魚游於淵，此之謂也。夫治者，從天地立以來，乃萬端，天變易亦其時異，要⑤當承天地得其意，得其所欲爲也。天者，以三光爲書文記，則一興一衰，以風爲人君。地者，以山川阡陌爲文理，山者吐氣，水通經脉，衰盛動移崩合，以風異爲人臣。人者，以音言語相傳，書記文相推移。萬物者，以衰盛而談語，使人想而知之。人者，在陰陽⑥之中央，爲萬物之師長，所能作最衆多。象神而有形，變化前卻，主當疏記⑦此變異，爲其主言。

"故一言不通，則有冤結；二言不通，輒有杜塞⑧；三言不通，轉有隔絶；四言不通，和時⑨不應，其生物無常；五言不通，行氣道戰⑩；六言不通，六方惡生；七言不通而破敗⑪；八言不通而難處爲數家；九言不通，更相賊傷；十言不通，更相變革⑫。故當力通其言也。古者無文⑬，以何通之？文乃當起⑭，便中止；天地者幾何起，幾何止，但後世不睹之耳。中古三皇，當無文而設言⑮。下古復有天地之氣，一絶一起，獨神人不知老所從來，經歷多故，知其分理⑯，内當有文，後世實不睹，言其無有，何故時有文時無乎哉？天氣且弊，人且愚薄不壽，不能有可刻記⑰。故敕之以書文，令可傳往來，以知古事無文，且相辯訟⑱，不能相正，各自言是，故使有文書。此但時人愚，

① 選士：周代選拔人才的一種制度。錄取鄉人中德業有成者。
② 大人：聖人。此指最高統治集團的成員。
③ 小人：謂一般官吏。
④ 審：慎重對待。
⑤ 要：總之。
⑥ 陰陽：此處指天地。
⑦ 主：職在。疏記：分條記載。
⑧ 輒：就。杜塞：阻塞。
⑨ 和時：指四季的正常交替。
⑩ 行氣：指五行之氣。道戰：指違背五行生克關係的異常現象。
⑪ 破敗：破落衰敗。
⑫ 變革：指改朝換代。
⑬ 文：文字。
⑭ 起：發明，出現。
⑮ 當：適逢。設言：以言設教。
⑯ 分理：脉絡或事物間的聯繫。
⑰ 刻記：指結繩記事。
⑱ 辯訟：辯論，争論。

故爲作書，天爲出券①文耳。"

(2)《抱朴子》。

東晉葛洪《抱朴子》，由《抱朴子内篇》和《抱朴子外篇》組成。據《晉書·葛洪傳》可知，《抱朴子》内外篇原共有 116 篇。今本已非完帙，亡佚 40 餘篇。

《抱朴子内篇》是晉代神仙道教的代表著作，是魏晉之際民間道教被官方抑制之後，上層社會門閥士族崇信道教的理論和方術集大成的專著。葛洪《外篇·自敍》謂："《内篇》言神仙、方藥、鬼怪、變化、養生、延年、禳災、卻禍之事，屬道家；《外篇》言人間得失，世事臧否，屬儒家。"内道外儒，是葛洪的思想特徵之一。《内篇》以"玄"爲宇宙本體，論證神仙之存在，提出道本儒末。是書備述金丹、仙藥、黃白、辟穀、服藥、服氣、符籙等道教修練方法，集漢晉金丹術之大成，並雜有醫藥、化學等知識，是一部具有比較完整的理論和多種方術的重要道教著作，它確立了道教的神仙理論體系，也是研究我國古代科技史的重要資料。《抱朴子内篇》卷十六《黃白》說："且此内篇，皆直語耳，無藻飾也"，這説明葛洪大量採用了當時的口語，爲我們今天中古漢語研究提供了相當有利的材料。

重要參考著作主要有王明《抱朴子内篇校釋》等。

《抱朴子内篇》卷九《道意》選讀②：

曩者③有張角、柳根、王歆、李申之徒，或稱千歲，假託小術，坐在立亡，變形易貌，詿眩④黎庶，糾合群愚，進不以延年益壽爲務，退不以消灾治病爲業，遂以招集奸黨，稱合逆亂，不純自伏其辜，或至殘滅良人，或欺誘百姓，以規⑤財利，錢帛山積，富逾王公，縱肆奢淫，侈服玉食，妓妾盈室，管弦成列，刺客死士，爲其致用，威傾邦君，勢凌有司，亡命逋逃，因爲窟藪⑥。皆由官不糾治，以臻斯患，原其所由，可爲嘆息。吾徒匹夫，雖見此理，不在其位，末如之何！臨民官長，疑其有神，慮恐⑦禁之，或致禍祟，假令頗有其懷，而見之不了，又非在職之要務，殿最⑧之急事，而復是其愚妻頑子之所篤信，左右小人，並云不可，阻之者衆，本無至心而諫，怖者異口同聲，于

---

① 券：契據。
② 此爲《抱朴子内篇》卷九。此卷論道爲宇宙本體，道本無名；勸人修道而不要祭禱鬼神。這裏祇選録後半部分内容。
③ 曩者：從前。曩：從前的，過去的。
④ 詿眩：欺騙眩惑。
⑤ 規：謀劃（而得到）。
⑥ 窟藪：逃避躲藏的山洞水澤。這裏指隱身之地。
⑦ 慮恐：憂慮。
⑧ 殿最：考課，評比。

是疑惑，竟于莫敢，令人扼腕①發憤者也。余親見所識者數人，了不②奉神明，一生不祈祭，身享遐年，名位巍巍，子孫蕃昌，且富且貴也。唯余亦無事于斯，唯四時祀先人而已。曾所遊歷水陸萬里，道側房廟，固以百許，而往返徑遊，一無所過，而車馬無顛覆之變，涉水無風波之異，屢值疫癘，當得藥物之力，頻冒矢石③，幸無傷刺之患，益知鬼神之無能爲也。又諸妖道百餘種，皆煞④生血食，獨有李家道無爲爲小差。然雖不屠宰，每供福食，無有限劑，市買所具，務于豐泰，精鮮之物，不得不買，或數十人厨，費亦多矣，復未純爲清省也，亦皆宜在禁絶之列。

或問：李氏之道起于何時？余答曰：吴大帝時，蜀中有李阿者，穴居不食，傳世見之，號八百歲公。人往往問事，阿無所言，但占⑤阿顏色。若顏色欣然，則事皆吉；若顏容慘戚，則事皆凶；若阿含笑者，則有大慶；若微嘆者，即有深憂。如此之候，未曾一失也。後一旦忽去，不知所在。後有一人姓李名寬，到吴而蜀語，能祝水治病頗愈，于是遠近翕然⑥，謂寬爲李阿，因共呼之爲李八百，而實非也。自公卿以下，莫不雲集其門，後轉驕貴⑦，不復得常見，賓客但拜其外門而退，其怪異如此。于是避役之吏民，依寬爲弟子者恒近千人，而升堂入室高業先進者，不過得祝水及三部符導引日月行炁⑧而已，了無治身之要、服食神藥、延年駐命、不死之法也。吞氣斷穀，可得百日以還，亦不堪久，此是其術至淺可知也。余親識⑨多有及見寬者，皆云寬衰老羸悴，起止咳噫⑩，目瞑耳聾，齒墮髮白，漸又昏耗，或忘其子孫，與凡人無異也。然民復謂寬故作無異以欺人，豈其然乎？吴曾有大疫，死者過半。寬所奉道室，名之爲廬，寬亦得溫病，託言入廬齋戒，遂死于廬中。而事寬者猶復謂之化形屍解⑪之仙，非爲真死也。夫神仙之法，所以與俗人不同者，正以不老不死爲貴耳。今寬老則老矣，死則死矣，此其不得道，居然可知矣，又何疑乎？若謂于仙法應屍解者，何不且止人間一二百歲，住年不老，然後去乎？天下非無仙道也，寬但非其人耳。余所以委曲論之者，寬弟子轉相教授，布滿江表，動有千許，不覺寬法之薄，不足遵承而守之，冀得度世，故欲令人覺此而悟其滯迷耳。

天下有似是而非者，實爲無限，將復略說故事，以示後人之不解者。昔汝南有人于

---

① 扼腕：握住手腕，表示情緒激昂。
② 了不：完全没有。
③ 矢石：箭和壘石，古時守城的武器。
④ 煞：通"殺"。
⑤ 占：根據一定的變化來預測吉凶。
⑥ 翕然：一致貌。
⑦ 驕貴：驕横貴顯。
⑧ 炁："氣"的古字。行炁：指呼吸吐納等養生方法的内修功夫。
⑨ 親識：親友。
⑩ 咳噫：猶咳嗽。
⑪ 屍解：遺其形骸而仙去。

田中設繩罥①以捕獐而得者，其主未覺。有行人見之，因竊取獐而去，猶念取之不事。其上有鮑魚者，乃以一頭置罥中而去。本主來，于罥中得鮑魚，怪之以爲神，不敢持歸。于是村里聞之，因共爲起屋立廟，號爲鮑君。後轉多奉之者，丹楹藻梲，鐘鼓不絶。病或有偶愈者，則謂有神，行道經過，莫不致祀焉。積七八年，鮑魚主後行過廟下，問其故，人具爲之説。其鮑魚主乃曰：此是我鮑魚耳，何神之有？于是乃息。

又南頓人張助者，耕白田②，有一李栽③，應在耕次，助惜之，欲持歸，乃掘取之，未得即去，以濕土封其根，以置空桑中，遂忘取之。助後作遠職不在。後其里中人，見桑中忽生李，謂之神。有病目痛者，蔭息此桑下，因祝之，言李君能令我目愈者，謝以一肫。其目偶愈，便殺肫祭之。傳者過差④，便言此樹能令盲者得見。遠近翕然，同來請福，常車馬填溢，酒肉滂沱⑤，如此數年。張助罷職來還，見之：乃曰，此是我昔所置李栽耳，何有神乎？乃斫去，便止也。

又汝南彭氏墓近大道，墓口有一石人，田家老母⑥到市買數片餅以歸，天熱，過蔭彭氏墓口樹下，以所買餅暫著石人頭上，忽然便去，而忘取之。行路人見石人頭上有餅，怪而問之。或人云，此石人有神，能治病，愈者以餅來謝之。如此轉以相語，云頭痛者摩⑦石人頭，腹痛者摩石人腹，亦還以自摩，無不愈者。遂千里來就石人治病。初但雞豚，後用牛羊，爲立帷帳，管弦不絶，如此數年。忽日前忘餅母聞之，乃爲人説，始無復往者。

又洛西有古大墓，穿壞多水，墓中多石灰，石灰汁主治瘡。夏月⑧，行人有病瘡者煩熱，見此墓中水清好，因自洗浴，瘡偶便愈。于是諸病者聞之，悉往自洗，轉有飲之以治腹内疾者。近墓居人，便于墓所立廟舍而賣此水。而往買者又常祭廟中，酒肉不絶。而來買者轉多，此水盡，于是賣水者常夜竊他水以益之。其遠道人不能往者，皆因行便或持器遺信買之。于是賣水者大富。人或言無神，官申⑨禁止，遂填塞之，乃絶。

又興古太守馬氏在官，有親故人投之求恤⑩焉，馬乃令此人出外住，詐云是神人道士，治病無不手下立愈。又令辯士遊行，爲之虛聲，云能令盲者登⑪視，躄⑫者即行。

---

① 繩罥：繩子編織以捕鳥獸之網。
② 白田：旱田。
③ 李栽：李樹幼苗。
④ 過差：過分誇大事實。
⑤ 滂沱：豐盛貌。
⑥ 老母：老婦人。
⑦ 摩：通"摸"。
⑧ 夏月：夏天。
⑨ 官申：當爲"官中"之誤。"官中"猶官府。
⑩ 恤：救濟。
⑪ 登：即時，立刻。
⑫ 躄：雙足殘廢。

于是四方雲集，趨之如市，而錢帛固已山積矣。又敕①諸求治病者，雖不便愈，當告人言愈也，如此則必愈；若告人未愈者，則後終不愈也，道法正爾，不可不信。于是後人問前來者，前來輒告之云已愈，無敢言未愈者也。旬日之間，乃致巨富焉。凡人多以小黠而大愚，聞延年長生之法，皆爲虛誕，而喜②信妖邪鬼怪，令人鼓舞祈祀。所謂神者，皆馬氏誑人之類也，聊記其數事，以爲未覺者之戒焉。

或問曰：世有了無知道術方伎③，而平安壽考④者，何也？抱朴子曰：諸如此者，或有陰德善行，以致福佑；或受命本長，故令難老遲死；或亦幸而偶爾不逢災傷。譬猶田獵所經，而有遺禽脱獸，大火既過，時餘不爐草木也。要于防身卻害，當修守形之防禁，佩天文之符劍耳。祭禱之事無益也，當恃我之不可侵也，無恃鬼神之不侵我也。然思玄執一，含景環身，可以辟邪惡，度不祥，而不能延壽命，消體疾也。任自然無方術者，未必不有終其天年者也，然不可以值暴鬼之横枉，大疫之流行，則無以卻之矣。夫儲甲胄，蓄蓑笠者，蓋以爲兵、爲雨也。若幸無攻戰，時不沉陰，則有與無正同耳。若矢石霧合，飛鋒烟交，則知裸體者之困矣；洪雨河傾，素雪彌天，則覺露立者之劇矣。不可以薺麥之細碎，疑陰陽之大氣，以誤晚學之散人⑤，謂方術之無益也。

3. 樂府民歌選讀

中古時期詩歌上承《詩經》《楚辭》，下啓唐詩宋詞，具有濃厚的中古漢語的語言特色，數量也很多。它可以分爲樂府民歌和文人詩兩大類。漢樂府詩和北朝民歌大多文筆質樸，清新剛健；南朝樂府詩則多爲吳聲歌曲，多描寫愛情與離愁別恨。文人詩以五言爲主，内容廣泛。這些詩歌主要收録於逯欽立《先秦漢魏晉南北朝詩》中。

《樂府詩集》是北宋郭茂倩所編的一部總括古代樂府歌辭的詩歌總集，現存100卷，是現存收集樂府歌辭最完備的一部。《樂府詩集》主要輯録漢魏到唐、五代的樂府歌辭兼及先秦至唐末的歌謠，共5 000多首，内容豐富，有很高的藝術成就，其語言也多當時口語。

《樂府詩集·相和歌辭·飲馬長城窟行》⑥：

青青河邊草，綿綿思遠道。遠道不可思，夙昔夢見之。夢見在我傍，忽覺在他鄉。他鄉各異縣，展轉不可見。枯桑知天風，海水知天寒。入門各自媚，誰肯相爲言？客從

---

①　敕：告誡。
②　喜：輕易，容易。
③　伎：通“技”。
④　壽考：高壽。
⑤　散人：平庸無用之人。
⑥　此詩作者不詳，《樂府詩集》題爲“古詞”。

遠方來，遺我雙鯉魚①。呼兒烹鯉魚，中有尺素書。長跪讀素書，書中竟如何？上有加餐食，下有長相憶。

《樂府詩集·相和歌辭·飲馬長城窟行》②：

飲馬長城窟，水寒傷馬骨。往謂長城吏："慎莫稽留太原卒！""官作自有程，舉築③諧汝聲。""男兒寧當格鬥死，何能怫鬱築長城！"長城何連連？連連三千里。邊城多健少，內舍多寡婦。作書與內舍："便嫁莫留住！善事新姑嫜④，時時念我故夫子！"報書往邊地："君今出語一何鄙！""身在禍難中，何為稽留他家子！生男慎莫舉，生女哺用脯。君獨不見長城下，死人骸骨相撐拄？""結髮行事君，慊慊心意關。邊地苦賤妾，何能久自全！"

《樂府詩集·雜曲歌辭·西洲曲》⑤：

憶梅下西洲，折梅寄江北。單衫杏子紅，雙鬢鴉雛色。西洲在何處？西槳橋頭渡。日暮伯勞⑥飛，風吹烏臼樹。樹下即門前，門中露翠鈿。開門郎不至，出門采紅蓮。采蓮南塘秋，蓮花過人頭。低頭弄蓮子，蓮子清如水。置蓮懷袖中，蓮心⑦徹底紅。憶郎郎不至，仰首望飛鴻⑧。鴻飛滿西洲，望郎上青樓⑨。樓高望不見，盡日欄杆頭。欄杆十二曲，垂手明如玉。捲簾天自高，海水搖空綠。海水夢悠悠，君愁我亦愁。南風知我意，吹夢到西洲。

4. 史書選讀

中古時期史書數量較多，正史有六朝人撰著的《三國志》《後漢書》《宋書》《南齊書》《魏書》，唐人撰著的《晉書》《梁書》《陳書》《北齊書》《周書》《南史》《北史》《隋書》；其他還有《東觀漢記》《華陽國志》《十六國春秋》《建康實錄》等別史。

---

① 此"雙鯉魚"，表面指魚，實指裝有書信的魚形木盒。
② 此詩作者是漢末陳琳。
③ 築：搗土的杵。
④ 姑嫜：指丈夫的母親與父親。
⑤ 《西洲曲》是南朝樂府民歌，此詩最早著錄於南朝徐陵在梁中葉時所編的詩歌總集《玉臺新詠》，作者不詳，《樂府詩集》題為"古詞"。
⑥ 伯勞：鳥名，仲夏始鳴，喜歡單棲。
⑦ 蓮心：諧音"憐心"。"憐"有"愛"義。
⑧ 飛鴻：指傳書之鴻。喻指書信。
⑨ 青樓：漆成青色的樓。唐代之前一般指女子住處。

這些史書中征引了大量的前代文獻，包括詔令奏疏、書函信札、辭賦文章等，也有十分生動的人物口語。

　　《史記》《漢書》《後漢書》《三國志》合稱"前四史"，均爲中古漢語的重要語料。《三國志》，晉陳壽撰，南朝宋裴松之注。这裏選讀《三國志·魏志·華佗傳》：

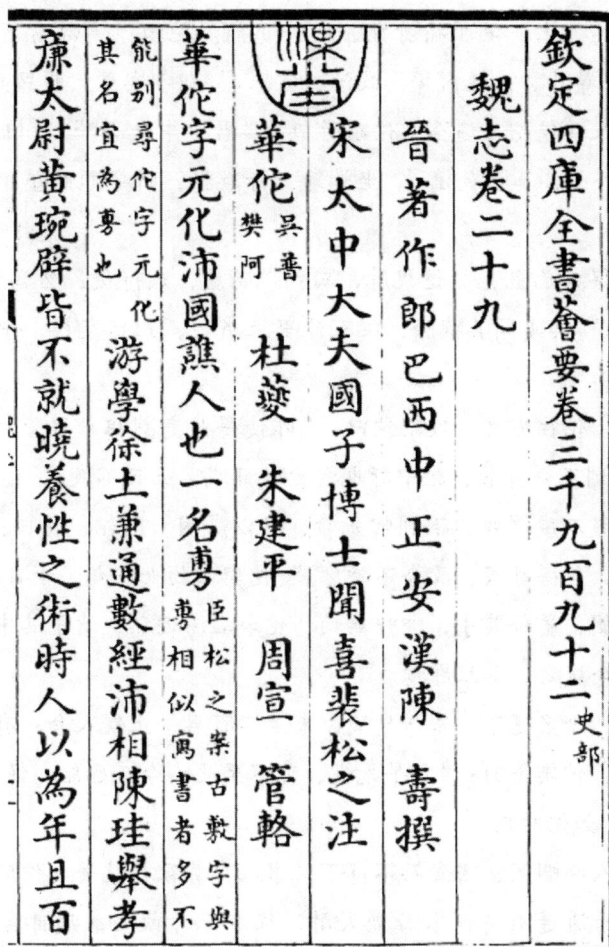

欽定四庫全書薈要卷三千九百九十二　史部

魏志卷二十九

晉著作郎巴西中正安漢陳　壽撰

宋太中大夫國子博士聞喜裴松之注

華佗　吳普　樊阿　杜夔　朱建平　周宣　管輅

華佗字元化沛國譙人也一名旉〔臣松之案古敷字與旉相似寫書者多不能別尋佗字元化其名宜爲旉也〕游學徐土兼通數經沛相陳珪舉孝廉太尉黃琬辟皆不就曉養性之術時人以爲年且百

　　華佗字元化，沛國譙人也，一名旉。遊學徐土，兼通數經。沛相陳珪舉孝廉，太尉黃琬辟，皆不就。曉養性之術，時人以爲年且百歲而貌有壯容。又精方藥，其療疾，合湯不過數種，心解分劑，不復稱量，煮熟便飲，語其節度，舍去輒愈。若當灸，不過一兩處，每處不過七八壯，病亦應除。若當針，亦不過一兩處，下針言"當引某許，若至，語人"。病者言"已到"，應便拔針，病亦行差。若病結積在內，針藥所不能及，當須刳割者，便飲其麻沸散，須臾便如醉死無所知，因破取。病若在腸中，便斷腸湔洗，縫腹膏摩，四五日差，不痛，人亦不自寤，一月之間，即平復矣。

故甘陵相夫人有娠六月，腹痛不安，佗視脈，曰："胎已死矣。"使人手摸知所在，在左則男，在右則女。人云"在左"，於是爲湯下之，果下男形，即愈。

縣吏尹世苦四支煩，口中乾，不欲聞人聲，小便不利。佗曰："試作熱食，得汗則愈；不汗，後三日死。"即作熱食而不汗出，佗曰："藏氣已絕於內，當啼泣而絕。"果如佗言。

府吏兒尋、李延共止，俱頭痛身熱，所苦正同。佗曰："尋當下之，延當發汗。"或難其異，佗曰："尋外實，延內實，故治之宜殊。"即各與藥，明旦並起。

鹽瀆嚴昕與數人共候佗，適至，佗謂昕曰："君身中佳否？"昕曰："自如常。"佗曰："君有急病見於面，莫多飲酒。"坐畢歸，行數里，昕卒頭眩墮車，人扶將還，載歸家，中宿死。

故督郵頓子獻得病已差，詣佗視脈，曰："尚虛，未得復，勿爲勞事，御內即死。臨死，當吐舌數寸。"其妻聞其病除，從百餘里來省之，止宿交接，中間三日發病，一如佗言。

督郵徐毅得病，佗往省之。毅謂佗曰："昨使醫曹吏劉租針胃管訖，便苦欬嗽，欲臥不安。"佗曰："刺不得胃管，誤中肝也，食當日減，五日不救。"遂如佗言。

東陽陳叔山小男二歲得疾，下利常先啼，日以羸困。問佗，佗曰："其母懷軀，陽氣內養，乳中虛冷，兒得母寒，故令不時愈。"佗與四物女宛丸，十日即除。

彭城夫人夜之廁，蠆螫其手，呻呼無賴。佗令溫湯近熱，漬手其中，卒可得寐，但旁人數爲易湯，湯令煖之，其旦即愈。

軍吏梅平得病，除名還家，家居廣陵，未至二百里，止親人舍。有頃，佗偶至主人許，主人令佗視平，佗謂平曰："君早見我，可不至此。今疾已結，促去可得與家相見，五日卒。"應時歸，如佗所刻。

佗行道，見一人病咽塞，嗜食而不得下，家人車載欲往就醫。佗聞其呻吟，駐車往視，語之曰："向來道邊有賣餅家蒜虀大酢，從取三升飲之，病自當去。"即如佗言，立吐虵一枚，縣車邊，欲造佗。佗尚未還，小兒戲門前，逆見，自相謂曰："似逢我公，車邊病是也。"疾者前入坐，見佗北壁縣此虵輩約以十數。

又有一郡守病，佗以爲其人盛怒則差，乃多受其貨而不加治，無何棄去，留書罵之。郡守果大怒，令人追捉殺佗。郡守子知之，屬使勿逐。守瞋恚既甚，吐黑血數升而愈。

又有一士大夫不快，佗云："君病深，當破腹取。然君壽亦不過十年，病不能殺君，忍病十歲，壽俱當盡，不足故自剖裂。"士大夫不耐痛癢，必欲除之。佗遂下手，所患尋差，十年竟死。

廣陵太守陳登得病，胸中煩懣，面赤不食。佗脈之曰："府君胃中有蟲數升，欲成内疽，食腥物所爲也。"即作湯二升，先服一升，斯須盡服之。食頃，吐出三升許蟲，赤頭皆動，半身是生魚膾也，所苦便愈。佗曰："此病後三期當發，遇良醫乃可濟救。"依期果發動，時佗不在，如言而死。

太祖聞而召佗，佗常在左右。太祖苦頭風，每發，心亂目眩，佗針鬲，隨手而差。

李將軍妻病甚，呼佗視脉，曰："傷娠而胎不去。"將軍言："聞實傷娠，胎已去矣。"佗曰："案脉，胎未去也。"將軍以爲不然。佗舍去，婦稍小差。百餘日復動，更呼佗，佗曰："此脉故事有胎。前當生兩兒，一兒先出，血出甚多，後兒不及生。母不自覺，旁人亦不寤，不復迎，遂不得生。胎死，血脉不復歸，必燥著母脊，故使多脊痛。今當與湯，並針一處，此死胎必出。"湯針既加，婦痛急如欲生者。佗曰："此死胎久枯，不能自出，宜使人探之。"果得一死男，手足完具，色黑，長可尺所。

佗之絕技，凡此類也。然本作士人，以醫見業，意常自悔，後太祖親理，得病篤重，使佗專視。佗曰："此近難濟，恒事攻治，可延歲月。"佗久遠家思歸，因曰："當得家書，方欲暫還耳。"到家，辭以妻病，數乞期不反。太祖纍書呼，又敕郡縣發遣。佗恃能厭食事，猶不上道。太祖大怒，使人往檢。若妻信病，賜小豆四十斛，寬假限日；若其虛詐，便收送之。於是傳付許獄，考驗首服。荀彧請曰："佗術實工，人命所縣，宜含宥之。"太祖曰："不憂，天下當無此鼠輩耶？"遂考竟佗。佗臨死，出一卷書與獄吏，曰："此可以活人。"吏畏法不受，佗亦不彊，索火燒之。佗死後，太祖頭風未除。太祖曰："佗能愈此。小人養吾病，欲以自重，然吾不殺此子，亦終當不爲我斷此根原耳。"及後愛子倉舒病困，太祖歎曰："吾悔殺華佗，令此兒彊死也。"

5. 小説選讀

兩漢至魏晉南北朝時期，記錄神仙鬼怪之事的誌怪小説和描述人物言談舉止的誌人小説大量出現。從語言和故事内容上來說，魯迅《中國小説史略》稱之爲"粗陳梗概"。這一時期的誌怪小説主要有《漢武故事》《列異傳》《搜神記》《幽明錄》《觀世音應驗記》《異苑》等，誌人小説主要有《裴子語林》《郭子》《世説新語》等。

（1）《世説新語》。

《世説新語》，南朝宋劉義慶撰。主要記魏晉名士的逸聞逸事和玄言清談，是魏晉南北朝時期"筆記小説"的代表作。

《世説新語·德行》：

殷仲堪既爲荆州，值水儉，食常五碗盤，外無餘肴。飯粒脱落盤席間，輒拾以啖之。雖欲率物，亦緣其性真素。每語子弟云："勿以我受任方州，云我豁平昔時意，今吾處之不易。貧者，士之常，焉得登枝而捐其本！爾曹其存之。"

《世說新語·言語》：

　　孔文舉年十歲，隨父到洛。時李元禮有盛名，為司隸校尉，詣門者皆俊才清稱及中表親戚乃通。文舉至門，謂吏曰："我是李府君親。"既通，前坐。元禮問曰："君與僕有何親?"對曰："昔先君仲尼與君先人伯陽，有師資之尊，是僕與君奕世為通好也。"元禮及賓客莫不奇之。太中大夫陳韙後至，人以其語語之。韙曰："小時了了，大未必佳!"文舉曰："想君小時，必當了了!"韙大踧踖。

　　《世說新語·德行》（嘉靖十四年序三畏堂刊本）：

李元禮風格秀整，高自標持，欲以天下名教是非為己任。後進之士，有升其堂者，皆以為登龍門。
〔注〕魏志曰：李膺字元禮，潁川襄城人。……薛瑩後漢書曰：膺……清妙有文偉才，遷司隸校尉。……三秦記曰：河津一名龍門，……水懸絕，龜魚之屬莫能上，上則化為龍矣。

華歆遇子弟甚整，雖閒室之內，嚴若朝典。陳元方兄弟恣柔愛之道，而二門之裏，兩不失雍熙之軌焉。
〔注〕歆字子魚，平原高唐人。魏略曰：歆與北海邴原、管寧俱遊學，相善，時號三人為一龍，謂歆為龍頭，原為龍腹，寧為龍尾。

華歆、王朗俱乘船避難，有一人欲依附，歆輒難之。朗曰："幸尚寬，何為不可?"後賊追至，王欲舍所攜人。歆曰："本所以疑，正為此耳。既已納其自託，寧可以急相棄邪?"遂攜拯如初。世以此定華、王之優劣。
〔注〕華嶠譜敘曰：歆為下邽令，漢室方亂，乃與同志士鄭泰等六七人俱……道遇一丈夫獨行，願得與俱……今已在危險之中……不知其義……既已受之……何可中道相棄……卒與俱行……中道墮井，皆欲棄之。歆曰：已與俱矣，棄之不義。……卒共還出之而後別。

（2）《搜神記》。

《搜神記》，東晉干寶撰。書中有大量的神仙鬼怪及人物變異之事，旨在"發明神道之不誣"（《自序》）。原書三十卷，宋以後散佚不全。今本二十卷，乃明人所輯。汪紹楹校注本可資參考。此選錄其中"女化蠶"故事。

舊説，太古之時，有大人遠征，家無餘人，唯有一女。牡馬一匹，女親養之。窮居幽處，思念其父，乃戲馬曰："爾能爲我迎得父還，吾將嫁汝。"馬既承①此言，乃絶繮而去，徑至父所。父見馬驚喜，因取而乘之。馬望所自來，悲鳴不已。父曰："此馬無事如此，我家得無有故乎?"巫乘以歸。爲畜生有非常之情，故厚加芻養。馬不肯食。每見女出入，輒喜怒奮擊。如此非一。父怪之，密以問女。女具以告父，必爲是故。父曰："勿言。恐辱家門。且莫出入。"于是伏弩射殺之，暴皮于庭。父行，女與鄰女于皮所戲，以足蹙②之曰："汝是畜生，而欲取人爲婦耶! 招此屠剥，如何自苦!"言未及竟，馬皮蹷然而起，卷女以行。鄰女忙怕，不敢救之。走告其父。父還求索，已出失之。後經數日，得于大樹枝間，女及馬皮，盡化爲蠶，而績于樹上。其繭綸理厚大，異于常蠶。鄰婦取而養之，其收數倍。因名其樹曰桑。桑者，喪也。由斯百姓競種之，今世所養是也。

6. 書札、文書與雜著選讀

中古時期的書札往往信手寫來，不假藻飾，多用口語。《淳化閣貼》《法書要錄》《全晉文》等都保存了大量的文人書札。出土文書如《樓蘭尼雅出土文書》《吐魯番出土文書》等保存了許多民間契約、字據等，正史與《全上古三代秦漢三國六朝文》則載錄了這一時期大量的文人文書，著名的有《僮約》《失父零丁》和《奏彈劉整》等。

中古時期的雜著主要指北魏三書，即賈思勰《齊民要術》、酈道元《水經注》和楊衒之《洛陽伽藍記》。《齊民要術》是我國現存最早的農學著作，《水經注》是一部地理名著，《洛陽伽藍記》則是一部以記載佛教寺廟興衰兼及當時經濟、政治、人物、風俗、地理、典故的著作。另外家訓類材料——顔之推的《顔氏家訓》也可歸入這一類。

（1）《僮約》。

西漢王褒《僮約》是一篇遊戲文章。宋代洪邁《容齋隨筆》卷七説它"辭句怪麗"，明代陸深《儼山外集》説它"質野切直，粲然成文"，都説到了它不同於傳統文言的白話文性質。

---

① 承：聞，聽。
② 蹙：同"蹴"，踢。

《僮約》全文①：

蜀郡王子淵②，以事到湔③，止寡婦楊惠舍。惠有一奴，名便了。子淵倩④奴行酤酒，便了拽⑤大杖，上夫塚巔曰："大夫⑥買便了時，祗約守家，不約爲他人男子酤酒也！"子淵大怒曰："奴寧欲賣邪？"惠曰："奴大忤⑦人，人無欲者。"子淵即決買券⑧云云。奴復曰："欲使便了，皆當上券；不上券，便了不能爲也！"子淵曰："諾！"

券文曰：神爵三年正月十五日，資中男子王子淵，從成都安志里女子楊惠買亡夫時戶下髴奴便了，決賈⑨萬五千。奴當從百役使，不得有二言。晨起灑掃，食了洗滌。居當穿臼縛帚⑩，裁盂鑿斗⑪。浚渠縛落⑫，鋤園斫陌⑬。杜埤地⑭，刻大枷⑮。屈竹作杷，削治鹿盧。出入不得騎馬載車，跽坐大呶⑯，下牀振頭⑰。捶鉤刈芻⑱，結葦躑纑⑲，汲水酪，佐酤釀⑳，織履作麤㉑。黏雀張烏，結網捕魚，繳㉒雁彈鳧，登山射鹿，入水捕龜。後園縱養雁鶩百餘，驅逐鷗鳥。持梢牧豬，種薑養芋，長育豚駒，糞除㉓堂廡，喂食馬牛。鼓四起坐，夜半益芻㉔。二月春分，被堤杜疆㉕，落桑皮棕㉖，種瓜作瓠。別茄

---

① 注釋詳參汪維輝：《〈僮約〉疏證》，載《漢語詞彙史新探》，上海：上海人民出版社 2007 年版。
② 子淵：王褒的字。
③ 湔，成都市郊之湔江。
④ 倩：請，要求。
⑤ 拽："曳"的增傍俗字，拖。
⑥ 大夫：主人。
⑦ 忤：違逆，頂撞。
⑧ 決：決定，寫定。買券：買奴的契約文書。
⑨ 賈："價"的古字。決賈：定價。
⑩ 穿臼：挖地作臼。帚："帚"的增傍俗字。縛帚：扎掃帚。
⑪ 裁盂鑿斗：用木頭剜作碗和鑿成飲酒的斗。
⑫ 浚渠：疏浚溝渠。縛落：扎縛籬落。
⑬ 鋤園：鋤菜園。斫陌：斫除田梗荒草。
⑭ 杜埤（bì）地：堵上低濕之地。
⑮ 刻大枷：刻鏤大枷（柫）。
⑯ 跽坐：箕踞。呶：喧鬧。
⑰ 振頭：搖頭，擺頭。
⑱ 捶鉤：鍛打鐮刀。刈芻：割草。
⑲ 躑纑：踐踏麻縷（浸泡踐踏以作布）。
⑳ 佐酤（cú）釀（mú）：助釀美酒。
㉑ 麤，本字當作"蘆"，草鞋。
㉒ 繳：繫上絲繩的箭或繫在箭上的絲繩。這裏作動詞。
㉓ 糞除：打掃，清除。
㉔ 益芻：添加草料。
㉕ 被堤：加固堤岸。杜疆：堵塞田埂（穴隙）。
㉖ 落桑：砍下桑樹枝條。皮棕：取棕皮。

披蔥①，焚樵發芋②，蠹集破封。日中早曓③，雞鳴起舂。調治馬驢，兼落三重。舍中有客，提壺行酤，汲水作餔④。滌杯整案，園中拔蒜，斷蘇切脯⑤，築肉臛⑥芋，膾魚炰⑦鱉，烹茶盡具⑧。已而蓋藏，關門塞竇。餧豬縱犬，勿與鄰里爭鬥。奴但當飯豆⑨飲水，不得嗜酒。欲飲美酒，唯得染唇漬口，不得傾杯覆斗。不得晨出夜入，交關俤偶⑩。舍後有樹，當栽作船，上至江州，下到湔主，爲府掾⑪求用錢。推紡堅，販棕索。綿亭買席，往來都雒，當爲婦女求脂澤，販於小市。歸都擔枲⑫，轉出旁蹉。牽犬販鵝，武都買茶。楊氏擔荷，往來市聚，慎護⑬奸偷。入市不得夷蹲⑭旁臥，惡言醜罵。多作刀矛，持入益州，貨易羊牛。奴自教精慧，不得癡愚。持斧入山，斷輮裁轅。若有餘殘，當作俎几、木屐及彘盤。焚薪作炭，累石薄⑮岸。治舍蓋屋，削書代牘。日暮欲歸，當送乾薪二三束。四月當披，五月當獲，十月收豆，掄麥窖芋。南安拾粟采橘，持車載轅。多取蒲芋，益作繩索。雨墮無所爲，當編蔣織箔⑯。植種桃李、梨柿柘桑，三丈一樹，八尺爲行，果類相從，縱橫相當。果熟收斂，不得吮嘗。犬吠當起，驚告鄰里。根門柱戶，上樓擊鼓。荷盾曳矛，還落三周。勤心疾作，不得遨遊。奴老力索⑰，種莞⑱織席。事訖休息，當舂一石。夜半無事，浣衣當白。若有私斂，主給賓客。奴不得有奸私，事事當關白。奴不聽教，當笞一百。

　　讀券文適訖，詞窮詐索，仡仡⑲叩頭，兩手自搏，目淚下落，鼻涕長一尺："審如王大夫言，不如早歸黃土陌，丘蚓鑽額。早知當爾，爲王大夫酤酒，真不敢作惡⑳也。"

---

① 別茄：移栽茄子。披蔥：分種蔥。

② 樵：農作收割後留下的短樁。發芋：從地窖挖出芋頭以備種。

③ 曓（wèi）：暴曬。

④ 餔：《說文》："申時食也。"引申泛指飯食。

⑤ 蘇：紫蘇。脯（fǔ）：乾肉。

⑥ 築：通"柷"，切斷。臛（huò）：做成羹。

⑦ 膾：細切。炰（fǒu）：蒸煮。《詩·大雅·韓奕》："其殽維何？炰鱉鮮魚。"鄭玄箋："炰鱉，以火熟之也。"孔穎達疏："此及《六月》云'炰鱉'者，音皆作缹，然則炰與缹，以火熟之，謂烝煮之也。"

⑧ 盡具：洗滌茶具。

⑨ 飯，動詞。飯豆：吃豆子當飯。

⑩ 交關：結交。俤偶：伙伴。

⑪ 府掾：府署辟置的僚屬。

⑫ 枲：大麻的雄株。衹開雄花，不結子，纖維可織麻布。亦泛指麻。

⑬ 護：救視，引申指監視，防備。

⑭ 夷蹲：蹲，同義連用。

⑮ 薄：今作"駁"，壘砌。

⑯ 蔣：菰，即茭白，這裏指茭白草。箔，通"箔"，蠶簾。

⑰ 索：盡。

⑱ 莞：俗名水蔥、席子草。

⑲ 仡，通"頡"。《小爾雅》："頡，勤也。"《廣韻》："頡，用力也。"仡仡：用力。

⑳ 作惡：發怒，發脾氣。

（2）《齊民要術》。

《齊民要術》是北魏賈思勰所著的一部綜合性農學著作，書中正文分成十卷，收錄農藝、園藝、造林、蠶桑、畜牧、獸醫、配種、釀造、烹飪、儲備及治荒方法，援引古籍近 200 種，所引《氾勝之書》《四民月令》等現已失傳的漢晉重要農書。現有繆啓愉《齊民要術校釋》等。

《齊民要術》卷八：

肉醬法：牛、羊、獐、鹿、兔肉皆得作。取良殺①新肉，去脂，細銼。（陳肉乾者不任用。合脂令醬膩。）曬麴令燥，熟擣，絹簁②。大率肉一斗，麴末五升，白鹽兩升半，黄蒸一升，（曝乾，熟擣，絹簁。）盤上和令均調，内瓮子中。（有骨者，和訖先擣，然後盛之。骨多髓，既肥膩，醬亦然也。）泥封，日曝。寒月作之。宜埋之于黍穰積中。二七日開看，醬出③，無麴氣，便熟矣。買新殺雉煮之，令極爛，肉銷盡，去骨取汁，待冷解醬。（雞汁亦得。勿用陳肉，令醬苦膩。無雞、雉，好酒解之。還著日中。）

（3）《洛陽伽藍記》。

《洛陽伽藍記》，北魏楊衒之撰，是一部集歷史、地理、佛教、文學於一書的歷史和人物故實類筆記。該書與酈道元《水經注》被認爲是北朝文學的雙璧；又與《水經注》《齊民要術》合稱北魏三大奇書。該書有周祖謨《校釋》、范祥雍《校注》、楊勇《校箋》等校注本。

《洛陽伽藍記》卷四：

沖覺寺，太傅清河王懌舍宅所立也，在西明門外一里御道北。

懌親王之中最有名行，世宗愛之，特隆諸弟。延昌四年，世宗崩，懌與高陽王雍、廣平王懷並受遺詔，輔翼孝明。時帝始年六歲，太后代摠萬機，以懌明德茂親，體道居正，事無大小，多諮詢之。是以熙平、神龜之際，勢傾人主，第宅豐大，逾於高陽。西北有樓，出凌雲臺，俯臨朝市，目極京師，古詩所謂："西北有高樓，上與浮雲齊"者也。樓下有儒林館、延賓堂，形製並如清暑殿，土山釣臺，冠于當世。斜峰入牖，曲沼環堂。樹響飛嚶，階叢花藥。懌愛賓客，重文藻，海内才子，莫不輻輳。府僚臣佐，並

---

① 良殺：活的牲獸現殺的。
② 簁：《急就篇》卷三："簁箄箕帚筐篋簍。"顔師古注："簁，所以籮去麤（粗）取細者也。今謂之篩。"作動詞，指將東西放在篩具中來回搖動，以別粗細，去塵土。
③ 醬出：指有醬汁滲出。

選雋俊。至於清晨明景，騁望南臺，珍羞具設，琴笙並奏，芳醴盈罍，佳賓滿席，使梁王愧兔園之遊，陳思慚雀臺之燕。正光初，元乂秉權，閉太后於後宮，薨懌於下省。孝昌元年，太后還摠萬機，追贈懌太子太師大將軍都督中外諸軍事，假黃鉞、給九旒、鸞輅、黃屋左纛、輼輬車、前後部羽葆鼓吹、虎賁班劍百人、挽歌二部，葬禮依晉安平王孚故事，謚曰文獻。圖懌像於建始殿。拔清河國令韓子熙爲黃門侍郎。徙王國三卿爲執戟者，近代所無也。爲文獻追福，建五層浮屠一所，工作與瑤光寺相似也。

宣忠寺，侍中司州牧城陽王所立也，在西陽門外一里御道南。永安中，北海入洛，莊帝北巡，自余諸王，各懷二望，惟徽獨從莊帝至長子城。大兵阻河，雌雄未決，徽願入洛陽舍宅爲寺。及北海敗散，國道重輝，遂舍宅焉。永安末，莊帝謀煞爾朱榮，恐事不果，請計於徽，徽曰："以生太子爲辭，榮必入朝，因以斃之。"莊帝曰："后懷孕未十月，今始九月，可爾已不？"徽曰："婦生產子，有延月者，有少月者，不足爲怪。"帝納其謀，遂唱生太子，遣馳詔至太原王第，告云："皇儲誕育。"值榮與上黨王天穆博戲，徽脫榮帽，歡舞盤旋。徽素大度量，喜怒不形於色。兼殿內外歡叫，榮遂信之，與穆並入朝。莊帝聞榮來，不覺失色。中書舍人溫子升曰："陛下色變。"帝連索酒飲之，然後行事。榮、穆既誅，拜徽太師司馬，余官如故，典統禁兵，偏被委任。及爾朱兆擒莊帝，徽投前洛陽令寇祖仁。祖仁一門刺史，皆是徽之將校，少有舊恩，故往投之，祖仁謂子弟等曰："時聞爾朱兆募城陽王甚重，擒獲者千户侯。今日富貴至矣！"遂斬送之。徽初投祖仁家，賫金一百斤、馬五十匹，祖仁利其財貨，故行此事。所得金馬，總親之內均分之，所謂"匹夫無罪，懷璧其罪"，信矣！兆得徽首，亦不勛賞祖仁。兆忽夢徽云："我有黃金二百斤、馬一百匹，在祖仁家，卿可取之。"兆悟覺，即自思量"城陽禄位隆重，未聞清貧，常自入其家採掠，本無金銀，此夢或真"。至曉，掩祖仁，徵其金馬。祖仁謂人密告，望風款服，云："實得金一百斤，馬五十匹。"兆疑其藏隱，依夢徵之。祖仁諸房素有金三十斤，馬三十匹，盡送致兆，猶不充數。兆乃發怒，捉祖仁，懸首高樹，大石墜足，鞭捶之，以及於死。時人以爲交報。楊衒之云："崇善之家，必有餘慶，積禍之門，殃所畢集。祖仁負恩反噬，貪貨殺徽，徽即託夢增金馬，假手於兆，還以斃之。使祖仁備經楚撻，窮其塗炭，雖魏侯之笞田蚡，秦主之刺姚萇，以此論之，不能加也。"

宣忠寺東王典御寺，閹官王桃湯所立也。時閹官伽藍皆爲尼寺，惟桃湯所建僧寺，世人稱之英雄。門有三層浮屠一所，工逾昭義。宦者招提，最爲入室。至於六齋，常擊鼓歌舞也。

白馬寺，漢明帝所立也，佛入中國之始。寺在西陽門外三里御道南。帝夢金神長丈六，項背日月光明，胡人號曰佛。遣使向西域求之，乃得經像焉。時白馬負經而來，因以爲名。明帝崩，起祇洹於陵上。自此以後，百姓冢上，或作浮屠焉。寺上經函至今猶存。常燒香供養之，經函時放光明，耀於堂宇，是以道俗禮敬之，如仰真容。浮屠前，奈林蒲萄異於餘處，枝葉繁衍，子實甚大。奈林實重七斤，蒲萄實偉於棗，味並殊美，冠於中京。帝至熟時，常詣取之，或復賜宮人。宮人得之，轉餉親戚，以爲奇味，得者不敢輒食，乃歷數家。京師語曰："白馬甜榴，一實直牛。"

2.2.2　近代漢語文獻分類選讀

1. 禪宗語録與宋儒語録選讀

（1）禪宗語録。

禪宗語録，指歷代禪師的法語，包括師徒傳法心要、參悟驗證、方便施化，諸方學士參學所得，並互相問答、詰難、辯論、參究等內容，也指記載這些法語的文獻。

禪宗自五祖弘忍以後，分爲南北兩派，有頓漸之別。南宗開創者慧能主張人人可以頓悟，立證成佛，促進了佛教的中國化與口語化。禪宗師徒間常以問答作爲開悟的手段，這些對話記録下來就成爲語録。比較可靠的唐五代禪宗語録有敦煌寫本《六祖壇經》《神會語録》和成書於五代時期的《祖堂集》。宋代的禪宗語録最常用的是道原所編、成書於北宋景德元年的《景德傳燈録》，此外還有《天聖廣燈録》《建中靖國續燈録》《聯燈會要》《嘉泰普燈録》，各三十卷。五書合編爲《五燈會元》。淳祐年間釋普濟簡縮爲二十卷，即今天所看到的本子。此外，宋代的禪宗語録還有《碧巖録》《大慧書》等。

《六祖壇經》選讀[①]：

惠能慈父，本貫范陽，左降遷流嶺南，作新州百姓。惠能幼小，父又早亡。老母孤遺，移來南海，艱辛貧乏，於市賣柴，忽有一客買柴，遂令惠能送至於官店。客將柴去，惠能得錢。卻向門前，忽見一客讀《金剛經》。惠能一聞，心明便悟。乃問客曰："從何處來，持此經典？"客答曰："我於蘄州黄梅縣東馮墓山，禮拜五祖弘忍和尚，見今在彼，門人有千餘衆。我於彼聽見大師勸道俗，但持《金剛經》一卷，即得見性，直了成佛。"惠能聞説，宿業有緣。便即辭親，往黄梅馮墓山，禮拜五祖弘忍和尚。

弘忍和尚問惠能曰："汝何方人，來此山禮拜吾？汝今向吾邊復求何物？"惠能答曰："弟子是嶺南人，新州百姓。今故遠來禮拜和尚。不求餘物，唯求作佛。"大師遂責惠能曰："汝是嶺南人，又是獦獠，若爲堪作佛！"惠能答曰："人即有南北，佛性即無南北；獦獠身與和尚不同，佛性有何差別？"大師欲更共議，見左右在傍邊，大師更

不言。遂發遣惠能，令隨眾作務。時有一行者，遂差惠能於碓坊，踏碓八箇餘月。

五祖忽於一日喚門人盡來。門人集記，五祖曰："吾向汝説，世人生死事大，汝等門人，終日供養，祇求福田，不求出離生死苦海。汝等自性若迷，福門何可救汝。汝總且歸房自看，有智惠者，自取本性般若之知，各作一偈呈吾。吾看汝偈，若吾大意者，付汝衣法，稟爲六代。火急急！"

門人得處分，卻來各至自房，遞相謂言："我等不須澄心用意作偈，將呈和尚。神秀上座是教授師，秀上座得法後，自可依止。偈不用作。"諸人息心，盡不敢呈偈。時大師堂前有三間房廊，於此廊下供養，欲畫《楞伽》變相，並畫五祖大師傳授衣法，流行後代爲記。畫人盧珍看壁了，明日下手。

上座神秀思惟："諸人不呈心偈，緣我爲教授師。我若不呈心偈，五祖如何得見我心中見解深淺？我將心偈上五祖呈意，求法即善；覓祖不善，卻同凡心奪其聖位。若不呈心偈，終不得法。"良久思惟，甚難甚難。夜至三更，不令人見，遂向南廊下中間壁上題作呈心偈，欲求於法。"若五祖見偈，言此偈語，若訪覓我，我宿業障重，不合得法，聖意難測，我心自息。"秀上座三更於南廊下中間壁上秉燭題作偈，人盡不知。偈曰：

身是菩提樹，心如明鏡臺。時時勤佛拭，莫使有塵埃。

神秀上座題此偈畢，歸臥房。並無人見。五祖平旦，遂喚盧供奉來南廊下畫《楞伽》變相。五祖忽見此偈，請記①。乃謂供奉曰："弘忍與供奉錢三十千，深勞遠來，不畫變相也。《金剛經》云：'凡所有相，皆是虛妄。'不如留此偈，令迷人誦。依此修行，不墮三惡道。依法修行人，有大利益。"

大師遂喚門人盡來，焚香偈前。令眾人見，皆生敬心。"汝等盡誦此偈者，方得見性；於此修行，即不墮落。"門人盡誦，皆生敬心，喚言"善哉"。

五祖遂喚秀上座於堂內問："是汝作偈否？若是汝作，應得我法。"秀上座言："罪過！實是秀作，不敢求祖，願和尚慈悲，看弟子有小智惠、識大意否？"五祖曰："汝作此偈，見即未到，祇到門前，尚未得入。凡夫依此偈修行，即不墮落。作此見解，若覓無上菩提，即未可得。須入得門，見自本性。汝且去，一兩日來思惟，更作一偈來呈吾。若入得門，見自本性，當付汝衣法。"秀上座去數日，作不得。

有一童，於碓坊邊過，唱誦此偈。惠能一聞，知未見性，即識大意。能問童子："適來誦者，是何言偈？"童子答能曰："儞不知大師言，生死事大，欲傳於法，令門人等各作一偈來呈看，悟大意，即付衣法，稟爲六代祖。有一上座名神秀，忽於南廊下書《無相偈》一首。五祖令諸門人盡誦，悟此偈者，即見自性，依此修行，即得出離。"惠能答曰："我此踏碓八箇餘月，未至堂前，望上人引惠能至南廊下，見此偈禮拜，亦

---

① 請記，郭朋校釋："疑爲'讀訖'之誤。"

願誦取，結來生緣，願生佛地。"童子引能，至南廊下，能即禮拜此偈。爲不識字，請一人讀。惠能聞已，即識大意。惠能亦作一偈，又請得一解書人於西間壁上題著，呈自本心。不識本心，學法無益，識心見性，即悟大意。惠能偈曰：

菩提本無樹，明鏡亦無臺。

佛性常清净，何處有塵埃！

又偈曰：

心是菩提樹，身爲明鏡臺。

明鏡本清净，何處染塵埃！

院内徒衆，見能作此偈盡怪。惠能卻入碓坊。五祖忽見惠能偈，即善知識大意。恐衆人知，五祖乃謂衆人曰："此亦未得了。"

五祖夜至三更，唤惠能堂内，説《金剛經》。惠能一聞，言下便悟。其夜受法，人盡不知。便傳頓法及衣："汝爲六代祖，將衣爲信稟，代代相傳；法以心傳心，當令自悟。"五祖言："惠能，自古傳法，氣如懸絲。若住此間，有人害汝，汝即須速去。"

能得衣法，三更發去。五祖自送能於九江驛。登時便悟。[1] 悟祖處分："汝去，努力將法向南，三年勿弘此法。難去，在後弘化，善誘迷人，若得心開，汝悟無别。"辭違已了，便發向南。

《祖堂集》卷五選讀[2]：

大顛和尚，嗣石頭，在潮州。

元和十三年戊戌歲，迎真身[3]，元和皇帝於安遠門躬自焚香，迎候頂禮。皇帝及百寮俱見五色光現，皆云是佛光，百寮拜賀聖感。唯有侍郎韓愈一人獨言不是佛光，不肯拜賀聖德。帝問："既不是佛光，當此何光？"侍郎當時失對，被貶潮州。

侍郎便到潮州，問左右："此間有何道德高行禪流？"左右對曰："有大顛和尚。"侍郎令使往彼，三請，皆不赴。後和尚方聞佛光故，乃自來。侍郎不許相見，令人問："三請不赴，如今爲甚麼不屈自來？"師云："三請不赴，不爲侍郎；不屈自來，只爲佛光。"侍郎聞已喜悦，則申前旨："弟子其時云不是佛光，當道理不？"師答曰："然。"侍郎云："既不是佛光，當時何光？"師曰："是天龍八部、釋梵助化之光。"侍郎云："其時京城若有一人似於師者，弟子今時日終不來此。"侍郎又問曰："未審佛還有光也無。"師曰："有。"進曰："如何是佛光？"師唤云："侍郎！"侍師應喏。師曰："看！

---

① 郭朋校釋："此句費解。或'悟'應作'㿑'，覺也。意謂很快就天亮了。"
② 據張美蘭：《祖堂集校注》，北京：商務印書館2009年版。
③ 張美蘭校記：迎真身一事，指元和十三年十二月，唐憲宗遣中使迎鳳翔法門寺佛骨。

還見摩？”侍郎曰：“弟子到這裏卻不會。”師云：“這裏若會得，是真佛光。故佛道一道，非青、黄、赤、白色，透過須彌盧圍，遍照山河大地；非眼見，非耳聞，故五日不睹其容，二聽不聞其響。若識得這個佛光，一切聖凡、虚幻無能惑也。”師欲歸山，留一偈曰：

> 辤君莫恠歸山早，爲憶松蘿對月宫。
>
> 台殿不將金鑰閉，來時自有白雲封。

自後，侍郎特到山復禮，乃問：“弟子軍州事多，佛法中省要處，乞師指示。”師良久。侍郎罔措。登時三平造侍者，在背後敲禪床，師乃迴視云：“作摩？”對曰：“先以定動，然後智拔。”侍郎向三平云：“和尚格調高峻，弟子罔措。今於侍者邊卻有入處。”禮謝三平，卻歸州。

後一日，上山禮師。師睡次，見來不起，便問：“遊山來？爲老僧禮拜來。”對曰：“禮拜和尚來。”師曰：“不禮更待何時！”侍郎便禮拜。

後一日又上山。師問：“遊山來？爲老僧禮拜來？”侍郎曰：“遊山來。”師曰：“還將得遊山杖來不？”對曰：“不將得來。”師曰：“若不將來，空來何益？”

又一日，師曰：“老僧往年見石頭，石頭問：‘阿那個是汝心？’對曰：‘即祇對和尚言語者是。’石頭便喝之。經旬日，卻問：‘和尚前日豈不是？於此之外，何者是心？’石頭云：‘除卻揚眉動目一切之事外，直將心來。’對曰：‘無心可將來。’石頭曰：‘先來有心，何得言無心？有心無心，盡同謗我。’於此時言下大悟此境，卻問：‘既今某甲除卻揚眉動目一切之事外，和尚亦須除之。’石頭云：‘我除竟。’對曰：‘將示和尚了也。’石頭云：‘汝既將示，我心如何？’對曰：‘不異和尚。’石頭曰：‘不關汝事。’對曰：‘本無物。’石頭曰：‘汝亦無物。’對曰：‘無物則真物。’石頭云：‘真物不可得，汝心見量，意旨如此，也須護持。’”僧問：“其中人相見時如何？”師曰：“早不其中。”進曰：“其中者如何？”師曰：“渠不作這箇問。”

（2）宋儒語録。

儒學發展到宋代成爲“理學”，周敦頤、邵雍、張載、程顥、程頤、朱熹、陸九淵是理學的代表人物，都有講課及與弟子問答的記録，是爲宋儒語録。宋儒語録中分量最大的是《朱子語類》一百二十卷，清人張伯行删定爲《朱子語類輯略》八卷。

《朱子語類》卷十一《讀書法下》選讀：

人之爲學，固是欲得之於心，體之於身，但不讀書，則不知心之所得者何事。（道夫）

讀書窮理，當體之於身。凡平日所講貫窮究者，不知逐日常見得在心目間否？不然，則隨文逐義，趕趁期限，不見悦處，恐終無益。

人常讀書，庶幾可以管攝此心，使之常存。横渠①有言：書所以維持此心，一時放下，則一時德性有懈，其何可廢！（盖卿）

初學於敬不能無間斷，祇是才覺間斷，便提起此心。祇是覺處，便是接續。某要得人祇就讀書上體認義理。日間常讀書，則此心不走作②；或祇去事物中滾，則此心易得汨没。知得如此，便就讀書上體認義理，便可唤轉來。（賀孫）

本心陷溺之久，義理浸灌未透，且宜讀書。窮理常不間斷，則物欲之心自不能勝，而本心之義理自安且固矣。

須是存心與讀書爲一事，方得。（方子）

人心不在軀殼裏，如何讀得聖人之書？祇是杜撰鑿空説，元與他不相似。（個）

讀書須將心貼在書册上，逐句逐字，各有著落，方始好商量。大凡學者須是收拾此心，令專静純一，日用動静間都無馳走散亂，方始看得文字精審。如此，方是有本領。

今人看文字，多是以昏怠去看，所以不子細。故學者且於静處收拾教意思在裏，然後虚心去看，則其義理未有不明者也。（祖道）

昔陳烈先生苦無記性，一日，讀《孟子》"學問之道無他，求其放心而已矣"，忽悟曰："我心不曾收得，如何記得書！"遂閉門静坐，不讀書百餘日，以收放心；卻去讀書，遂一覽無遺。（個）

《朱子語類》卷一一三《訓門人一》選讀：

問："涵養於未發之初，令不善之端旋消，則易爲力；若發後，則難制。"曰："聖賢之論，正要就發處制，惟子思説'喜、怒、哀、樂，未發謂之中'。孔孟教人，多從發處説，未發時，固當涵養，不成發後便都不管？"

次日又云："雖是涵養於未發，源清則流清，然源清則未見得，被他流出來，已是濁了。須是因流之濁，以驗源之未清，就本原處理會。未有源之濁而流之能清者，亦未有流之濁而源清者。今人多是偏重了：祇是涵養於未發，而已發之失乃不能制，是有得於静而無得於動；祇知制其已發，而未發時不能涵養，則是有得於動而無得於静也。"

或謂"誠敬"二字云云。先生曰："也是如此，但不去做工夫，徒説得，不濟事。且如公一日間，曾有幾多時節去體察理會來？若不曾如此下工夫，祇據册上寫底，把來口頭説，雖説得是，何益！某常説與學者，此個道理須是用工夫自去體究。講論固不可

---

① 横渠：横渠先生，指張載。
② 走作：弛走，散亂。

闕，若祇管講，不去體究，濟得甚事！蓋此義理儘廣大無窮盡，今日恁地說亦未必是，又恐他祇說到這裏，入深也更有在，若便領略將去，不過是皮膚而已；又不入思慮，則何緣會進！須是把來橫看豎看，子細窮究，都理會不得底，固當去看；便是領略得去者，亦當如此看。看來看去，方有疑處也，此個物事極密，毫釐間便相爭，如何恁地疏略說得？若是那真個下工夫到田地①底人，說出來自別。”

廣云：“昨日聞先生教誨做工夫底道理，自看得來，所以無長進者，政緣不曾如此做工夫，故於看文字時，不失之膚淺，則入於穿鑿。今若據先生之說，便如此著實下工夫去，則一日須有一日之功，一月須有一月之功；決不到虛度光陰矣。”先生曰：“昨日也偶然說到此。某將謂凡人讀書都是如此用工，後來看得卻多不如此。蓋此個道理，問也問不盡，說也說不盡，頭緒甚多，須是自去看，看來看去，則自然一日深似一日，一日分曉似一日，一日簡易似一日。祇是要熟。《孟子》曰：“仁，亦在乎熟之而已。”熟，則一喚在面前；不熟時，才被人問著，便須旋去尋討，迨尋討得來時，意思已不如初矣。”

先生諭廣曰：“今講學也須如此，更須於主一上做工夫。若無主一工夫，則所講底義理無安著處，都不是自家物事。若有主一工夫，則外面許多義理方始屬我有，卻是自家物事。工夫到時，才主一便覺意思好，卓然精明；不然便緩散消索了，沒意思。”廣云：“到此侍教誨三月，雖昏愚，然亦自覺得與前日不同，方始有個進修底田地，歸去當閉戶自做工夫。”曰：“也不問在這裏不在這裏，也不說要如何頓段②做工夫，祇自腳下便做將去。固不免有散緩時，但才覺便收斂將來，漸漸做去，但得收斂時節多，散緩之時少，便是長進處。故《孟子》說：‘學問之道無他，求其放心而已。’所謂求放心者，非是別去求個心來存著，祇才覺放心，便在此。《孟子》又曰：‘雞犬放，則知求之；心放，則不知求。’某常謂雞犬猶是外物，才放了，須去外面捉將來。若是自家心，便不用別求，才覺便在這裏。雞犬放，猶有求不得時，自家心則無求不得之理。”因言：“橫渠說做工夫處更精切似二程③。二程資稟高，潔淨，不大段④用工夫；橫渠資稟有偏駁夾雜處，他大段用工夫來。觀其言曰：‘心清時少亂時多。其清時，視明聽聰，四體不待羈束而自然恭謹；其亂時，反是。’說得來大段精切。”

---

① 田地：某一地步，程度。
② 頓段：分頓，分段。
③ 二程：指程顥、程頤。
④ 大段：十分。

2. 敦煌文獻選讀

敦煌文獻指出土於敦煌藏經洞的文獻，主要是5—11世紀的古代文獻，大部分寫本寫於中唐至宋初。敦煌文獻品種繁多，内容豐富。已經整理的文獻主要有下面這些：其一，變文。其二，王梵志詩。其三，敦煌曲，敦煌曲包括傳統的詞和《十二時》《五更轉》《百歲篇》等民間俗曲。其四，願文，這是用於表達祈福禳災及兼表頌讚的各種文章的總稱。除此之外，敦煌文書中值得我們研究的語料仍不少，其中大約百分之九十是佛教文獻，包括不少藏外佚經和疑僞經；道教、摩尼教、景教經典亦爲數不少；歷史、地理、公私文書以及文學資料、科技史料、經濟史料等，都非常重要。

（1）變文。

變文是語言研究的重要材料。發現於敦煌藏經洞的唐五代俗文學寫卷泛稱爲“變文”，這是唐代興起的説唱文學，“變”指“經變”，佛教用語，“變文”最初是寺院裏解説佛經的通俗講唱文學，後來内容擴大到歷史故事與民間傳説。敦煌變文現在通行的校注本有郭在貽、張涌泉、黄征《敦煌變文校注》，項楚《敦煌變文選注》。

《舜子變文》：

姚（堯）王里（理）化之時，日洛（浴）千般祥瑞。舜有親阿孃在堂，樂登夫人便是。樂登夫人染疾在床，三年不豈（起）。夫人唤言苦痩（瞽叟）：“妾有姑（孤）男姑（孤）女，流（留）在兒婿手頂（底），願夫莫令邊（鞭）恥。”苦嗽（瞽叟）報言娘子：“問疾病總有①，夫人大須攝治。”道了命終。舜子三年池（持）孝，淡服千日寮（掛）體。

苦嗽（瞽叟）唤言舜子：“我舜子小（少）失卻阿孃，家裏無人主領；阿耶取（娶）一個計（繼）阿孃來，我子心裏何似？”舜子抄手啓阿耶：“阿耶若取得計阿孃來，也共親阿孃無二！”

苦嗽（瞽叟）取得計阿孃，不經旬日中間，苦嗽唤言舜子：“寮（遼）陽城兵馬下，今年大好經記（紀）。阿耶暫到遼楊（陽），沿路覓些些宜利，遣我子勾當家事。”

去時祇道壹年，三載不歸宅李（裏）。兒逆②阿耶長段（腸斷），步琴悉（膝）上安智（置）。舜子府（撫）琴忠（中）間，門前有一老人立地。舜子即忙出門：“老人〔萬〕福尊體！老人從何方而來？”老〔人〕保（報）郎君：“昨從寮楊（遼陽）城來，今得阿耶書信。”舜子走入宅門，跪拜阿孃四拜。後阿孃見舜子跪拜四拜，五讀（毒）嗔心便豈（起）：“又不是時朝節日，又不是遠來由喜。政（正）午間跪拜四拜，學得甚塊（鬼）禍述靡（術魅）！”舜子又手啓阿孃：“阿耶暫到寮楊（遼陽），遣舜子勾當

---

① 此句疑有脱誤。或當作“人間疾病總有”。
② 逆：懸想，揣測。

家事。去時即道壹年，三載不歸宅李（裏）。兒逆阿耶腸段（斷），步琴悉（膝）上安智（置）。舜子府（撫）琴忠（中）間，門前有個老人，昨從寮楊（遼陽）城來，今得阿耶書信。兩拜助①阿孃寒溫，兩拜助阿孃同喜。"

後阿孃聞道苦嗽（瞽叟）到來，心裏當時設計。高聲喚言舜子："實若是阿耶來，家裏苦無供備；阿孃見後園果子非常，最好紅桃先（鮮）味。我若嫡（摘）得桃來，豈不是於家了事！"舜子問（聞）道摘桃，心裏當時歡喜。舜子上樹摘桃，阿孃也到樹底。解散自家頭計（髻），拔取金芟（釵）手裏，次（刺）破自家腳上，高聲喚言舜子："我子是孝順之男，豈不下樹與阿孃看次（刺）？"舜子聞言，將爲是真無爲（僞）。舜子即忙下樹。（後缺）

（前缺）房中臥地不起。不經三兩□□，□□□（瞽）叟來至。瞽叟入到宅門，直到自家房□。□後妻向床上臥地不起。瞽叟問言娘子："前後見我不歸，得甚能歡能喜？今日見我歸家，床上臥〔地〕不起。爲復是鄰里相爭，爲復天行時氣？"後妻忽聞此言，滿目堆堆②下淚。"自從夫去潦楊（遼陽），遣妾勾當家事。前家男女不孝，見妾後園摘桃，樹下多埋惡刺。刺我兩腳成瘡，疼痛直連心髓。當時便擬見官，我看夫妻之義。老夫若也不信，腳掌上見有膿水。見妾頭黑面白，異生豬狗之心。"

瞽叟喚言舜子："阿耶暫到遼陽，遣子勾當家事。緣甚於家不孝？阿孃上樹摘桃，樹下多埋惡刺，刺他兩腳成瘡，這個是阿誰不是？"舜子心自知之，恐傷母情③；舜子與招伏罪過，又恐帶累阿孃。"己身是兒，千重萬過，一任阿耶鞭恥。"瞽叟忽聞此言，聞嗔且不可嗔，聞喜且不是喜。高聲喚言象兒："與阿耶三條荆杖來，與打殺前家歌（哥）子！"〔象〕兒〔聞〕道取荆杖，走入阿孃房裏，報云："阿耶交（教）兒取杖，打殺前家歌（哥）子！"後妻報言瞽叟："男女罪過須打，更莫交（教）分疏道理。"象兒取得荆杖到來，數中揀一條麤物，約重三兩便下是。把舜子頭髮，懸在中庭樹地。從項決到腳脉，鮮血遍流灑地。

瞽叟打舜子，感得百鳥自鳴，慈烏洒血不止。舜子是孝順之男，上界帝釋知委，化一老人，便往下界來至，方便與舜，猶如不打相似。舜即歸來書堂裏，先念《論語》《孝經》，後讀《毛詩》《禮記》。

後阿孃亦（一）見舜子，五毒嗔心便起："自從夫去遼陽，遣妾勾當家事。前家男女不孝，東院酒席常開，西院書堂常閉。夜夜伴涉惡人，不曾歸來宅裏。買（賣）卻田地莊園，學得甚鬼禍術魅，大杖打又不死！忽若堯王敕知，兼我也遭帶累。解士（事）把我離書來，交（教）〔我〕離你眼去！"瞽叟報言娘子："他（但）緣人命致

---

① 助：移情於對方，自己懷有與對方相同之心。此指問候。下一"助"指賀喜。

② 堆堆：同"漼漼"，淚下貌。

③ "恐傷母情"前面省略了"不招伏罪過"之語。

重，如何打他鞭恥？有計但知説來，一任與娘子鞭恥。"後妻報言瞽叟："不鞭恥萬事絶言，鞭恥者全不成小事。"

不經兩三日中間，後妻設得計成。妻報瞽叟曰："妾見後院空倉，三二年來破碎，交（教）伊舜子修倉，四畔放火燒死。"瞽叟報言娘子："娘子雖是女人，説計大能精細。"瞽叟喚言舜子："阿耶見後院倉，三二年破碎；我兒若修得倉全，豈不是兒於家了事。"舜子聞道修倉，便知是後阿孃設計。調和一堆泥水，舜子叉手啓阿孃："泥水生治不解，須得兩個笠子。"後阿孃問瞽叟曰："是你怨（冤）家修倉，須得兩個笠子。大（待）伊怨家上倉，不計是兩個笠子，四十個笠子也須燒死。"舜子繞得上倉舍，西南角便有火起。弟一火把是後阿孃，續得瞽叟弟二，弟三不是別人，是小弟象兒。即三具火把鐺脚且燒，見紅炎連天，黑煙不見天地。舜子恐大命不存，權把二個笠子為馮，騰空飛下倉舍。舜子是有道君王，感得地神擁起，遂燒毫毛不損，歸來書堂院裏，先念《論語》《孝經》，後讀《毛詩》《禮記》。

後阿孃又見舜子，五毒惡心便起。"自從夫去遼陽，遣妾勾當家事。前家男女不孝，東院酒席常開，西院書堂常閉。夜夜伴涉惡人，不曾歸來宅裏。買（賣）卻田地莊園，學得甚祟禍術魅。大杖打又〔不〕殺，三具火燒不死。忽若堯王敕知，兼我也遭帶累。解事把我離書來，交（教）我離你眼去。"瞽叟報言娘子："緣人命致重，如何但修理他。有計但知説來，一任與娘子鞭恥。"後妻報言瞽叟："不鞭恥萬事絶言，鞭恥全成小事。"

不經旬日中間，後妻設得計成："妾〔見〕廳前枯井，三二年來無水。交伊舜子淘井，把取大石填壓死。"瞽叟報言娘子："娘子雖是女人，設計大能精細。"高聲喚言舜子："阿耶廳前枯井，三二年來〔無〕水，汝若淘井水出，不是兒於家了事？"舜聞淘（淘）井，心裏知之，便脱衣裳井邊，跪拜入井淘（淘）泥。上界帝釋密降銀錢五百文入於井中。舜子便於泥樽中置銀錢，令後母挽出。數度訖，上報阿耶孃："井中水滿錢盡，遣我出着，與飯一盤食者，不是阿孃能德？"後母聞言，於瞽叟詐云："是你怨（冤）家有言：不得使我銀錢，若用我銀錢者，出來報官，渾家不殘性命！"瞽叟便即與（以）大石填塞。後母一女把着阿耶："殺卻前家歌（哥）子，交與甚處出頭？"阿耶不聽，拽手埋井。帝釋變作一黄龍，引舜通穴往東家井出。舜叫聲上報，恰值一老母取水，應云："井中是甚人乎？"舜子答云："是西家不孝子。"老母便知是舜，牽挽出之。舜即泣淚而拜。老母便與衣裳，串（穿）着身上，與食一盤喫了。報舜云："汝莫歸家，但取你親阿孃墳墓去，必合見阿孃現身。"説詞已了，舜即尋覓阿孃墓。見阿孃真身，悲啼血。阿孃報言舜子："兒莫歸家，兒大未盡。但取西南角歷山躬耕，必富貴。"

舜取母語，相別行至山中，見百餘傾（頃）空田，心中哽噎。種子犁牛，無處取之。天知至孝，自有郡（群）豬與觜耕地開壟，百鳥銜子拋田，天雨澆漑。其歲天下不熟，舜自獨豐，得數百石穀米。心欲思鄉，擬報父母之恩。行次臨河，舜見一郡

（群）鹿，嘆曰：“凡爲人身，遊鹿不相似也。”泣淚呼（吁）嗟之次，又見商人數個，舜子問云：“冀郡姚家人口，平善好否？”商人答云：“姚家千萬，阿誰識你親情？有一家姚姓，言遣兒濤（淘）井，後母嫉之，共夫填卻井煞兒。從此後阿爺兩目不見，母即頑遇（愚），負薪詣市。更一小弟，亦復癡癲，極受貧乏，乞食無門。我等祇識一家，更諸姚姓，不知誰也。”舜子當即知是父母小弟也。心口思惟，口亦不言。

舜來歷山，俄經十載，便將米往本州。至市之次，見後母負薪，詣市易米。值舜糶（糶）於市，舜識之，便糴與之。舜得母錢，佯忘安着米囊中而去。如是非一。瞽叟怪之。語後妻曰：“非吾舜子乎？”妻曰：“百丈井底埋卻，大石櫃之，以土填卻，豈有活理？”瞽叟曰：“卿試牽我至市。”妻牽叟詣市，還見糶米少年，叟謂曰：“君是何賢人？數見饒益。”舜曰：“見翁年老，故以相饒。”叟耳識其聲音曰：“此正似吾舜子聲乎！”舜曰：“是也。”便即前抱父頭，失聲大哭。舜子拭其父淚，與（以）舌舐之，兩目即明。母亦聰慧，弟復能言。市人見之，無不悲嘆。

當時舜子將父母到本家庭。瞽叟泣曰：“吾之孝〔子〕！”不自斟量，便集鄰里親眷，將刀以殺後母。舜子又手啓大人：“若殺卻阿孃者，舜元無孝道，大人思之。”鄰里悲哀，天下未門（聞）此事。父放母命以後，一心一肚快活，天下傳名。堯帝聞之，妻以二女，大者娥皇，小者女英。堯遂卸位與舜帝。（英）生商均，不肖，舜由此卸位與夏禹王。其詩曰：

瞽叟填井自目盲，舜子從來歷山耕。

將米冀都逢父母，以舌舐眼再還明。

又詩曰：

孝順父母感於天，舜子濤（淘）井得銀錢。

父母抛石壓舜子，感得穿井東家連。

舜子至孝變文一卷[①]

檢得《百歲詩》云：“舜年廿，學問。三十，堯舉之。五十，大行天下事。六十一，代堯踐帝位。在位三十九年，南巡狩，崩於蒼梧之野，年百歲。葬於〔江〕南九疑，是爲零陵。舜子姓姚，字重華。”又檢得《曆帝紀》云：“舜號有虞氏，姓姚，目有重瞳。父名瞽叟，母號握登，顓頊之後，黃帝九代孫。都平陽，後都蒲阪。夏禹代立。”孔安國云：“舜在位五十年，年一百十二歲。崩，葬蒼梧野九疑山。帝舜元年戊寅。”

---

① 正文内容至此結束。以下内容是變文抄録者所寫之後記。

天福十五年，歲當己酉朱明蕤賓①之月，蓂生拾肆葉②寫畢記。

（2）王梵志詩。

王梵志詩本指唐初白話詩人王梵志所作白話詩，後用指群體創作的白話詩總稱。王梵志詩多以描寫世情與善惡報應、勸人信佛爲主要内容。《王梵志詩集》長期失傳，後在敦煌被重新發現（三卷本與 12 種一卷本），加上其他零散的王梵志詩，項楚《王梵志詩校注》共收 390 首。

王梵志詩選讀：

《遥看世間人》：

遥看世間人，村坊安社邑。一家有死生，合村相就泣。張口哭他屍，不知身去急。本是長眠鬼，暫來地上立。欲似養兒甤，回乾且就濕。前死深埋卻，後死續即入。

《吾富有錢時》：

吾富有錢時，婦兒看我好。吾若脱衣裳，與吾疊袍襖。吾出經求去，送吾即上道。將錢入舍來，見吾滿面笑。遶吾白鴿旋，恰似鸚鵡鳥。邂逅暫時貧，看吾即貌哨。人有七貧時，七富還相報。圖財不顧人，且看來時道。

《身如圈裏羊》：

身如圈裏羊，命報恰相當。羊即披毛走，人著好衣裳。脱衣赤體立，形段不如羊。羊即日日死，人還日日亡。從頭捉將去，還同肥好羊。羊即辛苦死，人去無破傷。命絕逐他走，魂魄歷他鄉。有錢多造福，吃著好衣裳。愚人廣造罪，智者好思量。

《生時不須歌》：

生時不須歌，死時不須哭。天地捉秤量，鬼神用斗斛。體上須得衣，口裏須得禄。人人覓長生，没地可種穀。

---

① 朱明：指夏季。蕤賓：指五月。
② 蓂生拾肆葉：指十四日。《竹書紀年》卷上："有草夾階而生，月朔始生一莢，月半而生十五莢；十六日以後，日落一莢，及晦而盡；月小，則一莢焦而不落。名曰蓂莢，一曰歷莢。"

《敬他還自敬》：

敬他還自敬，輕他還自輕。罵他一兩口，他罵幾千聲。觸他父母諱，他觸祖公名。欲覓無嗔報，少語最爲精。

《世無百年人》：

世無百年人，擬作千年調。打鐵作門限，鬼見拍手笑。

《城外土饅頭》：

城外土饅頭，餡草在城裏。一人吃一個，莫嫌没滋味。

《梵志翻著襪》：

梵志翻著襪，人皆道是錯。乍可刺你眼，不可隱我脚。

3. 诗词曲民歌选读

唐宋詩中，不同的作品風格不一樣，有的傾向典雅，有的傾向通俗。非常通俗的詩作代表有王梵志詩、寒山子詩、拾得詩；比較通俗的有白居易詩、楊萬里詩。唐五代詞與宋詞中，黄庭堅、曹組、晁元禮有一部分俚俗詞，辛棄疾有一部分詞也多用口語。當然這些都祇是舉其代表。金代的白話資料主要有《劉知遠諸宫調》和《董解元西廂記》（一名《西廂記諸宫調》）。元曲，包括雜劇和散曲。雜劇中的曲文是元代作家寫就的，而賓白由於演出時多次改動，到明代才逐漸寫定，所以賓白不能作爲元代語料。散曲的口語性比雜劇略差一些。但有少數散曲的口語化程度相當高，如現存元人選輯的散曲集《陽春白雪》《太平樂府》《樂府新聲》《樂府群玉》四種。在雜劇流行於北方的同時，南方流行的是南戲，又叫“戲文”。宋元戲文流傳下來的不多，宋代的有《張協狀元》，元代的有《殺狗勸夫》和《小孫屠》。此外還有南戲十五種，收入《古本戲曲藝叢刊》。明代戲曲中具有較强口語性的有《琵琶記》和朱權、朱有燉的雜劇。明代民歌興盛，馮夢龍輯有《技兒兒》《山歌》，是研究明代口語的重要資料。其他資料可參見《明清民歌時調集》。

（1）《張協狀元》。

《張協狀元》，南宋時温州九山書會才人編撰，收入《永樂大典》一三九九一卷。

《張協狀元》是唯一完整保存下來的南宋戲文，也是中國迄今發現最早、保存最完整的中國古代戲曲劇本。

《張協狀元》第八出：

（丑作強人出白）但自家不務農桑，不忻砍伐。嫌殺拽犁使欛，懶能負重擔輕。又要賭錢，專欣吃酒。別無運智，風高時放火燒山；欲逞難容，月黑夜偷牛過水。販私鹽，賣私茶，是我時常道業；剝人牛，殺人犬，是我日逐營生。一條扁擔，敵得塞幕裏官兵；一柄朴刀，敢殺當巡底弓手。假使官程擔仗，結隊火劫了均分；縱饒挑販客家，獨自個擔來做己有。没道路放七五隻獵犬，生擒底是麋鹿猻獐；有採時捉一兩個大蟲，且落得做袍搭腦。林浪裏假裝做猛獸，山徑上潛等着客人。今日天寒，圖個大帳。懦弱底與它幾下刀背，頑獷底與它一頓鐵查①。十頭羅刹不相饒，八臂那吒渾不怕。教你會使天上無窮計，難免目前眼下憂。（丑下）

（末做客出唱）　［生查子］重重疊疊山，渺渺茫茫水。行貨②已齎排，獨自難區處③。

（白）但小客肩擔五十秤，背負五十斤。通得諸路鄉談，辨得川廣行貨。沖煙披霧，不辭千里之迢遥；帶雨冒風，何惜此身之跋涉。欲經過五磯山上，小客獨自不敢向前，等待官程，不然車仗，廝趕過去。正是養家千百口，祇恐獨自失便宜。

（淨作客出）喂！客長，相待過嶺歇子。喂！

（末）喂！客長。

（淨、末相喂）（末）甚人？遠觀不審，近睹分明。誰？

（淨喏）不相見多時。

（末）我門不認得你。

（淨）不認得我？一番成都府提刑衙前打賣金馳馳底。

（末）是了，我略記得丰姿。

（淨）我是甚麼人？我是客家，行南走北有聲價人。它來買金駝駝與我。

（末）我門約莫記個，客長到被它打。

（淨）你説錯了。

（末）客長在下頭，它在上頭打拳。

（淨）它都打我不着，我在下面兩拳如飛。（有）

（末）你如何叫？

---

① 鐵查：鐵櫃，鐵鞭。
② 行（háng）貨：商品，貨物。
③ 區處：籌劃安排。

（淨）我不叫！甚年會叫？

（末）恁地不叫？

（淨）大痛無聲，都叫不出。

（末）依然吃拳踢。

（淨）时耐賣金駝駝底走來抱我腰，被它把一拳——（打末腦）

（末）是我。

（淨）它打我一拳，被我閃過，踢了一腳。

（末）鬼亂一和！

（淨）我是誰！

（末）有眼不識太山。如今要過五磯山，怕有剪徑底劫掠人，厮趕去。

（淨）好，好，好。你撞着我，是你有采！客長是那裏人？

（末）是梓州人。客長仙鄉那裏？

（淨）我是浙東路處州人。相捶相打，刺鎗使棒，天下有名人！

（末）慚愧，拖帶一道行。

（淨）你命快，撞着我一道行。

（淨唱）〔復襄陽〕一步又一步，一步又一步。檐兒擔不起，怎趕得程路？氣力全無，汗出悄①如雨。尚有三千里，怎生行路！

（末白）挨也！我上又不得，下又不得。且歇一歇了，去坐地。

（末唱）〔同前〕一步遠一步，一步遠一步。你與我同出路，也被人欺負。遇着強人，你門怎區處？把擔杖錢和本，便與它將去。

（淨白）我物事到強人來劫去，你自放心！我使幾路棒與你看。

（末）願聞。

（淨使棒介）這個山上棒，这個山下棒。这個船上棒，这個水底棒。這個你吃底。

（末）甚棒？

（淨）地，地頭棒。

（末）甚罪過！

（淨）棒來與它使棒，鎗來與它刺鎗。有路上鎗，馬上鎗，海船上鎗。如何使棒？有南棒，南北棒，有大開門，有小開門。賊若來時，我便關了門。

（末）且是穩當。

（淨）棒，更有山東棒，有草棒。我是徽州婺源縣祠山廣德軍鎗棒部署②，四山五嶽刺鎗使棒有名人。

---

① 悄：渾，簡直。

② 部署：指拳棒教師或擂台比武的主持人。

（末）祇怕你説得一丈。

（淨）我怕誰！

（丑走出唱）唯！不得要去。

（末）尉遲間着單雄信。

（淨）來！你喚做劫賊。

（末）莫要道着。

（丑叫）林浪裏五十個大漢，不得出來，我獨自一個奈何它！

（末）好一對兒。

（淨）你要對付誰？

（丑）對付你！你來抵敵我。

（淨）你來劫我物事。

（末）我也知得。

（丑）你要好時，留下金珠買路，我便饒你去。

（淨）你抵得我一條棒過時，便把與你去。

（丑）莫要走！

（淨）我不走。一個來我不怕你！

（丑）兩個來我也不怕你！

（淨）三個來我也不怕你！

（丑）四個來我也不怕你！

（淨）五個來我也不怕你！

（末）都説得一合。

（淨）要打是便打。

（丑）四個來我也不怕你！

（淨）五個來我也不怕你！

（末）都説得一合。

（淨）要打是便打。

（丑）這裏狹，且打短棒。

（淨丑呆立）（末）客長怎地不動？慚愧，我且擔擔走了。

（丑）猜你那裏去。

（末）卻又會説叫。

（丑）我思量鎗法。

（淨）我思量棒法。

（末）了得！孫子。

（淨丑打）（有介）（淨倒）告壯士，乞條性命！

（丑打）（末）告乞留性命！

（丑）你也膽大！它要來抵敵我！我把你擔仗去，略略地高聲，我便殺了你！經過此山者，分明是你災。從前作過事，没興一齊來。（丑下）（淨在地喚）

（末）客長，你相惧！

（淨）挨也！相救。

（末）好！你説一和，大開門都使不得！

（淨）我祇會使雷棒。

（末）又骨自説。苦！兩人查裏①都把去了。

（淨）查裏由閑，可惜一條短棒。

（末）隨身之寶。你且起來。

（淨唱）［福州歌］伊奪擔去，我底行貨，都是川裏買來底。我妻我兒，家裏望消息。

（合）雪兒又飛，今夜兩人在那裏睡！

（末）［同前］它來打你，你不肯和順，好言告它去。使鎗使棒，一心逞雄威。

（合）擔兒把去，今夜兩人在那裏睡！

（淨）［同前］朔風又起，擔兒裏，紙被襖兒盡劫去。手兒脚兒，渾身悄如水。

（合）雪兒又飛，今夜兩人在那裏睡！

（末）［同前］你莫打渠，苦必苦，廝打你每早先輸。你腰我腰，没錢又無米。

（合）擔兒把去，今夜兩人在那裏睡！

（末白）下山轉去休。

（淨）上山去。

（末）上山做甚麼？

（淨）没擔空手人最好上山。

（末）卻來打渾。下山去。

（淨）下山也好。

（末）如何？

（淨）下山去借一條棒，更相打一合。

（末）你使不得。

（淨）願你長做小妻羅，自有傍人奈汝何！

（末）百草怕霜霜怕日，惡人自有惡人磨。（並下）

---

① 查裏：行李。

（2）《董解元西廂記》。

金代《董解元西廂記》諸宮調與元代王實甫《西廂記》雜劇是演述同一個故事的戲劇，下面分別選讀其中一部分內容。所影印的內容分別據明黃嘉惠刻本《董解元西廂記》（齊魯書社1984年影印）、明萬曆王驥德香雪居刻本《新校注古本西廂記》。

大石調【玉翼蟬】蟾宮客赴帝闕相送臨郊野恰
俺與鶯鶯輦暫相守被功名使人離闊好緣
叢空怏怏頻嗟嘆不忍輕離別早是恁凄凄涼
涼受煩惱那堪值暮秋時節○雨兒乍歇向晚
風如漂灑那聞得衰柳蟬鳴悽切未知今日別
後何時重見也衫袖上盈盈搵淚不絕闊恨眷
峰暗結好難割捨縱有千種風情何處訴
尾莫道男兒心如鐵君不見滿川紅葉盡是離

越調【上平西纏令】景蕭蕭風漸漸雨霏霏對此
景怎忍分離僕人催促雨停風息日平西斷腸
何處唱陽關執手臨岐○蟬聲切蛩聲細角聲
韻鴈聲悲翠去程依約天涯且休上馬若無多
淚與君垂此際情緒你爭知更說甚湘妃
人眼中血

三套　今本第十五折　傷離

〔夫人同長老上開〕今日送張生赴京，就十里長亭安排下筵席，我和長老先行早到長亭，不見張生和小姐來到。〔旦生紅同上〕〔旦生云〕今日送俺張生上朝取應，早是離人傷感，說值慕秋時候，好煩惱人也。〔旦云〕悲歡離別一杯酒，南北東西十里長。〔旦唱〕

〔北〕〔旦念〕

【正宮端正好】碧雲天，黃花地，西風緊，北鴈南飛，曉來誰染霜林醉，總是離人淚、

【滾繡毬】恨相見的遲，怨別去的疾，柳絲長玉驄難繫、恨不得倩疏林掛住斜暉，馬兒迍迍的行，車兒快快隨、恰告了相思迴避，破題兒又早別離，聽得道一聲去、也鬆了金釧，遙望見十里長亭，減了玉肌，此恨誰知、

（3）掛枝兒。

"掛枝兒"是明代萬曆年後流行的一種民間時調小曲，由馮夢龍輯集的《掛枝兒》成爲研究民間文學和民間俗語的重要資料。本書選錄《掛枝兒》的《歡部二卷》中的兩首。"山歌"是宋代以來的民間歌曲，明代吳中尤盛。馮夢龍輯集的《山歌》與《掛枝兒》齊名，是研究民間文學與方言俗語的重要語料。本書選錄《山歌》卷一和卷三各一首。

《掛枝兒》選讀：

《同心》：

眉兒来，眼兒去，我和你一齊看上，不知幾百世修下来，與你恩愛這一場，便道更有個妙人兒，你我也插他不上，人看着你是男我是女，怎知我二人合一個心腸，若將我二人上一上天平也，你半斤我八兩。①

《感恩》：

感深恩，無報答，祇得祈天求地，願祇願我二人相交得到底，同行同坐不廝離，日裏同茶飯，夜間同枕席。死便同死也，與你地下同做鬼。②

《山歌》選讀：

《笑》：

東南風起打斜来，好朵鮮花葉上開。後生娘子家没要嘻嘻笑，多少私情笑裏来。③

《送郎》：

送郎出去並肩行，娘房前燈火亮瞪瞪④。解開襪子遮郎過，兩人並做子一人行。送郎送到竈跟頭，吃郎踢動子火叉頭。娘道丫頭要個響，小阿奴奴回言道燈臺落地狗偷

---

①　馮夢龍原注："這天平欺頭否，不然二人定爲情死。"

②　馮夢龍原注："生則願同衾，死則願同穴。李三郎千古情語。余有憶侯慧卿詩三十首，末一章云：詩狂酒癖總休論，病裏時時晝掩門。最是一生淒絶處，鴛鴦塚上欲招魂。亦此意。第二句係余所改，舊云'願只願我二人做一對夫妻'，反覺少味。"

③　馮夢龍原注："凡生字、聲字、爭字，俱從俗談葉入江陽韻，此類甚多，不能備載。吳人歌吳，譬諸打瓦拋錢，一方之戲，正不必如欽降文規，須行天下也。"

④　原注：瞪音橙。

油。送郎送到屋簷頭，吃郎踢動子石磚頭。娘道丫頭耍頭響，小阿奴奴回言道是蛇盤蛤蚆落洋溝。姐送情哥到半塲，門前狗咬兩三聲。小阿奴奴玉手親抱住了金絲狗，莫咬子我情哥驚覺子娘。

（4）粵謳。

粵謳是廣東珠三角地區曲藝說唱之一，起源於珠江一帶的疍家歌和鹹水歌。清代招子庸創作的《粵謳》四卷，運用了大量的粵方言（包括方言詞、方言語法），是清末以來廣州、香港等地流行的"三及第"語體（文言、白話與粵方言）的源頭，對粵方言文學作品的創作乃至晚清政治都有十分重要的影響。

《粵謳》選讀：

《解心事》（一）：

心各有事，總要解脫爲先。心事唔安，解得就了然。苦海茫茫，多數是命蹇。但向苦中尋樂，便是神仙。若係愁苦到不堪，真係惡算。總好過官門地獄，更重哀憐。退一步海闊天空，就唔使自怨。心能自解，真正係樂境無邊。若係解到唔解得通，就講過陰隲過便。唉，凡事檢點，積善心唔險。你睇遠報在來生，近報在目前。

《解心事》（二）：

心事惡解，都要解到佢分明。解字看得圓通，萬事都盡輕。心事千條，就有一千樣病症，總係心中煩極，講不得過人聽。大抵癡字入得症深，都係情字染病，唔除癡念就係妙藥都唔靈。花柳塲中，最易迷卻本性；溫柔鄉裏，總要自出奇兵。悟破色空，方正是樂境；長迷花柳，就會墜落愁城。唉，須要自醒。世間無定是楊花性，總係邊一便風來就向一便有情。

《弔秋喜》（道光八年廣州登雲閣刊本）：

吊秋喜

聽見你話死寔在見思疑。何苦輕生得咁癡。你係為人客死心唔怪得你。死因錢債叫我怎不傷悲你平日當我係知心亦諒同我講句做乜交情三兩箇月都有句言詞往日箇種恩情丟了落水繼有金銀燒。盡帶不到陰司可惜飄泊在青樓孤負你一世煙花塲上有日開眉你名叫做秋喜只望等到秋來還有喜意做乜繞過冬至後就被雪霜欺令日無力春風唔共你爭得啖氣落花無主敢就葬在春泥此後情思有夢你便頻須寄或者盡我呢點窮心慰吓故知。

黃泉路茫茫你雙腳又咁細黃泉無客店問你向乜誰

綠青山勻骨唔知憑誰祭衰殘月空聽箇隻杜鵑

啼未必有箇知心來共你㸃紙清明空恨箇頁紙錢

飛罷略不若當作你係義妻來送你八寺等你孤魂

無主伏吓佛力扶持你便哀懇箇位慈雲施吓佛偈

等你轉過來生誓不做寃妻若傢寃債未償再罰你

落花粉地你便揀過一箇多情早早見機我若共你

未斷情緣重有相會日子須謹記念吓前恩義講到

銷魂兩箇字共你死過都唔遲。

4. 筆記、文集與小説選讀

唐宋元明時期文人筆記盛行，内容比較雜，有的以記録歷史爲主，有的以考證典故爲主，有的夾雜有神靈鬼怪故事，有的則以考證方言俗語爲主。不管什么内容，其中往往用到一些當時的口語。

元代統治者爲學習漢文經典而使一些大臣用當時口語編寫，或用口語講解漢文典籍，這些講義流傳下來即爲直講或直譯。貫雲石《孝經直解》將《孝經》譯成元代口語。許衡有《直説大學要略》《大學直解》《中庸直解》，吳澄有給皇帝講史書的"講議"，均見其個人文集。

明代文人文集中往往收録有不少白話資料，如《李善長獄詞》是明太祖朱元璋給大臣李善長定罪時所録供詞、證詞，保存在錢謙益《牧齋初學集》中。《劉仲璟遇恩録》是劉基的兒子劉仲璟多次受明太祖召見時談話的實録，收入《誠意伯文集》中。《正統臨戎録》是楊銘（原名哈銘）記録明英宗於正統十四年率軍親征而在土木堡全軍覆没被俘的經過，收於《紀録彙編》。

唐五代小説基本上仍是用文言寫的，到宋代話本中，則以白話爲主。《大唐三藏取經詩話》有學者以爲是晚唐五代作品，也有人認爲在元代前後經過修改。《清平山堂話本》是明代編定的，但其中有不少宋元話本。明代馮夢龍所編"三言"收録宋元明話本和擬話本一百二十篇，但具體篇目時代的確定還需要進一步研究。宋代太平興國年間李昉奉敕編纂的《太平廣記》五百卷，收録漢代至宋初野史小説，具體篇目年代也需慎重考慮應用。《大宋宣和遺事》和《新編五代史平話》歷來認爲是宋人所作，但實際上可能成書於元代。明代小説口語性特強的有《三遂平妖傳》（二十回本）、《水滸傳》《西遊記》及"二拍"等。

《清平山堂話本·快嘴李翠蓮記》選讀：

快嘴李翠蓮記

入話

出口成章不可輕　開言作對動人情

雖無子路才能智　單取人前一笑聲

此四句單道昔日東京有一員外姓張名偲家中頗有金
銀所生二子長曰張虎次曰張狼大子已有妻室次子尚
未婚配本處有个李吉員外所生一女小字翠蓮年方二
八姿容出眾女紅針指書史《百家》無所不通只是口嘴快
些凡向人前說成篇道成溜問一答十問十道百有詩為
證

問一答十古來難　問十答百豈非凡

能言快語真奇異　莫作尋常當等閒

卻說本地有一王媽々與二邊說合門當戶對結為姻眷

選擇吉日兩家親三日前李員外與媽々論議道女兒

諸般好了只是口快我和你放心不下打發他公々難理

會不此等閒的漢上又與客人家女大伯上辦上手下計

多人如何是好婆上道我和你世須分付他一場只見群

蓮走到爹媽回前觀見二親滿回愁終雖眉不展就道

爺是天娘是地今朝與見成婚配男成雙女成對大家

歡喜要吉利人人說道好女壻有財有寶文豪貴文聰

明文伶俐雙六象棋通六藝吟得詩做得對經商買賣

諸般會這們女壻要如何愁得苦水兒滴上地

5. 史籍選讀

正史都用文言書寫，白話資料一般不多。近代漢語時期的正史中，《舊唐書》《舊五代史》口語片斷相對多一些。正史之外的史籍中有時還保留了較多的口語資料。宋代的《三朝北盟會編》記述宋徽宗、欽宗、高宗三朝與遼、金和戰的始末，其中所引的《燕雲奉使錄》《茅齋自序》《靖康城下奉使錄》《山西軍前和議奉使錄》《紹興甲寅通和錄》《采石戰勝錄》等，口語資料很多。沈括《乙卯入國奏請》（載《續資治通鑒長編》）、《建炎以來系年要錄》、《王俊首岳侯狀》（載王明清《揮塵錄》）口語性都很強。元代史籍有《元典章》和白話碑。前者是元世祖至英宗時的法令、案牘彙編，後者爲刊刻在石碑上的白話文牘，主要是寺觀所刻的白話聖旨、懿旨、令旨、法旨等。明代史籍有洪武年間譯成漢文的《蒙古秘史》。另外彙集明初到嘉靖十八年皇帝詔令的《皇明詔令》中有不少是口語的記錄。

（1）《燕雲奉使錄》。

《燕雲奉使錄》，載《三朝北盟會編》，南宋趙良嗣撰。

《燕雲奉使錄》選讀：

宣和二年春二月，詔遣中奉大夫右文殿修撰趙良嗣假朝奉大夫由登州泛海使女真，忠訓郎王環副之，以計議依祖宗朝故事買馬爲名，因議約夾攻契丹，取燕、薊、雲、朔等舊漢地復歸於朝廷。元奉密旨令面議，別不曾齎文字前去。三月二十六日，自登州泛海，由小謝駎基末島棋子灘東城會口皮囷島。四月十四日，抵蘇州關下。會女真已出師，分三路趨上京，良嗣自咸州會於青牛山，諭令相隨看。攻上京城破，遂與阿骨打相見於龍岡，致議約之意。大抵以燕京一帶本是舊漢地，欲相約夾攻契丹，使女真取中京，本朝取燕京一帶。阿骨打令譯者言云："契丹無道，我已殺敗，應係契丹州域全是我家田地。爲感南朝皇帝好意，及燕京本是漢地，特許燕雲與南朝，候三四日便引兵去。"良嗣對云："契丹無道，運盡數窮，南北夾攻，不亡何待？貴國兵馬去西京甚好，自今日議約既定，祇是不可與契丹議講和。"阿骨打云："自家既已通好，契丹甚間事，怎生和得？便來乞和，須說與已共南朝約定，與了燕京。除將燕京與南朝，可以和也。"良嗣對："今日說約既定，雖未設盟誓，天地鬼神實皆照臨，不可改也。"食罷，約入上京，看契丹大內居室，相與上馬，並蠻由西偏門入，並乘馬過五鑾、宣政等殿，遂置酒於延和樓。良嗣有詩云："建國舊碑胡日暗，興王故地野風乾。回頭笑謂王公子，騎馬隨軍上五鑾。"遂議歲賜。良嗣許三十萬。卻云："契丹時燕京不屬南朝，猶自與五十萬，如今與了燕京，如何祇三十萬？"辨論久之，卒許契丹舊數。良嗣問阿骨打："燕京一帶舊漢地、漢州則並西京是也。"阿骨打云："西京地本不要，止爲去拏阿適須索一到。（阿適天祚小字）若拏了阿適，也待與南朝。"良嗣又言："平營本燕京地，自是屬燕京地分。"高慶裔云:"今所議者,燕地也。平灤自別是一路。"阿骨打云:"書約已定,更不可改。本國兵馬已定八月九日到西京,使副到南朝,便教起兵相應。"趨歸,且言:"緣在軍上,不及遣使前去。"止以事目一紙付良嗣回,約女真兵自平州松林趨古北口,南朝兵自雄州趨白溝夾攻,不可違約,不如約則難依已許之約。以二百騎護送東歸,過鐵州,遣人走馬追及:"別有事商量,請使副回相見。"良嗣回至女真所,居阿木火。阿骨打言:"本約到西京以兵相應,卻爲牛疫死且回,候來年約日同舉。爲恐失信,請使副回見。"楊樸諭云:"郎君門①意思不肯將平州畫斷作燕京地分,此高慶裔所見如此,須着個方便。"後來與粘罕議事,諭以兩朝議約既定,務在明白,庶免異時計較。粘罕問:"有幾事?"對以將來舉軍之後,北兵不得過松亭、古北、榆關之南,免致兩軍相見,不測紛爭。此最大事,一也。其地界至臨時可以理會,且先以古北、松亭及平州東榆關爲界,此其二也。要約之後,不可與契丹講和,此三也。西京管下,爲恐妨收捉阿適道路,所有蔚、應、朔三州,最近於南界,將來舉兵,欲先取此三州,其餘西京、歸化、奉聖等州,候挈了阿適回日然後交割,四也。兩國方以義理通好,將來本朝取了燕京,卻要係官錢物,此無義理,可便除去,五也。事定之後,當於榆關之東置榷場,六也。(榆關在平州之東,臣屢以榆關爲言者,蓋欲包平州在內也。)粘罕云:"所言都好,但蔚、應州亦恐阿適走去,彼處候我家兵馬到日來商量。所要係官財物,曾思量來,也係不是,便待除去。"粘罕、兀室云:"我皇帝從上京到了,必不與契丹講和。昨來再過上京,把契丹墓墳、宮室、廟像一齊燒了,圖教契丹斷了通和底公事。而今契丹更有甚面目來和也?千萬必不通和。祇是使副到南朝,奏知皇帝,不要似前番一般,中間裏斷絕了。我亦曾聽得數年前童貫將兵到邊,卻恁空回。"對以:"此探報傳言之誤,若是實曾領兵上邊,祇恁休得?郎君門亦莫輕信。"粘罕大喜云:"兩家都如此,則甚好。若要信道將來必不與契丹通和,待於回去底國書內寫著。"打球射柳及所在宴飲,必召同集,及令上京俘獲契丹吳王妃作舞獻酒,(妃初已配吳王既而延禧私納之,又與其下犯法,故幽囚於上京。)且言"此是契丹男婦媳,且教與自家勸酒,要見自家兩國歡好。"阿骨打與良嗣把盞酬酢曰:"契丹恁大國土,被我殺敗,我如今恁是大皇帝。昨來契丹要通和,祇爲不著做'兄'字,以至領兵討伐。自家、南朝是天地齊生底國主皇帝,有道有德,將來祇恁地好相待通好,更不爭要做兄弟。這個事是天教做,不恁地後②,怎生隔著個恁大海便往來得?我從生來不會說脫空,今日既將燕京許與南朝,便如我自取得,亦與南朝。"於是差使副以攻破上京俘獲鹽鐵使蘇壽吉來獻,其意以爲既以燕地割隸中朝,以壽吉本燕人,故獻之。仍以質留劉亮等六人及因風吹逐刀漁船於立等兵級二十人,並交付良嗣帶朝。

———————————

① 門:同"們"。
② 恁地:如此。後:語氣詞,表假設。

（2）元代白話碑。

元代白話碑文指鐫刻於碑石上的白話文牘，多爲統治者頒發給寺院、道觀、廟學的各類旨書，其基本内容是蠲免僧人、道士、儒生的各種雜泛差役，曉諭地方軍政官員、過往使臣、平民百姓不得侵害承旨者的土地、財産等權益，同時告誡僧侶、道衆要虔誠祈福國運帝祚，不要恃旨胡爲。①

白話碑選讀：

《1312 年河南登封少林寺聖旨碑》：

長生天氣力裏、大福蔭護助裏皇帝聖旨，軍官每根底、軍人每根底、城子裏達魯花赤、官人每根底、往來使臣每根底宣諭的聖旨：

成吉思皇帝、月闕台皇帝、薛禪皇帝、完者篤皇帝、曲律皇帝聖旨裏："和尚、也裏可温、先生，不揀甚麽差發休著，告天祝壽者"麽道有來。如今依著在先聖旨體例裏，不揀甚麽差發休著，告天祝壽者麽道。河南府路裏有的嵩山祖庭大少林禪寺、空相禪寺、寶應禪寺、天慶禪寺、維摩禪寺，這寺院裏住持長老、提點、監寺爲頭目和尚每根底，執把行的聖旨與了也。這的每寺院裏、房舍裏，使臣休安下者。鋪馬、祗應休拿者。商税、地税休與者。但屬寺家的田地、水土、園林、竹葦、碾磨、店、鋪席、浴堂、解典庫，不揀甚麽他的，不以是誰，休倚氣力奪要者。

更這和尚每道有聖旨麽道，没體例的勾當休做者。做呵，他每不怕那甚麽！

聖旨俺的。鼠兒年三月十三日，大都有時分寫來。

《1309 年滎陽洞林大覺禪寺答己皇太后懿旨》：

長生天氣力裏、皇帝福蔭裏皇太后懿旨，管軍官每根底、軍人每根底、管城子裏達魯花赤、官人每根底、來往的使臣每、百姓每根底宣諭的懿旨：

成吉思皇帝、月古歹皇帝、薛禪皇帝、完者都皇帝、皇帝聖旨裏："和尚、也裏可温、先生每，不揀甚麽休著，告天祝壽者"道來。依著聖旨體例裏，不揀甚麽差發休當，告天祝壽者麽道。鄭州有的屬總統雪堂長老的洞林大覺禪寺寺裏住的爲頭兒長老、提點、監寺每，執把行的懿旨與了也。這的每寺裏房舍他的，使臣每休安下者。鋪馬休拿要者。商税休納者。但屬寺家的水土、園林、水磨、店、鋪席、解典庫、浴堂，不揀甚麽他的，不揀是誰，休使氣力奪要者。

這和尚每有懿旨麽道，没體例裏的勾當做著行呵，他不怕那甚麽！

① 詳參祖生利、［日］船田善之：《元代白話碑文的體例初探》，《中國史研究》2006 年第 3 期。

懿旨。

雞兒年八月十五日，五台行的時分寫來。

6. 境外白話文獻選讀

近代漢語時期的境外白話文獻主要包括會話書與燕行錄。

會話書，指外國人學習漢語的教科書。朝鮮時代的漢語教科書以《老乞大》與《朴通事》最爲有名，然其作者與成書年代不詳，一般推測大約成書於高麗朝末期，約當中國元末至元、至正年間。二書後來又有多次修訂，分別反映了當時口語的變化，是研究元代到清代漢語變化的寶貴資料。此外類似會話書還有《訓世評話》《華音啓蒙》《你呢貴姓》《學清》。《老乞大》與《朴通事》的不同版本以及其他會話書均已收於汪維輝所編《朝鮮時代漢語教科書叢刊》（中華書局 2005 年版）。汪維輝又編有《朝鮮時代漢語教科書叢刊續編》（中華書局 2011 年版）。張美蘭主編有《日本明治時期漢語教科書彙刊》（廣西師范大學出版社 2011 年版）

燕行錄，指明清兩朝朝鮮時代使臣們來往燕京時根據所見所聞而用漢字記錄下來的紀行錄。燕行錄不僅是韓中外交史，而且是東亞政治、經濟、社會、學術、文化等領域的歷史文化遺產。2001 年韓國東國大學教授林基中編纂了《燕行錄全集》100 冊，2008 年又編了《燕行錄續集》50 冊，均由韓國東國大學出版社出版。邱瑞中主編了《燕行錄全編》（一、二、三輯）（廣西師範大學出版社 2010 年、2012 年、2013 年版），葛兆光主編了《韓國漢文燕行文獻選編》（復旦大學出版社 2011 年版）。此外仍有相當多的燕行錄資料正在整理中。

（1）《老乞大》。

《老乞大》是朝鮮時代最重要的漢語教科書之一，"乞大"是蒙古語的譯音，就是"契丹"，指中國。"老乞大"就是"中國通"的意思。《老乞大》的作者與成書年代不詳，一般推測大約成書於高麗朝末期，約爲中國元末至元、至正年間。《原本老乞大》中，本國稱"高麗"，"北京"稱"大都"，"遼陽"稱"東京"，可以印證它的成書年代。

《原本老乞大》選讀：

伴當①，恁從那裏來？

俺從高麗王京來。

如今那裏去？

---

① 伴當：伙伴。

俺〔往〕大都去。

恁幾時離了王京？

俺這月初一日離了王京。

〔既〕恁這月初一日離了王京，到今半簡月，怎麼才到的這裏？

俺有一簡伴當落後了來。俺沿路上慢慢的行著〔等〕候來。爲那上，遲了來。

那伴當如今趕上來那不曾？

這〔簡〕伴當便是，夜來才來到。

恁這月盡頭到的大都那到〔不〕得？

知他，那話怎敢道？天可憐見，身巳（己）安樂呵①，也到〔得〕〔有〕。

恁是高麗人，卻怎麼漢兒言語説的好有？

俺漢兒人〔上〕學文書來的上頭，些小漢兒言語省的有。

你誰根底〔學〕文書來？

我在漢兒學堂裏學文書來。

你學甚麼文書來？

讀《論語》《孟子》《小學》。

恁每日做甚麼工課？

每日清早晨起來，到學裏，師傅行受了生文書。下學到家，喫飯罷，卻〔到〕學裏寫做書。寫做書罷對句，對句罷吟詩，吟詩罷，師〔傅〕行講書。

講甚麼文書？

講《小學》《論語》《孟子》。

説書罷，更做〔甚〕麼工課？

到晚，師傅行撤簽背念書。背過的師傅與免〔帖〕一簡；若背不過時，教當直學生背起，打三下。

怎生是撤簽背念書？怎生是免帖？

每一簡竹簽上寫著一簡學生的姓名，衆學生的姓名都這般寫著，一簡籤筒兒裏盛著。教當直學生將籤筒來搖撼動，内中撤一簡。撤著〔誰〕〔的〕，便著那人背書。背念過的，師傅與免帖一簡。那免帖〔上〕寫著"免決三下"，師傅上頭畫著押字。若再撤簽試不過，將出免帖來毀了，便將功折過免了打。若無免帖，定然喫三下。

---

① 身巳：即"身己"，身體。"己"亦"身"義。呵：語氣詞，表假設。

你是高麗人，學他漢兒文書怎麼？

你説的也是。各自人都有主見。

你有甚麼主見？你説我試聽咱。

如今朝廷一統天下，世間用著的是漢兒言語。咱這高麗言語，祇是高麗田地裏行的。過的義州，漢兒田地裏來，都是漢兒言語。有人問著一句話，也説不得時，教別人將咱每做甚麼人看？

你這般學漢兒文書呵，是你自意裏學來那，你的爺娘教你學來？

是俺爺娘教我學來。

你學了多少時？

我學半年有餘也。

省的那省不的？

每日和漢兒學生每一處學文書來的上頭，些小理會的有。

你的師傅是甚麼人？

是漢兒人有。

多少年紀？

三十五歲也。

耐繁教那不耐繁教？

俺師傅性兒溫克，好生耐繁教。

恁那衆學生內中，多少漢兒人？多少高麗人？

漢兒、高麗中半。

裏頭也有頑的麼？

可知有頑的。每日學長將那頑學生師傅行呈著，那般打了呵，則是不怕。漢兒小廝每哏頑，高麗小廝每較爭些箇。

伴當，恁如今那裏去？

我也往大都去。

既恁投大都去時，俺是高麗人，漢兒田地裏不慣行。你把似拖帶俺做伴當去，不好那？

那般者，咱每一處去來。

哥哥你貴姓？

我姓王。

本家在那裏住？

我在遼陽城裏住。

恁大都爲甚麼勾當去？

我將這幾箇馬賣去。

那般呵更好。俺也待賣這幾箇馬去。更這馬上馳著的些小毛施、帖裏布，一就待賣去。既恁賣馬去呵，咱每恰好做伴當去。

哥哥曾知得大都馬價如何？

近有相識人來説，馬的價錢這其間也好。似這一等的馬賣五定之上，這一等的馬賣四定之上。

曾知得布價高低？

布價如常往年的價錢一般。

大都喫食貴賤？

俺那相識人曾説，他來時六兩一斗粳米，五兩一斗小米，十兩十三斤麵，二兩半一斤羊肉。

似那般時，俺年時也在大都來，價錢都一般。

咱每今夜那裏宿去？

咱每往前行的十里來田地裏有箇店子，名喚瓦店。咱每到時，或早或晚則那裏宿去。若過去了呵，那壁有二十里地無人家。

既那般呵，前不著村後不著店也。咱每則迭那裏宿去。

到那裏便早時也好，咱每歇息頭口，明日早行。

這裏到大都有幾程地？

這裏到大都，則是有五百里之上。天可憐見，身己安樂呵，更著五箇日頭到也者。

咱每到時，那裏安下去便當？

咱每則投順承門關店裏下去來。那裏就便投馬市裏去哏近。

你道的是，我也心裏那般想著有。你説的恰和我意同。則除那裏好，但是直東去的客人每，別處不下，都在那裏安下。俺年時也在那裏下來，哏便當。

你這幾箇頭口，每夜喫的草料通該多少鈔？

這六箇馬每一箇五升料、草一束，通筭過來，盤纏著五兩鈔。這六箇馬每夜喫的草料不等：草料貴處，盤纏六、七兩鈔；草料賤處，盤纏四、五兩鈔。

這箇馬也行的好，可知有幾步慢竄。

除了這箇馬，別箇的都不甚好。

你這馬和布子到大都賣了時，卻買些甚麼行貨，迴還高麗田地裏賣去？

俺往直南濟寧府東昌、高唐，收買些絹子、綾子、綿子迴還王京賣去。

到恁那地面裏也有些利錢麼？

那的也中。俺年時根著漢兒伴當，到高唐收買些綿絹，將到王京賣了，也覓了些利錢。

恁那綾絹綿子，就地頭多少價錢買來？到王京多少價錢賣？

俺買的價錢，薄絹一疋十七兩，打染做小紅裏絹；綾子每疋二十五兩，染做鴉青和小紅。絹子每疋染錢三兩，綾子每疋染錢，鴉青的五兩、小紅的三兩。更綿子每兩價錢一兩二錢半。到王京，絹子一疋賣五綜麻布三疋，折鈔三十兩，綾子一疋，鴉青的賣布六疋，折鈔六十兩，小紅的賣布五疋，折鈔五十兩。綿子每四兩賣布一疋，折鈔十兩。通滾筭著，除了牙稅繳計外，也覓了加五利錢。

你自來到大都賣了行貨，卻買綿絹，到王京賣了，前後住了多少時？

俺從年時正月裏將馬和布子到大都賣了，五月裏到高唐，收起綿絹，到直沽裏上舡過海，十月裏到王京。投到年終，行貨都賣了，又買了這些馬並毛施布來了。

這三箇伴當，是你親眷那，是相合來的？都不曾問姓甚麼。

這箇姓金，是小人姑舅哥哥。這箇姓李，是小人兩姨兄弟。這箇姓趙，是俺街坊。

你是姑舅弟兄，誰是舅舅上孩兒？誰是姑姑上孩兒？

小人是姑姑生的，他是舅舅生的。

恁兩姨弟兄，是親兩姨那，是房親兩姨？

是親兩姨弟兄。俺母親是姐姐，他母親是姊妹。

恁既是姑舅兩姨弟兄，怎麼沿路穢語不迴避？

俺高麗體例，親弟兄也不隔話，姑舅兩姨更那裏問？

咱每閒話且休說，兀那店子便是瓦店，尋箇好乾（乾）淨店裏下去來，歇住頭口者。街北這箇店子是俺舊主人家，咱每則這裏下去來。

拜揖主人家哥。

噯，卻是王大哥！多時不見，好麼？好麼？你這幾箇伴當從那裏廝合將來？

俺沿路相合著，做伴當大都去。你這店裏草料都有那没？

草料都有。料是黑豆，草是稈草。

是稈草好。若是稻穰時，這頭口每多有不喫的。黑豆多少一斗？草多少一束？

黑豆二兩半一斗，草一兩一束。

是真箇麼？你卻休瞞俺。

這哥哥甚麼言語？你是熟客人，咱每便是自家裏一般。俺怎麼敢胡説？怕你不信時，別箇店裏試商量去。儘教，俺則是這般道。

俺通是十一箇馬，量著六斗料與十一束草者。

這鍘刀鈍，不快，若乾草幾時切得了？主人家，別處快鍘刀借一箇去。

那般者，我借去。

這鍘刀是俺親眷家的，不付能①哀告借將來，風刃也似快。恁小心些使，休損了他的。

這伴當，你過的草忒麤，頭口每怎生喫的？好生細細的過者。

這伴當，你敢不會煮料的法度？你燒的鍋滾時，下上豆子。但滾的一霎兒，將這切了的草，豆子上蓋覆了，休燒火，氣休教走了，自然熟也。

客人每，恁打火那不打火？

俺不打火喝風那甚麼？你疾快做著五箇人的飯者。

恁喫甚麼飯？

俺五箇人，打著三斤麵的餅者，俺自買下飯去。

那般者，你買下飯去時，這間壁肉案上買豬肉去，是今日殺來的好豬肉。

多少一斤？

一兩半一斤。

恁主人家一就與俺買去，買著一斤肉者。休要底似肥的，帶脇條肉買者。大片兒切著將來爨者。

（2）《燕行録》。

蘇巡《葆真堂燕行日記》，載《燕行録全集》第三卷。明嘉靖十二年（1533）冬，皇太子誕生，朝鮮國王派使臣進賀，正使蘇世讓是蘇巡的叔父，因此隨使團入燕。該日記的詞彙特點是出現較多的朝鮮語詞彙，諸如“母主”“父主”“奇”（消息義），還有一些自造詞。該日記代表了明代燕行日記的共同特點：內容簡略，篇幅較短，呈記賬式。

① 不付能：又寫作“不甫能”，才能夠，好容易。

蘇巡《葆真堂燕行日記》選讀：

初一日，晴，早朝歸，觀于益山本第。

二日，晴，留侍不還，景容來見，終日相話，景昭亦同。

三日，陰晴，歸，見景容于書堂，昭亦同之，竟日話懷。

四日，晴，午後還礪山，路見叔父下書，知帶赴中朝即歸馳來告于母主，則爲其遠行，愀然不樂。景容聞之來見，事系重大無以爲辭，即修答書馳報于京。但家君侍大母留茂朱，而行期悾悾，不得拜辭，修書仰達。與景容得酒痛飲，冒夜還礪山家。

五日，晴，食後往霜洞仲父承旨宅，拜辭叔母主，午晚還家，澗宗持酒來話。

六日，晴，許紳、李允和、陳公善等來見，斂別而去。午後，景老自全州歷益山而來，聞吾赴京，開釀痛飲，夜又同宿。

七日，晴，早食辭家，與景老把酒相別，還觀益山本第。往見城主，城主即設酌以餞，優惠粮饌，又送酒肴，以爲一家飲別之具。夕晚一門皆會，與景容、近之——弟近字也——景昭等對酌方酣，不意父主行到珍山，聞赴京奇，犯夜馳來，終夜侍歡，取醉各散。

八日，晴，辭別啓行，離懷難量，辭謁祠堂，又與一家相別。景容持酒遠送于野，訓導盧紀率諸生亦出，林孝伯、昆弟亦來，各進餞盃，俱得答禮而出。到炭谷，下馬與近之泣別。景昭同來，到礪山加樹，又別而去。日晚到宿恩津，主人鄭台壽，仁老同年友也，即出見，設餞話別，以靴衫贈爲贐物。

九日，晴，早食，乃發到尼山縣，進畫鋪。薄晚到公州，聞監司八府與都事元混太初，遂投客館，令人即通自公廳下來相見。已而金用九、奇卿亦來，皆是舊友，喜得邂逅。時興察訪安景祐、太裕聞，即來見，從容討懷。通判姜希哲伴邀，故往見，共酒而還。夜來太初設酌以餞，把奇卿共之食，歌妓彈琴低唱，醉極辭罷。夜初金監司楊震聞我來，使人期以明日相見云。

朴趾源《熱河日記》，載《燕行錄全集》第 53～56 卷。[①] 乾隆四十五年（1780），乾隆七十大壽，朝鮮國王派使臣進賀，朴趾源跟隨其兄正使朴明源入燕。《熱河日記》爲燕行錄之典範著作，篇幅較長，27 萬餘字。朴趾源善戲謔，其日記語言詼諧，故事性強。

朴趾源《熱河日記》選讀：

---

① 另有朱瑞平點校版，上海書店出版社 1997 年版。

所居僧祇二人。庭欄下方曬乾五味子數斛，余偶拾數粒納口。一僧熟視，忽大怒瞋目呵嚷，舉止凶悖。余即起倚立欄邊。行中馬頭春宅，適爲爇烟而入，見其狀大怒，直前罵曰：“吾們的老爺，暑天裏思喫涼水。這一席東西狼多，不過嚼數粒，自然生津止渴。倆這賊光頭無良心。天有天之高，水有水之深。這賊驢不辨高低，不量淺深，如此無禮。倆賊驢甚麼貌樣？”其僧脫帽提之，口漩白沫，側肩鵲步而前曰：“倆們的老爺，關我甚麼。天之高倆雖怕也，吾則不怕也。甚麼關老爺顯聖，太歲臨門，怕他恁地？”春宅一掌打頹，亂加以我東無理之辱。其僧扶頰搶入。余高聲責春宅，使不得作鬧。春宅氣憤憤然直欲即地鬪死也。一僧則立廚門，惟含笑不助勢，亦不勸解。春宅又一拳打翻，罵曰：“吾們的老爺，奏聞萬歲爺。倆這賊腦剮也賴不得。這廟堂蕩蕩的净做了平地。”其僧起振衣罵曰：“倆們的老爺，白賴他五味子，更要幫子還，俺如鉢兒暴拳，是甚道理。”看其氣色，漸漸沮死。春宅益肆憤罵曰：“甚麼白賴這個？即呷下了一斗麼？一升麼？眼眵似一粒。羞殺我老爺邱山的。皇上若聞這貌樣時，倆這顆光頭快快的開開也。吾們的老爺去奏萬歲爺時，倆雖不怕吾老爺，還不怕萬歲爺麼？”其僧氣益死，不復敢回話。春宅則無數亂罵，倚勢占强，動賣萬歲爺，萬歲爺。是辰是刻，想應兩耳癢癢。春宅之言，言稱皇帝，可謂怙勢虛張聲氣之狀，令人絕倒。彼頑僧則真切畏悃，聞萬歲爺三字，如雷霆鬼神。春宅拔一甎欲打之，兩僧都笑走匿。即持兩個山楂陪笑來獻，且求清心元。

☆練習題

1. 閱讀三國吳月支優婆塞支謙譯《佛說太子瑞應本起經》卷上開頭部分（《中華大藏經》第 34 卷影印麗藏本），注意其句讀與俗字。

瑞應本起經卷上

吳月支優婆塞支謙譯

佛言：吾自念宿命無數劫時，本為凡夫。初求佛道已來，精神受形，周遍五道。一身死壞，復受一身，生死無量。計吾棄身……夫求一身尚不能救矣。

夫極天地之始終，謂之一劫。而我更稟陰陽，受身生死，世間貪愛，長流沒於愛欲之海，吾獨覺悟，故出是以世世無欲。

跌反其源，故自勉，布施至誠，守戒謙忍辱，勇猛精進一心，思微學聖智慧，仁活天下，濟眾生。

非忍邪偽，厄對諸佛別記，當作佛功德，熟果莫大，精進苦行志，不可得記。

至于昔者，定光佛興世，國民多壽，童幼行禪，欲入山澤，守玄行禪。制勝治時，我為菩薩，名曰儒童，號曰聰，懷閒，太平。

世有佛名獨善，被鹿皮衣，度未行，欲入……心獨喜歡……

經說義疏遠，銀錢二枚沽治。
菩薩當別時，受之入城，見民欣然，即問行者：所賣何等，故大願持。
菩薩師徒五百人俱，各自念，然急念，遠銀錢沽治。
善人皆有徒眾五百人，道說義疏，銀錢二枚沽治。

國薩悅善，道行人皆語，七又青夷，何兩菩。
薩臨當別，入城路濫掃，燒香即問行者，當來入城菩薩大。
行人各曰，今日佛見當來入城菩薩大願持。
喜語自念，此快今得見佛之明，菩薩要取水瓶持。
七教請以，百銀錢崔手中華欲上之不可得也。
止請曰，華可更取華崔一百三百不可得。
又青城，王賈戒沐浴華，女欲上之，不可得。
青念華，橘直數錢乃崔五百盡用與之崔銀。
夷與五芷華，自留三枚現列意體不惜銀。
寶遠士披虔皮，忝栽㪍形，非恒遑華男子善薩。
何得五此華，曰栽從百銀崔至五百以自愛鄉善薩。
錢賣得我，此華從百錢至五百人力能奪鄉。
以誠告員，相奉女曰教王家所願耳。
爾曰華崔華，以上佛，後生常為君妻好。
菩薩慕，曰善願教中令佛知之，今紙美醜。
不相離，必置心，令佛知之，今紙美習。

不能得前請等二華以獻於佛善薩
許馮須臾佛到國王吾民皆迎拜散詔
各散名華華恣隨地菩薩得見佛散
五坐華皆止坐中當佛又救住佛兩肩上
華墮地者後散三華菩薩言汝無數劫所學上
佛知至誠讚言善哉言汝空不起兩不滅
清淨荷之慈棄命捨欲守空因記之
無荷之法自是後九十一劫號為駛汝當得
曰作佛名擇功之又伊那想殺害而入定
記言錄解止露然無相身身足又五
便速清淨六地忍法印時輕舉足
虛空灌濕即解度衣欲以復之過佛不足又
見地方布地令佛時當於五也
揲日泆精進勇猛得佛必如救護法
擇濁之世度諸天人不以為難日泰戒法也
善善薩承事定光至于泥回天王畢天
壽終即下生第二天上為轉輪聖王乘神誘寶三
之帝七寶自至人間作轉輪寶三神誘寶三
紺馬等天壽下生白象寶回白象寶三神尾五

2. 閱讀《皇明詔令》（明嘉靖二十七年浙江布政司刊本）卷三部分內容，注意其句讀、俗字與俗語詞。

制諭管軍官各每知道前輩老官人每到處裏斯設

諭武臣恤軍勑 洪武二十一年七

但凡見一兩箇好漢留在根前十分用心撫

恤著恁那般積漸聚得多兵或一百二百三

五百將這等軍士便似自家兄弟一般看

待因此上這等軍士但遇著廝殺便在官人

前面殺得贏了入都道官人好廝殺誰知道

是他撫恤人好自家縱然會廝殺對得幾箇

還是齊心伴當多呵贏得人如今封公封侯

做都督府官前輩老指揮皆因撫恤得伴當

好功勞都做他的大官人位子他坐令後進

的承襲得的及一了不曾有軍管的做了管

軍指揮千百戶衛所鎮撫有那一等愚蠢看

養他那一箇害軍的心並無一點人心如那

〈卷之三〉

三

總旗做百戶百戶做千戶也都離了軍身有

得幾年當初做軍時并出軍的時節諸般都

是自將說起来呵其苦不可當爲甚麼出征

呵軍要逃了官將那苦楚的日期都忘了沒

人情的害軍我都說了多少言語都叫不醒

將軍比做庄家種田的一般比說道百戶管

一百二十一名軍便是種一百二十一畝田

都勤繁的庄家有飯喫的皆因是看覷糞壅

耕種得到所以有飯喫如今百戶千戶揰揮

把軍害得荒逃了一箇便似那沒長進的懒

89

庄家典了田賣了田一般軍雖不逃不肯撫

恤看覷便似種了田不耨鋤一教遠等庄家

要餬飯喫有也無指揮千戶百戶衛所鎮撫

不知軍自是已的威風氣力都把來逼淩得

逃了要錢賣了有病呵作賤不看這的不似

那典田賣田的種下不耨鋤的庄家一般如

今管軍官人軍家大小喫着俸糧管多的喫

多糧管少的喫少糧這俸祿都從軍身上來

誰曾肯將這等有仁德的心顧盻這軍一顧

盻一簡簡出來要私役軍赶落支請這般害

卷之三

害他纔有一等軍受不過許多苦楚遲慢不

應答此兒那不是道無人心的指揮千戶百

戶衛所鎮撫不知是軍自己的威風氣力一

箇箇把做讐人看了這等良善的噢了苦楚

無理的打罵妄行差使他也不告狀只在背

地裏長噓氣暗暗的禱祝

神人似這等官人每說來的無一箇肯聽只是害軍

如我今也年紀大了省會你每到是處只是

不肯依從隨那等潑皮無仁心的指揮千戶

百戶衛所鎮撫你的本身兒男家眷看看軍

3. 閱讀明陳鐸《坐隱先生精訂滑稽餘韻》（明萬曆新安環翠堂刻本）中的部分内容，將其抄錄下來並加上標點符號。

香蠟舖。

向通衢物穰人稠手腳不停包裹如流也賣明礬代秤豆粉也貨桐油賤鹹食椿椿都有歪生藥樣樣都收行次情由不可追求本是雜貨營生虛舵香蠟名頭。

篦匠

可喜殺。鋼刀弄不乏鋼板抽不下黃藤識地名筆竹知時價○膝上費削刮手内用繩紫細巧由心妙規模隨手法蘇心角菱花女轎見搓描畫攢五瓣梅花燈籠兒

磨鏡

是我。憔鸞影塵濛垢污飾苔花歲久年多正佳人春困倚粧閣聽幾聲銅片響用一點水銀磨與你治昏迷都

打春

東風未轉呼嚎動地鑼鼓喧天指稱該府和該縣、拐
米誆錢醜嘴臉逢春未免歹鄉風自古流傳整陣兒
沿街串戶胡謅亂騙撞見的念一篇。

穩婆

收生有年。五更半夜不得安眠手高慣走深宅院幾
輩流傳看脉知時辰近遠安胎保子母完全搨鑔的
心不善剛纔則分娩先指望洗三錢。

竈戶

正當着煎造爲公幹秪憑着海水供衣飯常擔着罪
過充凶犯遠離着鄉井無根攀全家住水邦遍體如
烏炭被商人錯認燒窰漢。

3　中古近代漢語俗字

中古近代漢語階段産生了大量的俗字。俗字是閱讀文獻的基礎，也是進行相關研究的基礎。本章對俗字的界定與範圍、俗字的類型及相關研究做一個簡單的介紹。

3.1　漢語俗字的界定與範圍

3.1.1　俗字的界定

中古近代漢語文獻中頗多俗字，俗字是閱讀文獻的基礎，不識俗字則影響閱讀與使用文獻。

關於俗字的界定，相關界定不完全相同，例如：

《現代漢語詞典》"俗體字"條："指通俗流行而字體不合規範的漢字，如'觧'（解）、'塟'（葬）等。也叫俗字。"

《辭海》"俗字"條："異體字的一種。舊稱流行於民間的多數爲簡體的文字爲俗字，別於正字而言。區分正和俗的標準，往往隨時代而變遷。"

《漢語大詞典》"俗字"條："即俗體字。舊時指通俗流行而字形不合規範的漢字，別於正體字而言。"

《中國大百科全書·語言　文字》"俗體"條（無"俗字"條）："俗體（vulgar form），指民間手寫的跟字書寫法不合的漢字字體。例如，盡作尽，備作俻、答作荅，覓作觅、變作变，敵作敌，顧作顾，獻作献。俗體字從六朝已入碑刻，到隋唐時代俗體字逐漸增多。俗體字最大的特點是改變筆劃，而有的字聲旁也有所更改。如燈作灯、墳作坟、驢作驴、遷作迁等字都是俗體。唐代顏元孫《干祿字書》和王仁煦的《刊謬補缺切韻》裏所收俗體字極多。宋元以後在戲曲小説刻板書裏還經常應用一些俗體字，其中很多字一直到現在還在應用，有不少已作爲正式的簡化字。"①

---

① 該條由周祖謨先生執筆撰寫，見中國大百科全書總編輯委員會《語言文字》編輯委員會、中國大百科全書出版社編輯部編：《中國大百科全書·語言　文字》，北京：中國大百科全書出版社1988年版，第375頁。

蔣禮鴻《中國俗文字學研究導言》："俗字是對正字而言的。所謂正字，從顔元孫的話來看，可以有下列的意義：第一，是'有憑據'；而所謂'憑據'者，實在是'總據《説文》'，就是説合於前人所認識的《説文》裏的六書條例。第二，是不'淺近'，用於高文大册，是有學問的文人學士所使用的。第三，在封建社會中，這種統治階級所使用的'正字'，是被認爲合法的、規範的。那麽，俗字者，就是不合六書條例的（這是以前大多數學者的觀點，實際上俗字中也有很多是依據六書原則的），大多是在平民中日常使用的，被認爲不合法的、不合規範的文字。應該注意的，是'正字'的規範既立，俗字的界限才能確定。"①

張涌泉《漢語俗字研究》："俗字是漢字史上各個時期與正字相對而言的主要流行於民間的通俗字體。"②

黄征《敦煌俗字典·前言》："俗字就是歷代不規範的異體字。"③

鄭賢章《龍龕手鏡研究》："俗字是漢字史上各個時期出現在民間，多數具有簡易性特點，相對正體而言的或者新造的本無正體的字體。"④

綜合以上各家觀點，爲了便於初學者理解，我們認爲"俗字"可以簡單地界定爲"漢字史上各個時期與正字相對而言的寫法通俗的異體字"。

3.1.2　俗字的範圍

從一般情況來説，漢字一旦産生，便會有俗字。在没有"規範"的情況下，俗字也就無從談起。但不是説俗字是現在才出現的。

從漢字發展的歷史來看，漢字從甲骨金文發展到小篆，又由小篆到隸書，由隸書到楷書，每一種新的字體，都可以説是舊文字的簡俗字；每一種字體的使用成爲社會用字的主流之後，由於用字的人多，不可避免地會在每一種文字内部産生出新的俗字。在秦始皇統一中國以前，"言語異聲，文字異形"，但在没有"規範"的情況下，各國之間的文字很難用正俗的標準去衡量。秦始皇統一中國以後，"書同文"，用秦國通用的小篆統一六國文字，"罷其不與秦文合者"，小篆成爲官方認可的正字。

在小篆成爲正字的同時，民間又逐漸形成一種簡略急就的漢字寫法，這就是隸書。隸書相對於小篆而言，就是當時的俗字。隸書，也叫佐書、史書，由篆書簡化演變而成。隸書把篆書圓轉的筆劃變成方折，改象形爲筆劃化，以便書寫。秦人程邈將這種書寫體加以搜集整理，後世遂有程邈創隸書之説。《魏書·術藝傳·江式》："隸書者，始

---

① 蔣禮鴻：《中國俗文字學研究導言》，《杭州大學學報》1959 年第 3 期。
② 張涌泉：《漢語俗字研究》（增訂本），北京：商務印書館 2010 年版，第 1 頁。
③ 黄征：《敦煌俗字典·前言》，上海：上海教育出版社 2005 年版，第 1 頁。
④ 鄭賢章：《龍龕手鏡研究》，長沙：湖南師範大學出版社 2004 年版，第 101 頁。

皇使下杜人程邈附於小篆所作也，以邈徒隸，即謂之隸書。"到了漢代，隸書逐漸取代了小篆的正字地位。當時的統治者對文字的工作比較重視，《説文解字·敍》："自爾秦書有八體：一曰大篆，二曰小篆，三曰刻符，四曰蟲書，五曰摹印，六曰署書，七曰殳書，八曰隸書。……尉律：學僮十七以上始試，諷籀書九千字，乃得爲史；又以八體試之，郡移大史並課，最者以爲尚書史。書或不正，輒舉劾之。"因爲政府的重視，所以當時的俗字並不多。漢末以後，漢字由隸而楷，字體漸趨定型，楷書成爲一直沿用到現在的正字。在楷書成爲正字的同時，民間的俗字也越來越多。我們這裏所說的俗字，主要就是指漢字在由隸書到楷書轉變之時以及轉變完成之後所產生的通俗的漢字。隸書之前的古文字也有其俗字，但不是我們研究的對象。唐蘭《古文字學導論》認爲應該多研究隸書以下的文字（包括俗字）："隸書以下，是學者們懶得去研究的，所以，範圍是很窄的。……在我要創立的新文字學裏所要研究的，是從文字起原，一直到現代楷書，或俗字、簡字的歷史。這範圍是極廣泛的。"[1] 强調了隸書以下的俗字研究的重要性。

閱讀下列材料，我們可以對俗字有初步的感性認識。我們可以以《繁簡字對照表》中的規範繁體字爲參照，找到下列影印材料中的俗字並嘗試歸納俗字形成的類型。

(1) 民國十八年古今小品書籍印行會影印明嘉靖洪楩刊本《清平山堂話本·風月瑞仙亭》：

① 轉引自張涌泉：《漢語俗字研究》（增訂本），北京：商務印書館 2010 年版，第 10 頁。

風月瑞仙亭　入話

夜靜瑤臺月正圓　清風淅瀝滿林巒

朱弦慢促相思調、不是知音不與彈

漢武帝元狩二年四川成都府一秀士司馬長卿雙名為相如
自父母双亡孤身無衛蓋鹽自守貫串百家精通經史雖然遊
藝江湖其實志在功名出門之時過城北七里許曰昇仙橋相
如大書於橋柱上大丈夫不乘駟馬車不復過此橋所以比抵
京洛東至齊楚遂於渠孝王之門與鄒陽枚臯輩為友不期梁
王薨相如謝病歸城都市上臨邛縣有縣令王吉每每使人相
招一日到彼相會盤桓旬日談間言及本處卓王孫巨富有亭

（2）上海古籍出版社《古本小説集成》叢書據繆荃孫《煙畫東堂小品》本影印《京本通俗小説》①：

> 京本通俗小説第十卷
>
> 碾玉觀音
>
> 山色晴嵐景物佳，煖烘回雁起平沙，東郊漸
>
> 尭花供眼南陌，依稀草吐芽，堤上柳未藏鴉，
>
> 尋芳趁步到山家，瓏頭幾樹紅梅落，紅杏枝
>
> 頭未著花，
>
> 這首鷓鴣天説孟春景致原来又不如仲春詞
>
> 做得好
>
> 每日青楼醉夢中不知城外又春濃杏花初
>
> 落踈＼雨楊柳軽摇淡＼鳳浮盃舫躍青驄

① 據學界研究，《京本通俗小説》極有可能是繆荃孫從《警世通言》《醒世恒言》選出他斷爲宋人小説的幾篇，假託"影元人寫本"以出版的贋品。我們此處選用其中一頁，僅是從俗字識讀角度使用。

3.2　中古近代漢語俗字的類型

俗字並不是雜亂無章的。俗字既能在社會流行，必然有其合理之處。從俗字的構成來說，大多數俗字的識讀是有規律的。要識讀俗字就要明其類型。當前學界關於俗字的分類差異頗大，張涌泉《漢語俗字研究》將俗字分爲十三類，黃征《敦煌俗字典》分爲十類，其他學者的分類都不盡相同。現從簡出發，以文字部件爲主體，分爲“部件增加”“部件減省”“部件位移”“部件改變”四個大類。何謂漢字部件？《信息處理用GB13000．1字符集漢字部件規範》：“漢字部件，是由筆畫組成的具有組配漢字功能的構字單位。”從筆畫數來說，可以分爲單筆部件與複筆部件；從成字與否角度來說，可以分爲成字部件與非成字部件；從構字層次來說，可以分爲基礎部件和合成部件。部件包括了傳統的筆畫、偏旁。筆畫指組成漢字的點、橫、直、鈎、撇、捺等一筆所成之書寫符號，這是單筆部件，且多爲不成字部件與基礎部件。偏旁，指漢字合體字的組成部分，舊稱左爲偏，右爲旁，今泛稱合體字的左右上下任何一部分爲偏旁。偏旁可能是部件中的任何一種情況。從部件角度來討論俗字的類型，可以將問題説得簡單一些，因爲大部分俗字可以納入這四種類型中，這有利於初學者。

3.2.1　部件增加

部件增加的現象，例如《京本通俗小説·碾玉觀音》中的“尋芳趁步到山家”之“步”寫作“步”，《清平山堂話本·風月瑞仙亭》中的“過城北七里許曰昇仙橋”之“昇”寫作“昇”是筆畫增加所形成的俗字。

宋王觀國《學林》卷十：“尊字乃古之酒尊字……又有‘罇’‘樽’二字，古文所不載，當是後人所增。……字爲俗書所增者多矣。如‘回’之有‘迴’，‘園’之有‘薗’，‘果’之有‘菓’，‘欲’之有‘慾’，‘席’之有‘蓆’……此其顯然者。”王觀國所舉諸例，即是偏旁增加所形成的俗字。

3.2.2　部件減省

例如《京本通俗小説·碾玉觀音》中的“東郊漸覺花供眼”之“覺”，原文作“覔”。此字上半部分作“文”，“文”乃“學”的簡省。這是俗字通例，例如“學”可以作“斈”。“文”是常見的簡省符號。例如“齊”俗字作“斉”，“齋”俗字作“亲”。①

---

① 參見張涌泉：《漢語俗字研究》（增訂本），北京：商務印書館2010年版，第76頁。

《王昭君變文》："妾死若留故地羿，臨時請報漢王知。"其中的"羿"是"葬"的俗字。"葬"本從"死"在"茻"中，"茻"從四"屮"，減省上面的"艸"即成"羿"字。[①]

《風月錦囊箋校》："（紅）推〇香被，姐姐可去［睡］（垂）了。"原校："〇，漫漶，底本刻如'自'。"[②]

按，由底本所刻如"自"字，因疑此字並非"自"，而是"自"上加一撇的"旮"字，即"着"的俗字（另外，前面"推"字亦當校作"擁"）。"旮"在明刊本《清平山堂話本》中多見。《清平山堂話本·羊角哀死戰荊軻》："角哀捱着寒冷，半飢不飽，來至楚國。""着"，譚正璧、石昌渝、王一工等均誤録爲"自"。"旮"是"着"的簡省，"自"則是"旮"進一步簡省。

3.2.3　部件位移

常見部件位移而形成的俗字，例如"群"寫作"羣"、"蘇"寫作"蘓"。

例如"鵝"，又可以作"鵝""鴉""鵞"。《説文》作"鴉"，從鳥，我聲；《爾雅·釋鳥》變體作"鵝"；《玉篇·鳥部》又變作"鵞"："鵞，午何切，舒屬。亦作鵝。"《五經文字》卷中亦云："鵞，或作鵝。"《字彙補·鳥部》又別出"鵝"字，云"古文鵝字"。《康熙字典》亦以"鵝"字爲古文。四種寫法，"鴉"字較早，或寫作"鵞"，後世則多作"鵝"。"鵝"尚未見用例。清顧炎武云："字可下左右寫者，惟'鵝'爲然。"[③]

3.2.4　部件改變

明方以智《通雅》卷三十二《器用·印章》："《東觀記》載：馬援上光武書言，臣所假'伏波將軍印'，書'伏'字'犬'文外向。城皋令印，'皋'字爲'白'下'羊'；丞印'四'下'羊'；尉印'白'下'人'、'人'下'羊'。即一縣長吏，印文不同，恐天下不正者多。符印所以爲信，所宜齊同。""皋"的數種寫法，就有部件改變的成分。

《清平山堂話本·風月瑞仙亭》中的"自父母雙亡"之"母"寫成了"毋"，恰與表示否定的"毋"同形，這是連筆所成的俗字，屬於部件改變的類型。

又，"相如謝病帰城（成）都市上"之"帰"，是將"皀"改爲"刂"。"刂"也

① 參見張涌泉：《漢語俗字研究》（增訂本），北京：商務印書館2010年版，第49頁。
② 孫崇濤、黃仕忠箋校：《風月錦囊箋校》，北京：中華書局2000年版，第157–158頁。
③ 張涌泉：《漢語俗字研究》（增訂本），北京：商務印書館2010年版，第103頁。

是常見的簡省符號。①

　　漢字部件"口"在俗字中往往寫作"厶"，例如"説"就寫作"**説**"，"船"俗書作"舩"。人們書寫時有時會將正字的某個部件理解爲俗字部件，因此將這個部件恢復爲所謂的正字部件，從而造成俗訛字。《重訂直音篇·弓部》："弘，胡肱切，大也。又姓。弖，同上。""弘"本是個正字，由於錯誤還原，因此產生俗字"弖"（隸書字形見帛書老子甲後三四六及孔龢碑）。②

　　俗字除了以上四種主要類型外，還有其他類型。按張涌泉《漢語俗字研究》的論述，還有"音近更代""異形借用""書寫變易""全體創造"以及"合文"。請讀者參看。

3.3　中古近代漢語俗字的研究

3.3.1　古代的俗字研究

　　漢代許慎的《説文解字》是一部文字學著作，許慎撰寫此書的出發點之一就是漢字規範。其《敍》謂："壁中書者，魯共王壞孔子宅，而得《禮記》《尚書》《春秋》《論語》《孝經》。又北平侯張蒼獻《春秋左氏傳》。郡國亦往往於山川得鼎彝，其銘即前代之古文，皆自相似。雖叵復見遠流，其詳可得略説也。而世人大共非訾，以爲好奇者也，故詭更正文，鄉壁虛造不可知之書，變亂常行，以耀於世。諸生競逐説字，解經誼，稱秦之隸書爲倉頡時書，云：'父子相傳，何得改易！'乃猥曰：'馬頭人爲長'，'人持十爲斗'，'虫者，屈中也。'廷尉説律至以字斷法：'苛人受錢，苛之字止句也。'若此者甚衆，皆不合孔氏古文，謬於史籀。"此處敍述了古文之來由與世人"詭更正文，鄉壁虛造"不合規範的漢字的現象，認爲這種混亂的文字應用現象"不合孔氏古文，謬於史籀"，也就是不合規範。

　　又，《説文·角部》："觵，兕牛角可以飲者也。从角，黃聲。其狀觵觵，故謂之觵。觥，俗觵从光。"《説文·仌部》："水堅也。从仌从水。凝，俗冰从疑。"《説文》釋義中已收"觥""凝"等俗字。

　　北齊顏之推《顏氏家訓·書證》："簡策字，竹下施束，末代隸書，似杞、宋之宋，亦有竹下遂爲夾者；猶如刺史之傍應爲束，今亦作夾。徐仙民《春秋》《禮音》，遂以筴爲正字，以策爲音，殊爲顛倒。《史記》又作悉字，誤而爲述，作妬字，誤而爲姤，

① 參見周志鋒：《明清小説俗字俗語研究》，北京：中國社會科學出版社 2006 年版，第 70–80 頁。
② 張青松：《文字錯誤還原與俗字的產生——兼談跟"麦"相關的幾個俗字》，北京師範大學民俗典籍文字研究中心編：《民俗典籍文字研究》（第十三輯），北京：商務印書館 2014 年版。

裴、徐、鄒皆以悉字音述，以妭字音姤。既爾，亦可以亥爲豕字音，以帝爲虎字音乎？張揖云：'慮，今伏羲氏也。'孟康《漢書》古文注亦云：'慮，今伏。'而皇甫謐云：'伏羲或謂之宓羲。'按諸經史緯候，遂無宓羲之號。慮字从虍，宓字从宀，下俱爲必。末世傳寫，遂誤以慮爲宓，而《帝王世紀》因誤更立名耳。何以驗之？孔子弟子慮子賤爲單父宰，即慮羲之後，俗字亦爲宓，或復加山。"①

《顔氏家訓·雜藝》："晉宋以來，多能書者，故其時俗，遞相染尚，所有部帙，楷正可觀，不無俗字，非爲大損。至梁天監之間，斯風未變；大同之末，訛替滋生。蕭子雲改易字體，邵陵王頗行僞字；朝野翕然，以爲楷式。"②

下面介紹幾部古代重要的俗字輯録與研究著作。

《俗書證誤》，隋顔愍楚撰，現存最古的楷書字樣著作。現存道光十五年（1835）陝西朝邑劉氏初刻初印之《青照堂叢書》本《俗書證誤》一卷。此據《續修四庫全書》選讀其中一頁。

---

① 王利器：《顔氏家訓集解》，北京：中華書局1993年版，第445－447頁。
② 王利器：《顔氏家訓集解》，北京：中華書局1993年版，第574頁。

《龍龕手鏡》，遼釋行均撰。此書是其爲破除佛經閱讀障礙而撰寫的一部字書，宋熙寧間傳入宋，宋重刊時避太祖趙匡胤祖父趙敬的嫌諱改“鏡”爲“鑒”。該字书共收26 430 餘字，注 163 170 餘字。部首按平上去入四聲爲序排列，各部所收之字也以四聲順序排列，每字下詳列正體、俗體、通俗體、古體、今字、或體以及誤體，並作音義注釋。《龍龕手鏡》收了大量的寫本佛經中的俗字，並辨其音義，對漢語俗字的研究有重要參考價值。現選讀其中卷二上聲中的一頁（《四部叢刊續編》本）。

　　唐代講究經典文字的規範性，頒佈了顏師古的《五經》定本，並作推廣流傳了多種字樣著作：顏師古《字樣》（今佚）、郎知本《正名要録》、杜延業《群書新定字樣》（今佚）、顏元孫《干禄字書》、歐陽融《經典分毫字樣正字》（今佚）、唐玄宗《開元文字音義》（今佚）、張參《五經文字》與唐玄度《九經字樣》等，對當時漢字楷書字體的定形和規範起了積極的作用。正因爲朝廷與學者們的這些工作，盛唐、中唐時期文獻中俗字數量較少，使用俗字的範圍也較窄。

　　唐代《正名要録》《字寶》《俗務要名林》均爲敦煌殘卷。

　　《正名要録》，唐代郎知本著。唐寫本《正名要録》是 20 世紀初在敦煌莫高窟藏經洞發現的文獻，是我國現存第一部完整的字樣學著作。該書收録了唐初民間通行的文字的多種寫法，並分類作了規範。此據《續修四庫全書》選讀其中一頁。

　　《干禄字書》，唐代顏元孫撰。他把漢字分爲俗、通、正三體：“具言俗、通、正三體……所謂俗者，例皆淺近，唯籍帳、文案、券契、藥方，非涉雅言，用亦無爽。儻能改革，善不可加。所謂通者，相承久遠，可以施表奏、箋啓、尺牘、判狀，固免詆訶。所謂正者，並有憑據，可以施著述、文章，封策、碑碣，將爲允當。”商務印書館《叢書集成初編》據夷門廣牘本影印，現選讀其中一部分。

平聲

聰聰　上中通下正諸從公者竝同他皆倣此

切功　上俗下正

僮　上童列下僮僕古則反是今所不行　衷衷馮

蒙蒙叢叢箇箇　竝上通下正　童

馮雄虫蟲　竝上俗下正　沖种　上沖和下种幼

躬躬　彤彤　上赤色徒冬反下祭名音融　龍

龍龍従従　竝上中通下正　逢逢　上俗下正諸

同聲者竝准此唯降字等從夅　恭恭庸庸　竝上

俗下正　穠禮禮華字上通下正　兇凶上通下正

106

　　《五經文字》，唐張參所撰之漢字規範化著作。大曆十年（775）張參奉詔校勘五經文字，書於太學屋壁，後又收集疑文互體，且據漢熹平石經和《說文解字》《字林》《經典釋文》等書，收經傳文字 3 235 字，依據偏旁部首排列，凡 160 部，分爲 3 卷。每字讀音以反切爲主，兼注直音。自《五經文字》始，經書文字的楷書形式有了準繩。商務印書館《叢書集成初編》據後知不足齋本影印，現選讀其中一部分。

　　《九經字樣》，唐玄度撰。唐文宗開成二年（837）唐玄度奉敕覈定石經字體，根據大曆十一年（776）張參所作《五經文字》，補其未備，撰集爲《新加九經字樣》一卷，與《五經文字》一同刻於石經之末。此據後知不足齋叢書，選讀其中一部分。

新加九經字樣

凡漆拾陸部
肆伯貳拾壹字〔內壹伯參拾伍字重文〕

木部　凡二十四字　六字重文

鬱鬱　並盉入上木叢生也下芳草也……說文云鬱鬱芳草合釀之以……

降神今經典相承通用上字
文下經典相承隸變

柔榛　音臻實如小栗傳曰女贄不過榛栗上說文下經典相承隸省

桼刊　渴平書曰隨山桼木上說文下經典相承隸省

枖夭　音妖木盛皃詩云桃之枖枖上說文下經典相承隸省　桓桓

栵栵　音例栭也見詩上說文下隸省

稽　音雞從禾從旨

柷　音澤木名

上說文下隸省……從禾禾音稽木之曲頭……止不能上也從禾者非

擇　見儀禮

手部　凡二十字

控　空去引也見詩

擩抽　丑平上說文下隸省

掼貫　三字重文　關去傳曰掼潰鬼神……上說文下經典相承

斷折　文下隸省

攣手　巧平咬平擊……也見公羊傳　撰

恖　駿上說文作總　經典相承通用

打捶也杖也說文作撲　經典相承通用之

牛部　凡六字　二字重文

物　萬物也牛為大物天地之數起於牽牛故從牛勿聲……物中分也從八從牛

牟　牛鳴也　從牛作牟訛

告告　牛觸人角著木所以……告人從牛從口上說文下隸省

亅部　凡二十五字　六字重文

半半

此後，跟俗字輯錄與研究相關的著作還有一些。例如宋洪適的《隸釋》，這是一部碑帖考證彙編之作，共 27 卷，收漢碑碑文、碑陰等 258 種，魏晉石刻 17 種，附收漢晉銅鐵器銘及磚瓦文 20 餘種。《隸釋》先將隸書石刻文字用楷體寫出，其中異體字保留原狀。之後的考釋包括史事、人物、形制、所在地及文字釋讀等。清蒲松齡《日用俗字》是一部爲方言俗語選定正字的著作，其"俗字"中有少數不見於《字彙》等字書的俗字。

元明清學者撰有相關著作多種，其中清代學者成果最多。

3.3.2　現當代的俗字研究

現當代的俗字研究也是從俗字輯錄開始的。比較著名的俗字輯錄之作有羅振鋆《碑別字》，羅振玉《增訂碑別字》，劉復、李家瑞《宋元以來俗字譜》，秦公《碑別字新編》，秦公、劉大新《廣碑別字》，潘重規《漢語俗字譜》《龍龕手鏡新編》，太田辰夫《唐宋俗字譜·祖堂集之部》，黄征《敦煌俗字典》等。下面重點介紹《宋元以來俗字譜》和《碑別字新編》。

《宋元以來俗字譜》，劉復、李家瑞編。該書收集了宋元明清 12 種民間刻本（宋刊《古列女傳》《大唐三藏取經詩話》《京本通俗小説》，元刊《古今雜劇三十種》《全相三國志平話》《朝野新聲太平樂府》，明刊《嬌紅記》《薛仁貴跨海征東白袍記》《岳飛破虜東窗記》，清刊《目連記彈詞》（殘）、《金瓶梅奇書前後部》、《嶺南逸史》）中所用的俗字 6 240 個。其所認定的刊刻年代或有不妥，但從中可以看出近代漢語文獻俗字的總體面貌，且今天的简化字如"实、宝、礼、声、会、怜、怀、搀、罗、听、万、庄、梦、阳、虽、医、凤、义、乱、皱、台、办、战、归、党、辞、断"均已出現。此據民國十九年《國立中央研究院歷史語言研究所單刊之三》，選讀其中一頁。

僑	儀	像	價	僧	僕	備	傷	傳	僉	傴	債	正楷
	仪											列女傳
												取經詩話
		像	價				伤	传	佥			通俗小說
	仪		价	僧		俻				傴	债	古今雜劇
	仪	相				俻						三國志平話
	仪	像				俻						太平樂府
						俻						繡紅記
						俻						白袍記
俦		像				俻						東窗記
	仪		价		仆	俻		傅传				目連記
俦	仪					俻					债	金瓶梅
	仪					俻	伤	传				嶺南逸事

《碑別字新編》，秦公編著。該書收録了歷代近兩千種碑帖中碑石的別字，援引了《增訂碑別字》和羅福葆的《碑別字續拾》二書內容，又增加了一些後來發現的碑刻別字。該書所收資料上起秦漢，下迄民國，包括碑、碣、墓誌、摩崖、造像、石經、石闕、經幢、墓莂、浮圖等，均在收錄範圍之中。全書計 2 000 多種碑石，共收字頭 2 528 字，別字 12 844 字（後來的《廣碑別字》更是擴大到收字頭 3 450 餘字，重文別字 21 300 餘字）。此據文物出版社 1985 年版《碑別字新編》，選讀其中一頁。

以上所述俗字之輯録工作是由學者個人所從事的。到目前爲止，輯録俗字較多的工具書是《漢語大字典》《中華字海》，台灣的《異體字字典》則是網絡版。中國歷代文獻極多，俗字多不勝數，以上的輯録工作多限於常見俗字。國家新聞出版總署“中華字庫”工程的子項目“手寫紙本文獻用字的搜集與整理”由張涌泉教授負責，2011 年啓動。該項目下面又分吐魯番文書、中國國家圖書館藏敦煌文獻、俄藏敦煌文獻、英藏敦煌文獻、法藏敦煌文獻、散藏敦煌文獻、唐五代寫本辭書、黑水城文獻、宋元以來契約文書、明清檔案等 16 個子課題，這是到目前爲止最大型的手寫紙本文獻用字的輯録與整理工作，其中當然包括俗字的輯録與整理。該項工作將首次全面系統收集手寫紙本文獻文字資源，並且全面科學整理手寫紙本文獻中未編碼字形的楷定、讀音、意義、使用等屬性信息，建成完善的手寫紙本文獻文字字形表與屬性資料庫、資源庫等集大成的巨型工具書。

俗字的輯録與俗字的研究密不可分。現當代的俗字研究工作，在二十世紀八十年代之前是頗爲沈寂的。蔣禮鴻《中國俗文字學研究導言》：“至於隸書以下的文字的研究，前人就不曾很好地系統地做過。《隸釋》《隸辨》《碑別字》《宋元以來俗字譜》一類的著作，單和《詁林》的數量比一比，就要黯然失色。而且就是這一些著作，也是輯録文字的多，分析考辨的少。……因此，漢以後文字發展演變的情形怎樣？人們在怎樣地發展俗字以與統治階級的壟斷進行鬥争？人們是怎樣使用這些文字的？我們就知道得很少，俗文字學在文字學這個部門中到今天還幾乎是空白的。”① 二十世紀九十年代之後，俗字的研究工作開展得如火如荼。

張涌泉《漢語俗字研究》（嶽麓書社 1995 年版，商務印書館 2010 年增訂本）是當代最早的系統性論述漢語俗字的著作。其他重要的俗字研究著作主要有：蔣禮鴻《類篇考索》（山東教育出版社 1996 年版），張涌泉《敦煌俗字研究》（上海教育出版社 1996 年版）、《敦煌俗字研究導論》（台北新文豐出版股份有限公司 1996 年版）、《漢語俗字叢考》（中華書局 2000 年版），姚永銘《慧琳〈一切經音義〉研究》（江蘇古籍出版社 2003 年版），歐昌俊、李海霞《六朝唐五代石刻俗字研究》（巴蜀書社 2004 年版），何華珍《日本漢字和漢字詞研究》（中國社會科學出版社 2004 年版），吳鋼輯、吳大敏編《唐碑俗字録》（三秦出版社 2004 年版），劉中富《〈干禄字書〉字類研究》（齊魯書社 2004 年版），朱葆華《原本〈玉篇〉文字研究》（齊魯書社 2004 年版），鄭賢章《〈龍龕手鏡〉研究》（湖南師范大學出版社 2004 年版）、《〈新集藏經音義隨函録〉研究》（湖南師范大學出版社 2007 年版），黃征《敦煌俗字典》（上海教育出版社 2005 年版），楊寶忠《疑難字考釋與研究》（中華書局 2005 年版），周志峰《明清小説俗字俗語研

---

① 蔣禮鴻：《中國俗文字學研究導言》，《杭州大學學報》1959 年第 3 期。

究》（中國社會科學出版社 2006 年版），曾良《俗字及古籍文字通例研究》（百花洲文藝出版社 2006 年版）、《隋唐出土墓誌文字研究及整理》（齊魯書社 2007 年版）、《明清小説俗字研究》（商務印書館 2017 年版），韓小荆《〈可洪音義〉研究——以文字爲中心》（巴蜀書社 2009 年版），劉元春《隋唐石刻與唐代字樣》（南方日報出版社 2010 年版），方孝坤《徽州文書俗字研究》（人民出版社 2012 年版），楊小平《清代手寫文獻之俗字研究》（待出）。以上僅是俗字研究著作，此外還有大量的俗字研究論文。

台灣地區的俗字研究成果也頗多，日本、韓國等國的學者亦有不少俗字研究論著。

以上俗字研究成果，研究材料上主要集中於敦煌俗字、字書俗字、碑刻俗字、出土文獻俗字等方面，研究內容上主要是疑難俗字的考釋、俗字的分類與特點等。下面舉幾個俗字考釋的例子：

例一：《漢語大字典》1834b：扰，yòu《玉篇》于救切。①福。《玉篇·手部》："扰，福也。"②動。《字彙·手部》："扰，動也。"

按：後一義項的"扰"應爲"頄"的換旁俗字。《説文·頁部》："頄，顫也。從頁，尤聲。"又載其或體作"疣"，古又作"頄""銋"等。玄應《一切經音義》卷一一《增壹阿含經》卷二四"顫頄"條下云："下古文銋、疣、頄三形，今作疣，同，尤富反，《通俗文》：四支寒動謂之顫頄……經文作扰，非也。"其中的"尤富反"，《慧琳音義》卷五二引作"尤救反"，皆與"于救切"同音。又查《大正藏》本《增壹阿含經》卷二四有云："（見老人）形體極劣，行步苦竭，衣裳垢坌，進止戰掉，氣息呻吟，無復少壯之心。"即《玄應音義》所本，其中的"戰掉"，《大正藏》校記稱明《嘉興藏》本作"顫頄"，《聖語藏》本作"戰忧"，"忧"應即"扰"字之訛。①

例二：《古本小説集成》清刊本《北魏奇史閨孝烈傳》第三十三回："原來這枝神箭，是天河出水的蛟龍，破了妖邪，仍帰天河而去。"（第 524 頁）"帰"即歸字。"帰"字在大多數情況下是"歸"的俗寫，但也不能凝固不變。同版本的《北魏奇史閨孝烈傳》第三十三回："祇聽得花木蘭小姐喝罵，賤婢長，妖帰短，催馬沖來，對他心窩就是一鎗刺來。"（第 518 頁）"帰"字，顯然就是"婦"的俗寫，因同回後文花木蘭還有罵語："好一個無恥妖婦！"（第 518 頁）但這個"帰"字也不是誤字，因"女"旁俗寫也往往寫"刂"，如"娘"寫"㖿"，《古本小説集成》經綸堂刊本《萬花樓演義》第三回；"不特雙㽷萬死之罪，即累及㖿匕亦危矣。"（第 46 頁）"㽷"即"婢"之俗，"㖿匕"即"娘娘"。《萬花樓演義》第三回；"不若到吾宮中一遊，以盡之㛵妹樂。"（第 44 頁）"㛵妹"即"姊妹"的俗寫。故分析解讀俗字，必須明白其構形原理。"归"字，在許多情況都是"歸"的俗寫，但有的場合又是"婦"的俗字。《古本小説

---

① 張涌泉：《漢語俗字新考》，《浙江大學學報》（人文社會科學版）2005 年第 1 期。

集成》清刊本李雨堂《萬花樓演義》第四十八回："海壽遠遠瞧見，呼：'母親，外廂許多官員在此叩見。'归人曰：'教他各請回衙理事，不必在此俟候。'"（第652頁）此"归"當釋讀爲"婦"字無疑。[1]

中古近代漢語中的俗字材料非常豐富，俗字研究還可以從多個不同的角度繼續深入進行。

☆練習題

1. 閱讀《說文解字·敘》，並將其翻譯成現代漢語。

古者庖犧氏之王天下也，仰則觀象於天，俯則觀法於地，觀鳥獸之文與地之宜，近取諸身，遠取諸物；於是始作易八卦，以垂憲象。及神農氏，結繩爲治，而統其事。庶業其繁，餙僞萌生。黃帝史官倉頡，見鳥獸蹏迒之跡，知分理可相別異也，初造書契。百工以义，萬品以察，蓋取諸夬。"夬，揚於王庭"，言文者，宣教明化於王者朝庭，"君子所以施祿及下，居德則（明）忌"也。

倉頡之初作書也，蓋依類象形，故謂之文。其後形聲相益，即謂之字。文者，物象之本；字者，言孳乳而寖多也。著於竹帛謂之書。書者，如也。以迄五帝三王之世，改易殊體，封於泰山者七十有二代，靡有同焉。

周禮：八歲入小學，保氏教國子，先以六書。一曰指事。指事者，視而可識，察而見意，"上、下"是也。二曰象形。象形者，畫成其物，隨體詰詘，"日、月"是也。三曰形聲。形聲者，以事爲名，取譬相成，"江、河"是也。四曰會意。會意，比類合誼，以見指撝，"武、信"是也。五曰轉注。轉注者，建類一首，同意相受，"考、老"是也。六曰假借。假借者，本無其事，依聲託事，"令、長"是也。及宣王太史籀，著大篆十五篇，與古文或異。至孔子書六經，左丘明述春秋傳，皆以古文，厥意可得而說也。

其後諸侯力政，不統於王。惡禮樂之害己，而皆去其典籍。分爲七國，田疇異畝，車塗異軌，律令異法，衣冠異制，言語異聲，文字異形。秦始皇帝初兼天下，丞相李斯乃奏同之，罷其不與秦文合者。斯作倉頡篇。中車府令趙高作《爰歷篇》，太史令胡毋敬作《博學篇》，皆取史籀大篆，或頗省改，所謂小篆也。是時，秦滅書籍，滌除舊典。大發吏卒，興戍役。官獄職務繁，初有隸書，以趣約易，而古文由此而絶矣。自爾秦書有八體：一曰大篆，二曰小篆，三曰刻符，四曰蟲書，五曰摹印，六曰署書，七曰殳書，八曰隸書。

---

① 曾良：《明清通俗小說語彙研究》，南昌：江西教育出版社2009年版，第31-32頁。

漢興，有草書。尉律：學僮十七以上始試。諷籀書九千字，乃得爲史。又以八體試之。郡移太史並課。最者以爲尚書史。書或不正，輒舉劾之。今雖有尉律，不課，小學不修，莫達其說久矣。

孝宣皇帝時，召通《倉頡》讀者，張敞從受之。涼州刺史杜業，沛人爰禮，講學大夫秦近，亦能言之。孝平皇帝時，微禮等百餘人，令說文字未央廷中，以禮爲小學元士。黄門侍郎揚雄，采以作《訓纂篇》。凡《倉頡》以下十四篇，凡五千三百四十字，群書所載，略存之矣。

及亡新居攝，使大司空甄豐等校文書之部。自以爲應制作，頗改定古文。時有六書：一曰古文，孔子壁中書也。二曰奇字，即古文而異者也。三曰篆書，即小篆。四曰佐書，即秦隸書，秦始皇帝使下杜人程邈所作也。五曰繆篆，所以摹印也。六曰鳥蟲書，所以書幡信也。

壁中書者，魯共王壞孔子宅，而得《禮記》《尚書》《春秋》《論語》《孝經》。又北平侯張蒼獻《春秋左氏傳》。郡國亦往往於山川得鼎彝，其銘即前代之古文，皆自相似。雖叵復見遠流，其詳可得略説也。而世人大共非訾，以爲好奇者也，故詭更正文，鄉壁虛造不可知之書，變亂常行，以耀於世。諸生競逐説字，解經誼，稱秦之隸書爲倉頡時書，云："父子相傳，何得改易！"乃猥曰："馬頭人爲長"，"人持十爲斗"，"虫者，屈中也。"廷尉説律至以字斷法："苛人受錢，苛之字止句也。"若此者甚衆，皆不合孔氏古文，謬於史籀。鄙夫俗儒，翫其所習，蔽所希聞。不見通學，未嘗睹字例之條。怪舊埶而善野言，以其所知爲秘妙，究洞聖人之微恉。又見《倉頡篇》中"幼子承詔"，因曰："古帝之所作也，其辭有神僊之術焉。"其迷誤不諭，豈不悖哉！

《書》曰："予欲觀古人之象。"言必遵修舊文而不穿鑿。孔子曰："吾猶及史之闕文，今亡矣夫。"蓋非其不知而不問。人用己私，是非無正，巧説邪辭，使天下學者疑。

蓋文字者，經藝之本，王政之始。前人所以垂後，後人所以識古。故曰："本立而道生。"知天下之至賾而不可亂也。今敍篆文，合以古籀。博采通人，至於小大。信而有證，稽譔其説。將以理群類，解謬誤，曉學者，達神恉。分別部居，不相雜廁也。萬物咸睹，靡不兼載。厥誼不昭，爰明以喻。其稱《易》（孟氏）、《書》（孔氏）、《詩》（毛氏）、《禮》（周官）、《春秋》（左氏）、《論語》、《孝經》，皆古文也。其於所不知，蓋闕如也。

2. 閱讀明天啓刊本《警世通言》，注意其中的俗字。

第三十四卷

〇王嬌鸞百年長恨

天上烏飛兔走人間古往今來昔年歌管變荒臺
轉眼是非興敗、須識閒中取靜、莫因乘過成獸、
不貪花酒不貪財、一世無災無害
話說江西饒州府餘干縣長樂村有一小民叫做張
乙因販些雜貨到於縣中夜深投宿城外一邸店店
房已滿不能相容間壁鎖下一空房却無人住張乙
道店主人何不開此房與我主人道此房中有鬼不
敢留客張乙道便有鬼我何懼哉主人只得開鎖將

3. 抄寫明刊六卷本《陽春白雪》，注意其中的俗字；將全文加上標點符號。

張小山　五段

梦窗纱

月籠紗十年心事付琵琶相思懶看帳屏區人在天涯

春殘豆蔻花情寄鴛鴦帕香冷荼蘼架旧鄉遊臺榭曉

味酸齋

釣魚臺十年不上野鷗猜白雲來往青山在對酒開懷欠伊周

濟世才起劉阮貪杯戒還李杜吟詩債酸齋咲我咲酸齋

喚歸來西湖山上野猿哀二十年多少風流債花落花開望

宵拜將臺袖星乎安邦策破炰月迷視寨酸齋咲我咲酸齋

4 中古近代漢語語音

中古近代漢語語音是整個漢語語音史的一部分，本章對語音史的分期和中古近代漢語階段的語音及相關研究結論做一個簡單的介紹。

4.1 語音史的分期與近古音

4.1.1 語音史的分期

按照學界已有的研究，漢語語音史的分期大多是這樣的：上古音（周秦時期）、近古音（漢魏南北朝時期）、中古音（唐宋時期）、近代音（元明清時期）、現代音（民國至現代）。與整個漢語史的分期相比較可以看出，上古漢語的語音是上古音，中古漢語的語音是近古音，近代漢語的語音是中古音和近代音，現代漢語的語音是現代音。

語音史的分期名稱取約定俗成的説法，這是學習中古近代漢語語音時需要注意的。①

4.1.2 關於近古音的史料

漢魏南北朝時期的語音，由於史料的缺乏，現在還不是十分清楚，我們祇能從有關史料中看出當時人們對於漢語聲韻調的一些基本認識。

人們最早對漢字的聲韻的認識跟反切的注音方法有密切關係。漢字的注音，最早是直音法，後來纔發明反切注音法。《顏氏家訓·音辭篇》："孫叔然創《爾雅音義》，是漢末人獨知反語；至於魏世，此事大行。"反切方法的出現，表明人們已經認識到一個漢字可以切分爲聲韻兩部分。

從《太平廣記》卷二四六"梁武"條引北齊楊公玠《談藪》的故事中可以看出當時人們對漢字的韻的關注：

---

① 中古近代漢語語音部分的内容主要參考向熹《簡明漢語史》（高等教育出版社 1993 年版）、唐作藩《音韻學教程》（第三版，北京大學出版社 2002 年版）等著作。

梁高祖嘗作五字疊韻曰：“後牖有榴柳。”命朝士並作。劉孝綽曰：“梁王長康強。”沈約曰：“偏眠船舷邊。”庾肩吾曰：“載匕（？）每礙埭。”徐摛曰：“臣昨祭禹廟，殘六斛熟鹿肉。”何遜用曹瞞故事曰：“暯蘇姑枯盧。”吳均沈思良久，竟無所言。高祖愀然不悅。俄有詔曰：“吳均不均，何遜不遜。宜付廷尉。”

《太平御覽》卷七四〇引《談藪》故事則反映了人們對於反切聲韻互換遊戲的關注：

後魏中書侍郎裴敬憲，字伯茂。敬憲新構山亭，與賓客集，謂邢子才曰：“山池始就，願爲一名。”子才曰：“海中有蓬萊山，仙人之所居，宜名蓬萊。”蓬萊，裴聾也。敬憲患耳，故以戲之。敬憲初不悟，於後始覺，忻然謂子才曰：“長忌及戶，高則無害。公但大語，聾亦何嫌。”

從《洛陽伽藍記》卷五這則故事可以看出當時人們對聲母以及雙聲現象的關注：

洛陽城東北有上高景（商里），殷之頑民所居處也。高祖名聞義里。遷京之始，朝士住其中，迭相譏刺，竟皆去之。唯有造瓦者止其內，京師瓦器出焉。世人歌曰：“洛城東北上高（商）里，殷之頑民昔所止。今日百姓造甕子，人皆棄去住者恥。”唯冠軍將軍郭文遠遊憩其中，堂宇園林，匹於邦君。時隴西李元謙樂雙聲語，常經文遠宅前過，見其門閥華美，乃曰：“是誰第宅？過佳！”婢春風出曰：“郭冠軍家。”元謙曰：“凡婢雙聲。”春風曰：“儜奴慢罵！”元謙服婢之能，於是京邑翕然傳之。

關於聲調，齊梁以前，漢語沒有“四聲”的名稱。相傳齊周顒、梁沈約首先發現四聲，分著《四聲切韻》《四聲譜》，惜均已不傳。《南齊書·陸厥傳》中記錄了“永明體”以平上去入爲四聲的文學主張：

永明末，盛爲文章。吳興沈約、陳郡謝朓、琅邪王融以氣類相推轂。汝南周顒善識聲韻。約等文皆用宮商，以平上去入爲四聲，以此製韻，不可增減，世呼爲“永明體”。

《南史·陸厥傳》中則有更詳細的記錄：

盛爲文章，吳興沈約、陳郡謝朓、琅邪王融，以氣類相推轂，汝南周顒善識聲韻。約等文皆用宮商，將平上去入四聲，以此製韻，有平頭、上尾、蠭腰、鶴膝。五字之中，音韻悉異，兩句之內，角徵不同，不可增減。世呼爲"永明體"。

《梁書·沈約傳》中也記錄了沈約對於四聲的研究：

又撰《四聲譜》，以爲在昔詞人累千載而不悟，而獨得胸襟，窮其妙旨，自謂入神之作。高祖雅不好焉，嘗問周捨曰："何謂四聲?"捨曰："天子聖哲是也。"然帝竟不遵用。

齊梁時期的文人雖然發現了漢字有四聲之別，但四聲的調值無法準確地描寫。日本僧人了尊《悉曇輪略圖抄》卷一《四聲事》："《元和韻譜》云：'平聲者哀而安，上聲厲而舉，去聲清而遠，入聲直而促。'謂春天氣平和，夏溫氣上騰，秋果葉落去，冬草木歸入。仍約春夏秋冬歸平上去入也。"從這裏約略知道：平聲大約是一種長的中平或低平調；上聲是一種短的升調，用力較强，響度較大，調值上升；去聲大約是一種長的高降調，"遠"是長的表現；入聲以［-p］、［-t］、［-k］收尾，發音短促，沒有曲折，當是一種短低調，所以說"直而促"。但以四季來比附四聲，用語含糊，對於我們了解當時四聲的調值不能提供更多的信息。

4.2 中古音

4.2.1 中古音的聲母

研究中古音一定要參考《切韻》系韻書。現在常用的是《廣韻》。《廣韻》是北宋初年由陳彭年、丘雍等人據《切韻》及唐人的增訂本對《切韻》所作的修訂本，於真宗景德四年（1007）完成，真宗大中祥符元年（1008）改名爲《大宋重修廣韻》，簡稱《廣韻》。這是第一部官修韻書，是《切韻》最重要的增訂本。雖距《切韻》成書時間已有400多年，但是其語音系統與《切韻》基本上是一致的，屬於《切韻》系統的韻書，祇是收字大爲增加，注釋也較爲詳細。此外，《廣韻》分爲206韻，比《切韻》多出13韻，這是分韻寬窄的粗細問題，並非語音系統有甚麼變化。

下面是《宋本廣韻》的前三頁，可由此識韻書之梗概：

廣韻上平聲卷第一

德紅　東第一 獨用
都宗　冬第二 鍾同用
職容　鍾第三
古雙　江第四 獨用
章移　支第五 脂之同用
旨夷　脂第六
而之　之第七
非無　微第八 獨用
語居　魚第九 獨用
遇俱　虞第十 模同用
莫胡　模第十一
奚　　齊第十二 獨用
古佳　佳第十三 皆同用
諧古　皆第十四
恢呼　灰第十五 咍同用
來呼　咍第十六
職鄰　眞第十七 諄臻同用
之純　諄第十八

侁　臻第十九

武　文第二十　欣同用

巾　欣第二十一

許　語　元第二十二　魂痕同用

昆　魂第二十三

戸恩　痕第二十四

胡安　寒第二十五　桓同用

乎官　桓第二十六

所姦　刪第二十七　山同用

所閒　山第二十八

　一東　春方也說文曰動也从日在木中亦東風菜廣州記云陸地生蓳赤和肉作羹味如酪香似蘭吳都賦云草則東風扶留又姓舜七友有東不訾又漢複姓十三氏左傳魯卿東門襄仲後因氏焉齊有大夫東郭偃又有東宮得臣晉有東關嬖五神仙傳有廣陵人東陵聖母適杜氏齊景公時有隱居東陵者乃以為氏世本宋大夫東鄉為賈執英賢傳云今高密有東鄉姓宋有貟外郎東陽無疑撰齊諧記七卷昔有東閭子嘗富貴後乞於道云吾為相六年未薦一士夏禹之後東樓公封于杞後以為氏莊子有庚桑楚是也又有平原東方朔曹瞞傳有南陽太守東里昆何氏姓苑有

蕫　東萊氏德紅切十七

蕫　東風菜義見蕫上注俗加艸

菄　鶇鴻鳥名美形出廣雅亦作蘲

辣　獸名

山海經曰泰戲山有獸狀如羊一角一
目目在耳後其名曰辣又音陳晉陳

貢魚名
東郡㑍道經
館名㑍道經

忡　古文見
鳩山入於河又都貢切
瀧凍沾漬說文曰水出發

辣魚名
行
似鯉
徖兒
㑍山名
壏如
壏上壏
地名　東壏山名　地名
蚛蛅蟲科斗蟲也案爾雅曰
科斗活東郭璞云蝦蟆子
蝀蝀虹也
蝀又音董
凍又都

魏兒。同
齊也共輩也合也律歷有六同亦州春秋時晉
吾獻其西河地於秦七國時屬魏秦并天下爲内史
之地漢武更名馮翊又有九龍泉有九源同爲一流因
以名之又羌褻姓有同歸氏望在勃海徒紅切四十五

龐陳寧𡵗地理
兒出　上
兒出字謨
凍又都

僮僕又頑也癡也又姓漢有
童獨也言童子未有室家也又姓
交阯刺史僮尹出風俗通
全道書出童
古文出童
銅金之

一木名月令曰清明之日桐始華又桐
品竹筒又竹名射筒吳都賦目桐君藥錄兩卷
桐廬縣在睦州亦姓有桐君藥錄兩卷
崆峒山名
硐也磨硐
艑舩似
獬獸
桐似

泰山筒
無角
懂牛名出廣漢郡亦
水名出廣漢郡亦
竹筒又竹名射筒吳都賦竹則桂箭射筒
賦曰其竹則桂箭射筒
瞳目也又他孔切
瞳目欲明
瓶瓶瓦
罿同
罿車上綱
橦又音衝橦

侗佝侗頋蒙
楊子法言云
弄
切
橦字書又鍾橦二音
木名花可爲布出
熱氣烔烔
洞晉州比又徒
洪洞縣名在
烔出字林
鶇黃嗓嗓長
鶇鶇水鳥

音韻學研究的傳統有三十六字母之說。《廣韻》的聲母系統與之不同，是由《廣韻》的反切上字並參照其他情況歸納出來的。《廣韻》每一小韻都有反切注音。原則上反切下字跟被切字同韻母同聲調，而反切上字跟被切字同聲母。據此可以歸納出 52 聲類。但《廣韻》52 聲類並不就是 52 個聲母。聲類是由反切上字繫聯、歸納出來的，而反切上字的運用要受反切下字的制約。一般來說，反切下字是洪音時，反切上字也要求是洪音；反切下字是細音時，反切上字也要求是細音。因此，有的一個聲母可以分成兩個聲類，聲類的數目要比聲母多。我們進一步歸納，就可以得出《廣韻》系統的 36 個聲母。列表於下：

		全清	次清	全濁	次濁	清	濁	
唇音	重唇 輕唇	幫[p] { 幫[p] / 非[f] }	滂[pʻ] { 滂[pʻ] / 敷[fʻ] }	並[b] { 並[b] / 奉[v] }	明[m] { 明[m] / 微[ɱ] }			《切韻》時期輕唇、重唇不分
舌音	舌頭	端[t]	透[tʻ]	定[d]	泥(娘)[n]			
	舌上	知[ʈ]	徹[ʈʻ]	澄[ɖ]				
齒音	齒頭	精[ts]	清[tsʻ]	從[dz]		心[s]	邪[z]	
	正齒	莊[tʃ] 章[tɕ] } 照[tʃ]	初[tʃʻ] 昌[tɕʻ] } 穿[tʃʻ]	崇[dʒʻ] 船[dʑ] } 牀[dʒ]		生[ʃ] 書[ɕ] } 審[ʂ]	禪[ʑ] [ʒ]	唐末宋初莊章兩組合而為一
牙喉音	牙音	見[k]	溪[kʻ]	群[g]	疑[ŋ]			
	喉音	影[ø]			云[ɣj] 以[j] } 喻[j]	曉[x]	匣[ɣ]	
半舌音					來[l]			
半齒音					日[ȵʑ]			

從上古音到中古音，聲母系統的發展主要表現在以下幾個方面：

（1）輕唇音的產生。上古漢語沒有輕唇音"非敷奉微"，到三十六字母裏纔明確分爲輕唇音和重唇音。

（2）舌上音的產生。上古沒有"知徹澄"，到了唐代，舌上音從舌頭音分化出來。

（3）莊組聲母的產生及其與章組聲母的合流。上古沒有《切韻》音系中的"莊初崇生侯"五母，"莊初崇生"是從齒頭音"精清從心"分化出來的，並進一步與"章昌船書"合併，加上"禪"母，即成爲三十六字母中的"照穿牀審禪"五個聲母。

（4）云、以合流。上古"匣"母從漢以後分爲"匣、云"兩類，從晚唐開始，"云"又和上古的"余（以）"母合併爲"喻"母。

4.2.2　中古音的韻母

　　研究中古韻母系統，也要依靠《廣韻》。《廣韻》跟《切韻》原書相比，韻目從193 個增加到 206 個，訓釋內容增加了許多。但從語音系統看，兩部書是一致的。通常用《廣韻》作爲《切韻》系韻書的代表。《廣韻》206 韻列表如下：

平聲 57	上聲 55	去聲 60	入聲 34	平聲 57	上聲 55	去聲 60	入聲 34
東	董	送	屋	山	產	襇	鎋
冬		宋	沃	先	銑	霰	屑
鍾	腫	用	燭	仙	獮	線	薛
江	講	絳	覺				
				蕭	篠	嘯	
支	紙	寘		宵	小	笑	
脂	旨	至		肴	巧	效	
之	止	志		豪	皓	號	
微	尾	未		歌	哿	箇	
魚	語	御		戈	果	過	
虞	麌	遇		麻	馬	禡	
模	姥	暮					
齊	薺	霽		陽	養	漾	藥
		祭		唐	蕩	宕	鐸
		泰		庚	梗	映	陌
佳	蟹	卦		耕	耿	諍	麥
皆	駭	怪		清	靜	勁	昔
		夬		青	迥	徑	錫
灰	賄	隊		蒸	拯	證	職
咍	海	代		登	等	嶝	德
		廢		尤	有	宥	
				侯	厚	候	
真	軫	震	質	幽	黝	幼	
諄	準	稕	術				
臻			櫛	侵	寢	沁	緝
文	吻	問	物	覃	感	勘	合
欣	隱	焮	迄	談	敢	闞	盍
元	阮	願	月	鹽	琰	豔	葉
魂	混	慁	沒	添	忝	㮇	帖
痕	很	恨		咸	豏	陷	洽
寒	旱	翰	曷	銜	檻	鑑	狎
桓	緩	換	末	嚴	儼	釅	業
刪	潸	諫	黠	凡	範	梵	乏

　　這 206 韻，有的祇是開合口的不同，有的祇是有無〔i〕介音的區別。有的韻在當時的共同語裏也許已經沒有區別，但《切韻》爲了保存古音或方言，分立爲不同的韻部。至十三世紀，江北平水劉淵著《壬子新刊禮部韻略》，在《集韻》的基礎上把通用的韻加以合併，得 107 韻；後來又有人合併兩個，成 106 韻，這就是所謂的"平水韻"。《平水韻》爲元明以來近體詩押韻的依據，沿用至今。

　　宋代等韻學者爲了研究方便，又根據韻尾相同，主要元音相近的原則，將 206 韻歸納成若干較大的類，叫做"攝"。《四聲等子》分爲 16 攝，舉平声以賅上、去、入聲，分別是：

　　（1）通攝：東冬鍾〔-ŋ〕、〔-k〕

　　（2）江攝：江〔-ŋ〕、〔-k〕

　　（3）止攝：支脂之微〔Ø〕

　　（4）遇攝：魚虞模〔Ø〕

　　（5）蟹攝：齊佳皆灰咍祭泰夬廢〔-i〕

　　（6）臻攝：真諄臻文欣魂痕〔-n〕、〔-t〕

　　（7）山攝：元寒桓删山先仙〔-n〕、〔-t〕

　　（8）效攝：蕭宵肴豪〔-u〕

　　（9）果攝：歌戈〔Ø〕

　　（10）假攝：麻〔Ø〕

　　（11）宕攝：陽唐〔-ŋ〕、〔-k〕

　　（12）梗攝：庚耕清青〔-ŋ〕、〔-k〕

　　（13）曾攝：蒸登〔-ŋ〕、〔-k〕

　　（14）流攝：尤侯幽〔-u〕

　　（15）深攝：侵〔-m〕、〔-p〕

　　（16）咸攝：覃談鹽添咸銜嚴凡〔-m〕、〔-p〕

　　韻攝的歸併，把複雜的韻母系統變成比較簡單的韻類大系，以簡馭繁，便於人們認識和掌握。

　　《廣韻》206 韻，舉平以賅上、去，共得 61 個陰聲韻和陽聲韻部。入聲有〔-p〕、〔-t〕、〔-k〕韻尾，與平、上、去三聲不同。《廣韻》34 個入聲韻就是 34 個韻部。61 個陰聲和陽聲韻部，加上 34 個入聲韻部，《廣韻》共有 95 個韻部。

　　至於《廣韻》的韻母系統，應當從分析《廣韻》的韻類去探求。根據同用、互用、遞用的原則，繫聯《廣韻》反切下字 1 200 多個，陳澧求得《廣韻》有 311 個韻類，周祖謨訂正爲 324 類。其他學者統計結果尚有不同。因爲有的韻祇有一個韻類，有的有兩個至四個韻類。同一韻類的字，韻母和聲調都相同。舉平以賅上、去，入聲另立，《廣韻》共有141個韻母。它們是：

平上去聲	入聲
（1）東董送〔uŋ〕、〔iuŋ〕	（1）屋〔uk〕、〔iuk〕
（2）冬　宋〔uoŋ〕	（2）沃〔uok〕
（3）鍾腫用〔iwoŋ〕	（3）燭〔iwok〕
（4）江講絳〔ɔŋ〕	（4）覺〔ɔk〕
（5）支紙寘〔i〕、〔ɪwe〕	
（6）脂旨至〔i〕、〔wi〕	
（7）之止志〔iə〕	
（8）微尾未〔iəi〕、〔ɪwəi〕	
（9）魚語禦〔io〕	
（10）虞麌遇〔iu〕	
（11）模姥暮〔u〕	
（12）齊薺霽〔iei〕、〔iwei〕	
（13）　　祭〔ɪɛi〕、〔iwɛi〕	
（14）　　泰〔ɑi〕、〔uɑi〕	
（15）佳蟹卦〔ai〕、〔wai〕	
（16）皆駭怪〔ɐi〕、〔wɐi〕	
（17）　　夬〔æi〕、〔wæi〕	
（18）灰賄隊〔uɒi〕	
（19）哈海代〔ɒi〕	
（20）　　廢〔iɐi〕、〔iwɐi〕	
（21）真軫震〔ɪěn〕、〔iwěn〕	（5）質〔iět〕、〔iwět〕
（22）諄準稕〔iwěn〕	（6）術〔iwět〕
（23）臻　　〔ien〕	（7）櫛〔iet〕
（24）文吻問〔iwən〕	（8）物〔iwət〕
（25）欣隱焮〔iən〕	（9）迄〔iət〕
（26）元阮願〔iɐi〕、〔iwɐi〕	（10）月〔iɐt〕、〔iwɐt〕

平上去聲	入聲
（27）魂混恩〔uən〕	（11）没〔uət〕
（28）痕很恨〔ən〕	
（29）寒旱翰〔ɑn〕	（12）曷〔ɑt〕
（30）桓緩換〔uɑn〕	（13）末〔uɑt〕
（31）删潸諫〔an〕、〔wan〕	（14）黠〔æt〕、〔wæt〕
（32）山産襇〔ien〕、〔wæn〕	（15）鎋〔at〕、〔wat〕
（33）先銑霰〔ien〕、〔iwen〕	（16）屑〔iet〕、〔iwet〕
（34）仙獮線〔iɛn〕、〔i̯wɛn〕	（17）薛〔iɛt〕、〔i̯wɛt〕
（35）蕭筱嘯〔ieu〕	
（36）宵小笑〔iɛu〕	
（37）肴巧效〔au〕	
（38）豪皓號〔ɑu〕	
（39）歌哿箇〔ɑ〕	
（40）戈果過〔uɑ〕、〔iɑ〕、〔iuɑ〕	
（41）麻馬禡〔a〕、〔wa〕、〔ia〕	
（42）陽養漾〔ɪaŋ〕、〔i̯waŋ〕	（18）藥〔iak〕、〔iwak〕
（43）唐蕩宕〔aŋ〕、〔uaŋ〕	（19）鐸〔ak〕、〔uak〕
（44）庚梗映〔ɐŋ〕、〔wɐŋ〕、〔i̯ɐŋ〕、〔i̯wɐŋ〕	（20）陌〔ɐk〕、〔wɐk〕、〔i̯ɐk〕
（45）耕耿諍〔æŋ〕、〔wæŋ〕	（21）麥〔æk〕、〔wæk〕
（46）清静勁〔iɛŋ〕、〔iwɜŋ〕	（22）昔〔iɜk〕、〔iwɜk〕
（47）青迥徑〔ieŋ〕、〔iweŋ〕	（23）錫〔iek〕、〔iwek〕
（48）蒸拯證〔iəŋ〕	（24）職〔iək〕、〔iwək〕
（49）登等嶝〔əŋ〕、〔uəŋ〕	（25）德〔ək〕、〔uək〕
（50）尤有宥〔iəu〕	
（51）侯厚候〔əu〕	
（52）幽黝幼〔iəu〕	
（53）侵寢沁〔iĕm〕	（26）緝〔iĕp〕

平上去聲	入聲
（54）覃感勘〔ɒm〕	（27）合〔ɒp〕
（55）談敢闞〔ɑm〕	（28）盍〔ɑp〕
（56）鹽琰艷〔iɛm〕	（29）葉〔iɛp〕
（57）添忝㮇〔iem〕	（30）帖〔iep〕
（58）咸豏陷〔ɐm〕	（31）洽〔ɐp〕
（59）銜檻鑒〔am〕	（32）狎〔ap〕
（60）嚴儼釅〔iɐm〕	（33）業〔iɐp〕
（61）凡範梵〔iwɐm〕	（34）乏〔iwɐp〕

上述 141 個韻母就是五六世紀漢語文學語言的韻母系統，在相當大程度上反映了當時共同語的語音實際。

4.2.3 中古音的聲調

前面説到，齊梁時期，人們發現了漢語的聲調，但四聲的調值是不太清楚的。隋代《切韻》和之後的《切韻》系韻書都有平上去入四個聲調。其中平上去三聲韻母相同，祇是音高不一，入聲則韻母和音高都不相同。這是近古音與中古音漢民族共同語聲調系統的特點。

通過《切韻》的記載和整理，漢語四聲得到普遍重視，詩人用韻也嚴格注意四聲的區別。總體來説，相對上古的舒促兩聲四類到平上去入，是上古音到中古音聲調發展的總特點。

4.3 近代音

4.3.1 近代音的聲母

近代音是指元明清時代以中原官話為基礎的漢語共同語語音系統。反映近代音的韻書主要是元代周德清《中原音韻》和明代蘭茂《韻略易通》。《中原音韻》是為指導元曲製作而編寫的一部韻書，成書於元泰定元年（1324）。此書改革歷來韻書撰作的宗旨和體例，不受《廣韻》一系韻書的束縛，而以元代北方話的實際語音為依據，直接為當時的詞曲服務。

《中原音韻》的聲母，各家看法不完全一致，我們採用向熹《簡明漢語史》中的説法，有25個聲母，分別是：幫〔p〕、滂〔pʻ〕、明〔m〕、非〔f〕、微〔v〕、端〔t〕、透〔tʻ〕、泥〔n〕、來〔l〕、照〔ʧ〕、穿〔ʧʻ〕、審〔ʃ〕、日〔ʒ〕、支〔tʂ〕、哆〔tʂʻ〕、詩〔ʂ〕、兒〔ʐ〕、精〔ts〕、清〔tsʻ〕、心〔s〕、見〔k〕、溪〔kʻ〕、曉〔x〕、疑〔ŋ〕、影〔Ø〕。

《中原音韻》25聲母的格局沒有保持多久，大約過了一百年，照〔ʧ〕、穿〔ʧʻ〕、審〔ʃ〕、日〔ʒ〕就全部變成支〔tʂ〕、哆〔tʂʻ〕、詩〔ʂ〕、兒〔ʐ〕，疑〔ŋ〕母全部變成了零聲母。成書於明英宗正統七年（1442）的《韻略易通》明確將聲母確定爲20類，用"早梅詩"表示："東風破早梅，向暖一枝開，冰雪無人見，春從天上來。""早梅詩"所代表的聲母跟現代漢語普通話聲母十分接近，祇是多了〔v〕，少了〔tɕ〕、〔tɕʻ〕、〔ɕ〕。

從中古音到近代音聲母系統的發展主要是：

一是全濁聲母的清化。中古35個聲母中有10個全濁聲母，它們是並〔b〕、奉〔v〕、定〔d〕、澄〔ɖ〕、從〔dz〕、牀〔dʒ〕、群〔g〕、邪〔z〕、禪〔ʒ〕、匣〔ɣ〕。到了元代，這些全濁聲母都消失了，變成同部位的清音聲母。演變的規律是：中古全濁聲母的塞音（並、定、群）和塞擦音（澄、從、牀），平聲變爲同部位的吐氣清音，仄聲變爲同部位的不吐氣清音；擦音無吐氣與不吐氣之分，一律變爲同部位的清擦音。

二是知、照組合流和卷舌聲母的產生。唐末以來，知、照二系的字已開始相混，到了《中原音韻》裏，知、照兩組聲母完全合而爲一了。知、照兩組聲母在現代北京話裏都讀卷舌〔tʂ〕、〔tʂʻ〕、〔ʂ〕，這是十五世紀以後發生的事。《中原音韻》裏開始出現卷舌聲母，但還處在演變的過渡階段，卷舌聲母還祇限定於部分照組字、部分日母字，以及知組中的"脈、徵、祉"三字。

三是影、喻、疑（絕大部分）歸併和零聲母范圍擴大。中古影母讀零聲母〔Ø〕，是清音；疑母讀〔ŋ〕，是次濁音；隋唐時云〔ɣj〕、以〔j〕兩個聲母，唐末合併成喻〔j〕，也是次濁音。到了十四世紀，影、喻和絕大部分疑母字都合併了。喻、疑變成零聲母的規律是：平聲變成零聲母以後都歸陽平，上聲、去聲變成零聲母後聲調不變，入聲變成零聲母後都變成去聲。

4.3.2　近代音的韻母

《中原音韻》全書共收5 866字，分19韻，各用兩個字代表：

一 東鐘	二 江陽	三 支思	四 齊微	五 魚模
六 皆來	七 真文	八 寒山	九 桓歡	十 先天
十一 蕭豪	十二 歌戈	十三 家麻	十四 車遮	十五 庚青

十六　尤侯　　十七　侵尋　　十八　監咸　　十九　廉纖

一部之中包括平、上、去聲韻字，其中平聲分爲陰、陽兩類。中古的入聲字被分別附於平、上、去聲字之後，稱作"入派三聲"，各部中的同音字之間用○隔開。

學界關於《中原音韻》的韻母一般確定爲46個：

束鍾　　[uŋ]、[iuŋ]

江陽　　[aŋ]、[uaŋ]、[iaŋ]

支思　　[i（ŋ）]

齊微　　[ei]、[i]、[uei]

魚模　　[u]、[iu]

皆來　　[ai]、[uai]、[iai]

真文　　[ən]、[uən]、[iən]、[iuən]

寒山　　[an]、[uan]、[ian]

桓歡　　[uɔn]

先天　　[iɛn]、[iuɛn]

蕭豪　　[au]、[iau]、[iɛu]

歌戈　　[o]、[uo]、[io]

家麻　　[a]、[ua]、[ia]

車遮　　[iɛ]、[ɜuɛ]

庚青　　[əŋ]、[uəŋ]、[iəŋ]、[iuəŋ]

尤侯　　[ou]、[iou]

侵尋　　[əm]、[iəm]

監咸　　[am]、[iam]

廉纖　　[iɛm]

從中古音到《中原音韻》的韻母變化主要有這樣幾個方面：

一是二呼四等變爲四呼，即"開合"變成"開齊合撮"，規律是：開口一、二等變開口韻，開口三、四等變齊齒韻，合口一、二等變合口韻，合口三、四等變撮口韻。

二是相近的韻母合併。中古同攝的韻讀音比較接近，其中一、二等韻，三、四等韻後來多數發生了合併。相近韻母的合併是中古韻母大量減少的重要原因之一。

三是[-m]尾韻變爲[-n]尾韻。《廣韻》中深、咸兩攝的韻都屬於[-m]韻尾，這類韻共有9個，在《中原音韻》中，這9韻合併成"侵尋""監咸""廉纖"3部。到明末畢拱宸《韻略彙通》中，將此3部與"真文""寒山""桓歡""先天"4部合併爲"真尋""山寒""先全"3部，這説明[m]尾已經消失。

四是入聲韻的消失。《中原音韻》中[-p]、[-t]、[-k]三個韻尾已經脱落，脱落後入聲韻變爲陰聲韻。

4.3.3 近代音的聲調

《中原音韻》的聲調，陰平、陽平（周德清於平聲中分陰陽兩類）、上聲、去聲，與現在的北京話四聲完全一致，祇是具體的歸字不同而已。關於中古的入聲字，周德清將它們分別附在平、上、去三聲之後，而未獨立爲之立類。這種情況表明中古的入聲到元代官話裏已經基本上消失，學術界多數持這種看法。但是，《中原音韻·正語作詞起例》又説："入聲派入平、上、去三聲者，以廣其押韻，爲作詞而設耳。然呼吸言語之間，還有入聲之别。"由此，有學者持元代仍存入聲的看法。

《中原音韻》所反映的漢語聲調的變化：

一是平分陰陽。即平聲分成陰平、陽平兩類。清聲變陰平，濁音變陽平。

二是濁上變去。指古代全濁上聲變爲去聲。

三是入派三聲。即入聲韻尾消失，分別派入陽平、上聲和去聲。規律是：全濁入聲變陽平，次濁入聲變去聲，清音入聲變上聲。

☆練習題

1. 閲讀《太平廣記》卷二四七"僧重公"條所引《談藪》的語料，將其翻譯成現代漢語，並分析其中所藴含的語言學内容。

　　魏使主客郎李恕聘梁，沙門重公接恕曰："向來全無菹酢腺乎！"恕父名諧，以爲犯諱，曰："短髮稀疏。"重公曰："貧道短髮是沙門種類。以君交聘二國，不辨腺諧！"重公嘗謁高祖，問曰："天子聞在外有四聲，何者爲是？"重公應聲答曰："天保寺刹中。"出逢劉孝綽，説以爲能。綽曰："何如道'天子萬福'。"

2. 閲讀《東坡全集》卷二十六中的詩作，體會其中的聲韻情況。

西山戲題武昌王居士

　　予往在武昌，西山九曲亭上有題一句"玄鴻横號黄檞峴"。九曲亭，即吳王峴山，一山皆檞葉，其旁即元結陂湖也，荷花極盛，因爲對云："皓鶴下浴紅荷湖"，坐客皆笑，同請賦此詩。

江干高居堅關扃，楗耕躬稼角掛經。

篙竿繫舸菰茭隔，笳鼓過軍鶏狗驚。

解襟顧景各箕踞，擊劍賡歌幾舉觥。

荊笄供膾愧攪聒，乾鍋更夏甘瓜羹。

3. 從上古音到中古音、從中古音到近代音，聲母系統分別有何變化？

4. 從中古音到《中原音韻》，韻母的變化主要表現在哪些方面？

5. 調查自己家鄉的方言，分析方言保留古音的例子。

5　中古近代漢語詞彙

　　中古近代漢語詞彙由上古漢語詞彙發展而來，表現出了與上古漢語詞彙不同的面貌。本章對中古近代漢語詞彙概貌、詞彙的發展、造詞方式以及古今相關研究進行介紹。

5.1　中古近代漢語詞彙概貌

5.1.1　中古近代漢語分類詞彙概貌

　　漢語詞彙隨著社會生活、經濟文化、思想觀念等各種物質文化、非物質文化的發展而發展，新詞新義不斷出現，極大地豐富了漢語詞彙的寶庫。中古近代漢語時期的各種文獻典籍記錄了這些新興的詞彙現象，成爲我們進一步了解和研究中古近代漢語詞彙的語料。

　　中古時期，社會各方面都發展迅速，漢語詞彙相應也記錄這些發展情況。例如在農業生產方面，各種耕作方式、灌溉方式、農產品加工方式等都取得不同以往的成績。賈思勰《齊民要術》就對當時農業生產作了詳細而系統的記錄。史存直《漢語史綱要》歸納出有關農作物品種有“穄、穀、黍、粱、秫、粟、稷”，“稻、水稻、早稻、粳稻”，“麥、大麥、小麥、青稞麥、宿麥、蕎麥”，“豆、菽、大豆、小豆、綠豆、綿豆”，“麻、胡麻、油麻”，“胡瓜、越瓜、冬瓜”，“茄子、瓠、芋、蔓菁、蒜、韭、葱、苜蓿、芥、芫荽、蕓薹、苣、蓼、薑、蘘荷、蕪菁、蘆菔、萵苣”等等。關於農具的名稱，西漢時已有了耦犁、縷車、人力犁等，東漢時又有了水排、翻車、渴烏、水碓等，《齊民要術》中又記錄了“勞、犁、鎺榛、鉏、基鋤、刈鐮、钊鐮、陸軸、水車、轆轤”等。關於農業作業的詞有“耕、春耕、秋耕、耦耕、初耕”，“種、春種、夏種、播種、概種、耩種、穊種、栽種”，“鋤、春鋤、劃鋤、稀鋤、耘、刬、檴、搆、棓、稻、刈、鏟、鋒、劃、薅、墾、劚、灌溉、漬、淘”等等。其中絕大部分是這一時期出現的新詞。這些詞都反映了當時農業生產技術的進步。在其他社會生產領域如手工業、醫學以及科學技術的發展等方面，莫不如此。①

又如《南齊書·謝超宗傳》載兼中丞袁彖奏劾謝超宗的一段文字：

輒攝白從王永先到臺辨問，"超宗有何罪過，詣諸貴皆有不遜言語，並依事列對"。永先列稱："主人超宗恒行來詣諸貴要，每多觸忤，言語怨懟，與張敬兒周旋，許結姻好；自敬兒死後，惋嘆忿慨。今月初詣李安民，語論'張敬兒不應死'。安民道：'敬兒書疏，墨迹炳然，卿何忽作此語？'其中多有不遜之言，小人不悉盡羅縷諳憶。"如其辭列，則與風聞符同。超宗罪自己彰，宜附常準。

方一新《東漢魏晉南北朝史書詞語箋釋·前言》指出：這段奏文中，諸如"攝"（傳訊、傳喚）、"白從"（仆役、差役）、"臺"（御史臺）、"辨問"（盤問，"辨"通"辯"）、"貴"（顯要、權貴）、"列對"（回答）、"列稱"（陳述）、"行來"（外出）、"貴要"（權貴）、"觸忤"（冒犯）、"怨懟"（怨恨、不滿）、"周旋"（交往）、"姻好"（姻親）、"惋嘆"（嘆惜）、"語論"（談論、說到）、"書疏"（書信）、"炳然"（明白的樣子）、"何忽"（爲何、何以）、"悉盡"（全部、全都）、"羅縷"（列舉、陳述）、"諳憶"（所記住的）、"辭列"（陳述）、"風聞"（傳聞）、"符同"（相符、吻合）、"附"（交給、交付）、"常準"（常法、定規）等詞語，大都是漢魏以來通行的口語詞。② 這些口語詞相當一部分是當時的法律詞語。

中古近代漢語詞彙概貌可以分類進行了解，詞彙的分類可以與促使新詞新義產生的社會文化現象的分類一致，這一方面古人已經做了不少工作。當然，不同的人對於社會文化現象的分類是不一樣的，因此反映在詞彙的分類上也不一致。這裏我們以明代陸噓雲的《世事通考》和清代翟灝的《通俗編》爲例了解一下近代漢語的詞彙概貌。

明陸噓雲《世事通考》全稱是《新刻徽郡原板諸書直音世事通考》，共二卷。下面是收入《明清俗語辭書集成》中的《世事通考》正文第一頁書影（明萬曆刊本）。③

①　史存直：《漢語史綱要》，北京：中華書局2008年版，第461－462頁。
②　方一新：《東漢魏晉南北朝史書詞語箋釋·前言》，合肥：黃山书社1997年版。
③　該書實分兩部分，一是"諸書直音"，二是"世事通考"。所謂"諸書直音"，即對經典難字用直音方式作注音，這些內容放在每一頁的上面，佔每頁五分之二的篇幅。另一部分內容即"世事通考"，記錄了當時相當一部分通用俗語詞，有的還兼有釋義，放在每一頁的下面，佔每頁五分之三的篇幅。所以，《新刻徽郡原板諸書直音世事通考》實際上是兩本書。我們這裏所討論的內容只限定於"世事通考"部分。因此我們也將該書簡稱爲《世事通考》。

新刻徽郡原板諸書直音世事通考卷之一

四書難字

徽郡散人　陸虛雲　輯
渾城書林　余雲坡　梓

○天文類

《世事通考》共分六十類：天文、地理、時令、人物、文職公署、武職公署、身體、病症、俗語、百工、商賈、釋道、農業、女工、婚姻、喪祭、數目、訟獄、花、草、竹、木、藥名、五穀、蔬菜、菓品、葷食、素食、酒名、屠宰、禽、獸、魚、蟲、馬器名色、衣冠、首飾、靴鞋、絲帛、顏色、寶貝、銀色、雜貨、船隻、宮室、木料、木器、竹器、漆器、酒器、瓷器、瓦器、石器、米器、樂器、玩器、文器、農器、鐵器、軍器。

　　從分類中可以看出《世事通考》六十類中的"俗語"所記爲通俗常言，除"俗語"類之外，餘皆爲文化類別。爲了讓讀者對該書所收詞彙概貌有一感性認識，現將"俗語"類詞語的全部條目列出（保留原書的異體字）：

　　奇異、蹺蹊、啴嘡、希罕、雷同、相似、鮮艷、嬌嫩、精緻、細膩、清趣、濟楚、雅淡、幽僻、隱秀、發誓、賭呪、折罰、貶磨、作孽、魔障、圈套、踪跡、年紀、擅自、貪婪、經手、覬覦、瞧視、覷覻、顒望、看覷、觀覽、錯愛、瞻仰、顧盼、納福、賴庇、寒暄、迪吉、虛空、玲瓏、伶仃、沉醉、酩酊、酕醄、含糊、混沌、忐忑、尷尬、魍魎、跋涉、謬言、杜絕、差訛、錯誤、認真、憑據、指實、任從、朽壞、干惹、污穢、腌臢、塵埃、糊塗、潦草、邋遢、齷齪、狼戾、滋味、氣息、馨香、腥羶、燥臭、囹圄、瑣碎、餘剩、零仗、磊落、堅牢、驚駭、嚇詐、戰栗、唆哄、輸贏、强爲、能彀、獐致、顛倒、瞌睡、鼾睡、南柯夢、黃粱夢、孔方兄、守錢虜、愛惜、保重、謹慎、將息、割捨、可惜、掃興、脫灑、沒趣、遭瘟、悔氣、遮掩、蔽隔、杳遠、窵遠、蠱惑、動輒、恰是、忒野、好歹、不堪、遜讓、莽撞、哈喇、欺瞞、堅執、應承、看承、伸頭、縮腦、抓癢、科頭、赤剝、祖裼、裸裎、跣足、穿衣、鬆鬆、瞑目、睜眼、躐腳、噘口、引領、切齒、啓口、叉手、旁邊、弦角、景致、罅隙、餔啜、貪饕、口饞、酗酒、饕餮（飱）、舐舐（舐）、行跁、立站、跑走、拂拭、虛誑、詭譎、猖狂、傴僂、仇隙、冤家、撻皮、刁蹬、放肆、無憀、舞蹈、謅嘴、了畢、煞尾、歸一、慰貼、結裹、安妥、完訖、下稍、靜寂、賣弄、辜負、噢咻、爛熳、衝撞、謦欬、試比、稽考、髣髴、企及、頗通、逃避、偶遇、奈何、忍耐、枉費、□然、儘可、險些、胡亂、將就、假使、渾是、這般、不衹、未曾、那裏、何況、渺茫、料應、諒情、畢竟、將次、幾乎、終須、陡然、驀地、恍惚、□□、元來、乍起、怎麼、搪抵、□（依？）托、央浼、投奔、流落、咱們、俺們、同輩、喒家、伊家、渠家、你們、彼此、誰何、別箇、消遣、牽罣、傷懷、恰似、儼若、恍如、倘或、頃刻、須臾、適纔、雪片、積漸、姑待、暫時、權且、悄地、臨期、登時、霎時、循例、激切、叮嚀、囑付、嘮叨、使令、阿諛、諂媚、稜秤、反悔、不測、撩略、舞嬉、耍戲、伏水、划泅、行移、勾當、來歷、行止、緣故、是非、破綻、沒意思、不覺的、下場頭、沒巴臂、不長俊、酩子裏、積陰騭、囍、潰、遞、咄。

　　清翟灝《通俗編》，共三十八卷。下面是無不宜齋刊本《通俗編》正文第一頁書影：

通俗編卷之一

天文

仁和翟灝

談天　史記孟子荀卿傳騶衍衍觀陰陽消息而作十萬餘言青載其機祥度制推而遠之至天地未生窈冥而不可考而原也騶奭亦頗採騶衍之術以紀文故齊人頌曰談天衍雕龍奭拔俗于閭取萃炳高談閭辯縣縣云談天原本於此

天然　後漢書賈逵傳通天然之明建大聖之本二字始見

天長地久　見老子上篇又張衡思元詩天長地久歲不留侯河之清祇懷憂高彪滿誠詩天長而地久人生則

通俗編　卷一　天文　一

《通俗編》三十八卷，每卷一個類別，分別是：天文、地理、時序、倫常、仕進、政治、文學、武功、儀節、祝請、品目、行事、交際、境遇、性情、身體、言笑、稱謂、神鬼、釋道、藝術、婦女、貨財、居處、服飾、器用、飲食、獸畜、禽魚、草木、俳優、數目、語辭、狀貌、聲音、雜字、故事、識餘。

為明其收詞概貌，亦列其卷一《天文》所收全部詞目（保留原書的異體字）：

談天；天然；天長地久；天生天化；天大地大；迴天之力；貪天之功；賴天；憑天；靠天；驚天動地；冥天席地；謾天謾地；謝天謝地；天有眼；天道不容；天門開；三十三天；天上天；擎天柱；破天荒；泄天機；奪天地造化；白日升天；天網恢恢；天

無絶人之路；天不奪人願；人定勝天；人難與天鬥；坐井觀天；天公篰帽大；天坍自有長子；天翻地覆；號天叫屈；呼天不聞；無天於上，無地於下；上天無路，入地無門；移天易日；有天没日；見天日；看天白日；不知天曉日晏；人初生，日初出；日出三竿；日精月華；日陽；月亮光光；鏡花水月；風花雪月；風雲月露；出賣風雲雨雪；翻雲覆雨；雲開見日；行雲流水；風流雲散；順風而呼；順風吹火；無風起浪；隨風倒舵；係風捕影；如風過耳；耳邊風；東風射馬耳；滿面春風；一齊分付與東風；衹欲東南風；東風西倒，西風東倒；風吹草動；風吹雨打；風中燭；風色；風聲；風聞；殺風景；裝風景；威風；飛風；上風下風；打頭風；鬼頭風；疾風知勁草；疾雷不及掩耳；青天飛霹靂；雷公電母；雷陣；霍閃；雨毛；留客雨；過雲雨；騎月雨；掛龍雨；雨濯；手如雨點；驟雨不終日；直待雨淋頭；風急雨落，人急客作；日出雨落，公婆相角；行得春風有夏雨；盪風冒雪；雪上加霜；如湯澆雪；擔雪填井；雪消見屍；雪中送炭；雪等伴，雪怕羞；雪開眼；鵝毛雪；赤脚雪；詐晴；掃晴娘；久雨望庚晴；望雨看天光，望雪看天黃；春雨甲子，赤地千里，夏雨甲子，乘船入市，秋雨甲子，禾頭生耳，冬雨甲子，牛羊凍死；雲行東，車馬通，雲行西，馬濺泥，雲行南，水漲潭，雲行北，好晒麥；雨打梅頭，無水飲牛；十日雨連連，高山也是田；朝霞不出門，暮霞行千里；未雨先雷，船去步歸；秋亭轆，損萬斛；烏雲接日，明朝不如今日；日没臙脂紅，無雨也有風；日出早，雨淋腦，日出晏，晒殺雁；月發彎弓，少雨多風，月如仰瓦，不求自下；乾星照濕土，來日依舊雨；霜淞打霧淞，貧兒備飯〔甕〕；南閃千年，北閃眼前；要宜麥，見三白；夾雨夾雪，無休無歇；黑猪渡天河；河射角，堪夜作；月子彎彎照九州，幾家歡樂幾家愁；閉門不管庭前月，分付梅花自主張；東邊日出西邊雨，道是無情還有情；二十亨亨，月上二更；日出卓八脚；晴乾喫猪頭，雨落喫羊頭；歇便歇，雨落還歸屋裏來；夏雨如饅頭；大都好物不堅牢，彩雲易散琉璃脆；今年自家雪裏凍殺，不知明年甚人喫大碗不托；各人自掃門前雪，莫管他家瓦上霜。

　　以上詞目是《通俗編》卷一《天文》所收錄者。需要注意的是，諸詞語中雖然都有"天"語素或詞，但"天"的語義並不相同。例如"談天"之"天"指所談者宏大如天，"天然"之"天"指"自然形成的"，"天長地久"之"天"指"日月星辰運行、四時寒暑交替、万物受其覆育的自然之体"（《漢語大詞典》"天"義項十二）等。

5.1.2　中古近代漢語特色詞彙概貌

中古近代漢語中有不少特色詞彙，這裏主要介紹市語與外來詞。

1. 市語①

所謂市語，即市井小民的口頭語言，屬於社會方言。市語的起源，至遲在唐代已見

---

① 這一部分内容主要參考王鍈：《宋元明市語匯釋》（修訂增補本），北京：中華書局 2008 年版。

諸文字記載。元稹《估客樂》："亦（或作'一'）解市頭語，便無鄉里情。"宋曾慥《類説》卷四引唐佚名《秦京雜記》："長安市人語各不同，有葫蘆語、鎖子語、紐語、練語、三摺語，通名市語。"宋代起有專門收録市語的專書，如宋汪雲程《蹴踘譜》所載《圓社錦語》，宋陳元亮編又經元人增訂的民間日用大全《事林廣記》所載《綺談市語》，明無名氏之《金陵六院市語》、《六院匯選江湖方語》，《墨娥小録》卷十四所載《行院聲嗽》等。先看兩個關於市語的具體用例：

《陽春白雪》所録王嘉甫《八聲甘州》："傾城傾國，難畫難描，窄弓弓撒道，溜刀刀淥老。"《仗义疏財》第三折："我看我撒道兒勾一尺，爪老兒墨定黑。"二例中的"撒道"是"腳"的市語。《金陵六院市語》："撒道者，腳也。"《行院聲嗽·身體》："足，撒道。""足"在元明之際已有"腳"義，故釋語不同而所指實同。明王驥德《曲律》"論訛字第三十八"："又'撒道'，北人調侃説'腳'也。湯海若（湯顯祖）《還魂記》末折'把那撒道兒搭長舌揸'，是以撒道爲嗓子也，誤甚。"這説明市語是特殊的社會方言，有的市語甚至連文學大家也不明白。

又如"孛老"一詞，《行院聲嗽·人物》："父，孛老。"這裏所謂"父"有兩種含義，一是指戲曲中扮演老父的角色；二是妓女的假父。其第二義項例如曾瑞小令《四塊玉·嘲妓家》："奴非不愛雙生俊，孛老嚴，坡撒狠，錢上緊。"張可久小令《寨兒令·妓怨》："大姆埋怨，孛老熬煎，祇爲養家錢。"王國維《古劇脚色考》："金元之際，鮑老之名分化而爲三：其扮盜賊者，謂之邦老；扮老人者，謂之孛老；扮老婦者，謂之卜兒。皆鮑老一聲之轉，故爲異名以別耳。"這裏所説的指戲曲中扮演老父的角色。龍潛庵《宋元語言詞典》"孛老"條第二義項爲"即鴇兒（妓母）"，説解誤。"孛老"與"坡撒"（指鴇兒類）、"大姆"對舉，當指妓女的假父。

市語的構成，往往用增加詞綴的辦法來構成雙音詞，因此附加式構詞法特別發達。除了"子""兒""頭"之類的詞尾是通語和市語所共有的，市語還有一些自己特有的詞綴，如"老""作""物""粗""道"等等。例如：蓋老（丈夫）、底老（妻子）、邦老（賊）、嵌老（口）、者作（賭）、便作（病）、灰作（火）、撚作（吃）、黃物（金）、白物（銀）、縑物（布）、豕物（豬）、拆道（腳）、綫道（肉）、竄道（香）、槀道（文書）、侵粗（淋）、綫粗（雞）、者粗（豬肉）、浮粗（鵝鴨）。

市語的語義構成可分爲變形與換形兩大類。變形類有析字語，如"丁不鈎"是一，"示不小"是二，"分不刀"是八等；有諧音雙關語，如"憶多嬌"是一，"耳邊風"是二，"霸陵橋"是八等；有反切語，如"勃蘭"爲盤，"突欒"爲團，"即零"爲精等；有藏頭縮腳語，如"柳青"指娘，"梁山"指伯，"踏莎"指行等。換形類則有聯想語，如"肩上"指哥哥，"肩下"指弟弟；有象形語，如"團魚"指鱉，"撒條"爲放屎；有比喻語，如"筍芽"指幼女，"踹瓢"指行船；有借代語，如"柔毛"指羊，

"紅掌"指鵝。有些市語語彙來自"通語""雅言",如稱日爲"燭龍",源於《楚辭·天問》"日安不到,燭龍何照";稱母舅爲"渭陽",源於《詩·秦風·渭陽》"我送舅氏,曰至渭陽";稱菊花爲"傲霜";稱"縣尹"爲"百里";稱珠爲"蚌胎"等均如此。另外,有的市語本身也具有很強的生命力,可以由市語變而爲"通語",如"團魚""火燒""扯淡""掃興""出神"等已成爲今天全民共同語中的一般語詞。

2. 外來詞

外來詞在上古漢語中即已見,但數量還不多。據潘允中所論,如"橐駝"(駱駝)、"生生"(猩猩),北狄語,最早見於《逸周書》;"師比"(胡人用的一種金屬帶鉤,又作犀比、鮮卑、胥紕、犀毗等),古鮮卑語;"琵琶""胭脂"(又作焉支、煙肢、燕支、胭肢、撚支),匈奴語。此外還有一些西域借詞,但主要是西漢時借進的,如"吹鞭"(古樂器名)、"猣猊、獅子"、"膜拜"、"苜蓿"、"瑠璃"、"葡萄"、"石榴"等等。東漢之後,由於漢譯佛經的需要,大量外來詞突然涌進,並深刻影響了漢語詞彙。來自佛經的外來詞主要是梵語借詞(也應包括其他種類的印度語文和其他中亞古代語言)。

中古漢語中出現並且一直沿用到現代漢語的借自佛經的借詞不少。音譯詞(括號中注明該詞其他音譯形式或非簡縮形式),如:佛(浮圖、佛圖、佛陀、佛馱)、塔(窣堵波、牽都婆)、比丘(苾芻)、比丘尼(苾芻尼)、僧(僧伽)、和尚(塢波陀耶)、沙門(桑門、喪門)、優婆塞(伊蒲塞)、優婆夷(優波夷)、菩薩(菩提薩埵)、羅漢(阿羅漢)、蘭若(阿蘭若)、伽藍(僧伽藍摩)、刹、閻羅(閻羅王)、魔(魔羅)、夜叉(藥叉、夜乞叉)、劫(劫簸、劫波)、刹那、三昧(三摩地、三摩提)、涅盤(泥洹)等等。意譯詞,如:平等、現在、過去、未來、轉變、變相、相應、慈悲、因緣、因果、結果、法門、法寶、法業(音譯爲"羯磨")、信心、信仰、導師、煩惱、圓滿、輪回、方便、究竟、世界。另外還有半音半意的(音譯形式的簡省再加上意譯),如彼岸(波羅蜜+岸)、懺悔(懺摩+悔)、鉢盂(鉢多羅+盂)。[①]

漢語詞彙中,往往以所借的詞作爲單音節語素,以之爲基礎而形成雙音詞,這類詞數量不少。例如以"魔"爲語素的詞就有一大批。請參見本書緒論部分"古白話形成的社會文化原因"中關於佛教文化對漢語詞彙的影響的相關敍述。

近代漢語時期,外來詞數量繼續增加,尤以元明戲曲爲最。這一時期的外來詞主要來自北方諸民族的語言。據蔣冀騁等《近代漢語綱要》:有源自契丹語的,例如:"曳刺"(兵卒),《元曲選·虎頭牌》:"今番又着人去,不來時,直着幾個關西曳刺,將元帥府印信文書勾去,不怕他不來。""撒刺"(一種酒樽),《遼史·耶律斜涅赤傳》:"耶律斜涅赤,字撒刺。……始字鐸盌,早隸太祖幕下,嘗有疾,賜樽酒飲而愈。遼言

---

① 潘允中:《漢語詞彙史概要》,上海:上海古籍出版社1989年版,第120-140頁。

酒樽曰撒剌，故詔易字焉。”“朝定”（朋友），《契丹國志》卷一：“七月，唐遣姚坤如契丹告哀。太祖聞之慟哭曰：‘我朝定兒也。’”原注：“朝定，猶華言朋友也。”字又作“朝庭”，《王梵志詩》：“朝庭數十人，平章共博戲。”有源自女真語的，例如：“阿媽”（父），《元曲選·五侯宴》：“今已得勝回營，比及見老阿媽，先見我阿媽走一遭去。”今滿族人猶沿此稱。“阿者”（母親），《元曲選外編·拜月亭》：“阿者，我這般沒亂荒張到那裏？”“撒敦”（親戚），《元曲選·虎頭牌》：“我也曾吹彈那管弦，快活了萬千，可便是大拜門撒敦家的筵宴。”張福成《女真譯語》：“撒敦，親戚。”“撒敦”據方齡貴考證則爲蒙古語，可能是同源通用。①

　　近代漢語時期的外來詞以源自蒙古語的最多。方齡貴《古典戲曲外來語考釋詞典》考釋元明清戲曲中的蒙古語詞數百條，茲據舉數例。“把都兒”，義爲勇士，元馬致遠《漢宮秋》：“把都兒！將毛延壽拿下，解送漢朝處治。”“虎兒赤”，義爲奏樂者，元王實甫《西廂記》：“左右將酒來，老丞相，滿飲一杯，一壁廂虎兒赤那都着與我動樂者。”“虎剌孩”，義爲盜賊，元無名氏《陳州糶米》：“你這個虎剌孩作死也，你的銀子又少，怎敢罵我？”“搭襪”，義爲襪子或皮襪，元武漢臣《生金閣》：“孩兒吃下這杯酒去，又與你添了一件綿搭襪麼。”“站、站赤”，即驛站，元楊景賢《西遊記》：“離了長安，於路有站。如今無了馬站，祇有牛站，近日這牛站也少，到化外邊境，向前去，不知甚麼站。”“窩脫”，又作“斡脫”，有三義，其一是元代一種官商，“轉運官錢，散本求利之名”，元無名氏《貨郎擔》：“我死後你去催趲窩脫銀，就跟尋你那父親去咱。”“撒和”，義爲以草料飼驢馬，元無名氏《來生債》：“我清早起來……打了羅又要洗麩，洗了麩又要撒和頭口。”“那顏”，義爲官人、領主，《宋大將岳飛精忠》劇：“那顏瘸着腿，小番耳又聾。”“五裂箋迭”，義爲不知、不管，《哭存孝》：“我五裂箋迭。”②

　　清代郝懿行《證俗文》，其中卷十八以收錄異族語言詞語爲主，卷十九以收佛教詞語爲主，因而頗多外來詞（包括音譯詞與意譯詞）。下面是卷十八與卷十九首頁書影（光緒十年曬書堂刊本）：

---

① 蔣冀騁、吳福祥：《近代漢語綱要》，長沙：湖南教育出版社1997年版，第194－197頁。
② 方齡貴：《古典戲曲外來語考釋詞典》，上海：漢語大詞典出版社、昆明：雲南大學出版社2001年版。

證俗文

第十八　　　　　　　　　　　　　　　樓霞郝懿行著

單于姓虛連鞮　後漢書南匈奴傳

一曰姓攣鞮氏其國稱之曰撐犂孤塗單于匈奴謂天為撐犂謂子為孤塗單于者廣大之貌也謂其象天單于然也何奴謂賢曰屠耆

案單于匈奴傳

孝曰若鞮注匈奴謂孝曰若鞮注漢帝諡南匈奴傳南匈奴傳自集眭時連切音鞮漢親密見若鞮之至其子復株絫單于以下皆稱若鞮單于與漢親密見若鞮自呼韓邪單于降後

單于比以下妻曰閼氏匈奴傳注師古曰閼音於連反氏音於連反氏音奴直稱鞮也單于比以下妻曰閼氏皇后號也閼音於連反氏音奴

證俗文

第十九

棲霞郝懿行著

浮屠佛也西域天竺國有佛道爲佛者漢言覺也將以

覺悟羣生也其教也以修善慈心爲主不殺生專務

清淨其精者爲抄門沙門漢言息也葢慮意者欲歸

於無爲 靈宏漢紀見後漢 楚王英傳注

菩提薩埵言覺有情也從簡稱菩薩 柳子厚無姓和尚碑注佛書云菩

普也薩濟也能普濟眾生言了也薩之爲言見也謂 釋典綱目集覽菩之爲

這兩卷衹有中古近代漢語文獻書證而未明確標出詞目，爲明其收詞的總體情況，現爬梳整理卷十八和卷十九書證，從中找出全部詞目，分述於下：

卷十八：單于、虚連鞮、攣鞮氏、撑犂孤塗、撑犂、孤塗、屠耆、若鞮、鞮、閼氏、可敦單于、可汗、可敦、祁連、付泥、空措泥、失禄楷泥、浮泥、屑金、火敦、固麻、檐魯、哀牢夷、烏蠻、蒙巂詔、越析詔、摩步詔、浪穹詔、邆睒詔、施浪詔、蒙舍詔、詔、哀牢、九隆、沙壹、蘭干、槃瓠、精夫、峡徒、獠獟、阿暮、阿段、阿夷、阿等、郎火、火、婆、公、牂牁、鬼王、羅殿、俚人、張游、州洞、同發遣、權發遣、主户、提陀、田子、男丁、馬前牌、洞丁、媚娘、繡面、出宋、交阯、馬加、牛加、狗加、迎鼓、高句驪、相加、對盧、沛者、古雛加、主簿、優台丞、使者、帛衣先人、東盟、隧神、大加主簿、小加、溝漊、濊、沃沮、句驪、馬韓、辰韓、弁辰馬韓、臣智、儉側、樊秖、殺奚、邑借、倭、邪馬臺、伊都國、爾支、泄謨觚、柄渠觚、奴國、兕馬觚、琉球、額膩、喀難、安知、倭捕煞、彌煞、呀噶煞、十六煞、會耕噶、會南宫、蛙藍璧、倭呀、米小利、安班、薩几、優噠煞、挖煞、威帝、殷帝、高麗、苦苦苦、軋、孰、漢、没、烏没熟、泥根没、時根没、京裏、大小、皇帝、曚、瞎、老爺、朝廷、流官、趕場、索、竿兒酒、歹雞、同年、跳月、老虎、翕陸連、窟速吾、渾犯剌、吾悞竭腦兒、白狼王唐菆、蘭倉、岑陬、軍須靡、昆莫、獵驕靡、昆彌、驢非驢馬非馬、烏秅、縣度、灩澦、烏弋山離國、條支、桃拔、安息、書記、天竺、身毒、佛、浮圖、羌人、無弋、彡姐、唐述、帳、耨達兀兒火敦、崑崙、悶磨黎山、阿耨達山、吐蕃、朵甘思、火敦、腦兒、殑伽河、縛芻河、徙多河、中國河、突厥、金山、契丹、梟羅箇没里、捺鉢、攔子軍、金叜、頭魚宴、雅魯、若統、鐵攧嵩、勃極烈、諳版勃極烈、國論勃極烈、胡魯勃極烈、斡里朵、阿胡迭、骨赧、蒲陽温、按答海、散亦孛奇、撒答、阿里孫、胡魯剌、阿合、兀术、粘罕、界可、吾亦可、盤里合將、謾都訶、謀良虎、辭不失、奴申和、訛出虎、賽里安、迪古乃、撒八、忽都、阿息保、兀帶、物象兀典、阿鄰、阿懶、魯忒鄰、沙忽帶、斡論生、闍母、斜烈、婆盧、按春、銀术可、蒲盧渾、阿里虎、活女、沙剌、胡剌、桓端、阿虎里、孰輦、活里罕、合喜、訛古乃、斜哥貂、阿山、窩謀罕、完顔、烏古論、紇古烈、徒單、女奚烈、兀顔、蒲察、顔盞、温迪罕、石抹、奥屯、孛术魯、移剌、斡勒、納剌、裴滿、尼忙古、斡准、阿典、阿里侃、吾魯、抹顔、撒答、呵不哈、雨林、僕散、术虎、古里甲、蒙古、女真、怯薛、博爾忽、博爾术、木華黎、赤老温、阿蘿主、路裏彩、吐嚕、歹、押不盧、肉屏、鐵立、八八、鮮卑、徐偃王、西王母、雨師妾、丈夫國、女子國、姑妹珍、母兒、八百媳婦。

卷十九：浮屠、佛、沙門、菩提薩、菩薩、桑門、比丘、僧伽藍、僧伽、阿蘭若、伊蒲塞、優婆塞、近住、耶須、婆利耶、阿摩、蘇弗室利、駝索迦、薜荔、那伽、竭伽、伽那、頻伽、諸趣、蘇伐羅、阿路巴、耆婆、貧婆、優婆塞、婆娑、頻婆、般若、波羅密、波若、團墮、儐茶波、濱茶夜、鮮渠、上沮、伊犁沙掌拿、阿耨多羅阿、耨多羅、蘭奢、震旦、吃栗多、底栗多。

從上述詞目可以看出歷代典籍中的外來詞概貌。

明代之後，隨著西方文明的傳入，西方政治、思想、文化、科技等方面的外來詞（主要是日語外來詞和印歐語外來詞）也開始產生。但在清代初年之前，即近代漢語階段，這類外來詞的數量還不多。大規模的外來詞產生是在清代的洋務運動之後。

5.2　中古近代漢語詞彙的發展

5.2.1　中古近代漢語新詞的發展

漢語詞彙的發展，有一個從上古漢語中以單音詞爲主到中古近代漢語中以複音詞爲主的發展趨勢。

中古時期，口語迅速發展，單音詞詞彙進一步豐富，複音詞（其中又以雙音詞爲主）更是大量產生，大批新詞新義涌現，漢語詞彙與過去相比幾乎煥然一新。西漢司馬遷作《史記》，在引用《尚書》時，因其詞彙與漢代口語相距甚遠，常改作漢語通行語言進行敍述。東漢之後，這種情況更加明顯。

晉代郭璞爲《爾雅》作注，有意使用中古漢語中新興的複音詞。以《爾雅·釋詁》爲例："舒、業、順、敍，緒也。"郭注："四者又爲端緒。"端緒，義爲頭緒。"故、郃、盍、翕、仇、偶、妃、匹、會，合也。"郭注："皆謂對合也。"對合，即相對、相合之義。"妃、合、會，對也。"郭璞注："皆相當對。"當對，即對等、匹敵。"隕、殞、湮、下、降、墜、摽、蘦，落也。"郭注："殞猶隕也，方俗語有輕重耳；湮，沉落也。"沉落，墜落。計《爾雅·釋詁》郭注中的雙音詞共29條，其中郭注沿用上古漢語中已產生的詞10條：勉強、選擇、功業、功勞、安靜、易直、險難、禦正、新近、死亡；郭注沿用漢代新詞的6條：端緒、摩近、遭遇、遷徙、遊息、隨從；採用晉代新詞的有11條：當對、逃竄、沉落、高大、豐盛、感思、弛放、臻至、靜定、贊勉、延易；郭注採用晉代新義的2條：對合、彌離。由此可見《爾雅·釋詁》中的郭注記錄了相當多的中古漢語雙音詞，也可以看出中古漢語中複音詞的規模。

近代漢語時期的新詞承中古以更大規模更快速度繼續出現，我們通過第二章的文獻選讀已經能深切體會到這一點。再以《清平山堂話本》爲例。該書彙集的小說有宋、元、明三代作品，明代洪楩編輯時沒有任意修改，基本保留了嘉靖時代話本的面貌。從漢語詞彙史研究的角度來説，《清平山堂話本》保存了大量的宋元明時代的俗語詞，如果以當前最爲權威的《漢語大詞典》作爲參照，可以發現有許多詞語或某一義項是第一次出現在漢語詞彙史上。例如：挨肩擦背、安歇、不識竅、觸桶、打當、打底、打交、打招、大通、擔仗、點茶、耳光、放意、奉呈、告理、供招、骨槽風、關領、黑早、哄哄、後生家、話文、化緣、荒張失勢、闍略、火囤、火家、家間、焦噪（焦皂）、嚼舌嚼黃、叫名、機扣、計掛、净褂、可耐、老蟲、老人家、連近、聯手、零利、漏風掌、滿堂紅、門公、篋筐、明正、鬧叢叢、鬧烘烘、弄嘴、排害、盤弄、抛聲衒俏、辟然、匹頭、撲簌簌、旗鼓、乞丐、錢紙、喬家公、喬模喬樣、且住、清楚、清清、情拷、趣味、惹、三茶六飯、三好兩怯、三上五落、三湯兩割、散旦、沙模兒、上行首、稍工、稍人、燒賣、少可、深粹、失張失志、事故、書會、水性、説不得、司公、廝撲、隨身燈、唆調、討分曉、添妝、甜鞋净褂、天行時氣、調理、頭由、腿花、託大、外日、完飯、頑皮、晚西、晚些、問一答十、問十道百、窩窩凹凹、五量店、笑要頭回、歇歇、行病、養身、一官半職、一管、一迷、姨婆、姨姨、應成、這等、這們、知寺、坐牀。以上所舉諸詞，除少數是新義外，大多是新詞，反映了近代漢語時期漢語詞彙的發展狀況。

5.2.2　中古近代漢語新義的發展

漢語詞義演變的途徑包括：引申，擴大和縮小，義位間聚合或組合關係的影響（同步引申、相因生義、詞義沾染①），縮略，語用推理，語法化，語境吸收。② 限於課時與本課程的入門性質，這裏舉幾個引申的例子，其他内容可以研讀學界已有的相關論著。

關於"悵怏"的詞義討論：

《説文·心部》："悵，望恨也。" 段注："望其還而不至爲恨也。"《玉篇·心部》："悵，惆悵失志也。" 乃失意、失望之義。《説文·心部》："怏，不服懟也。" 乃不滿、不服之義。又《廣韻·養韻》："怏，怏悵也。" 又《廣韻·漾韻》："怏，情不足也。""悵怏" 連用，卻不是二者合用之義，而是"痛苦"義。中古佛經中的用例：

東晉法顯譯《佛説大般泥洹經》卷六："爾時天人及諸衆生種種雜類，各異音聲，内懷悲感，哀聲動地。與純陀俱供佛及僧，奉施最後檀波羅蜜。……純陀長者住於佛前，憂悲悵怏，重白佛言：唯願世尊猶可哀滑，住壽一劫，若過一劫。"（12/896/a）③ "悵怏" 爲痛苦義。這是純陀於佛涅槃前求佛再住世間一劫的痛苦請求。

北涼曇無讖譯《佛所行贊》卷二："車匿與白馬，悵怏行不前。問事不能答，遲遲若屍行。衆見車匿還，不見釋王子。舉聲大號泣，如棄羅摩還。"（04/14/b）

---

① 詞義沾染，又稱"組合同化"。
② 蔣紹愚：《漢語歷史詞彙學概要》，北京：商務印書館 2015 年版，第 177 – 229 頁。
③ 所引佛經據中華電子佛典協會 CBETA 電子版並復核紙質版，下同。

此例有學者釋義："悵怏：憂傷。悵，愁苦；怏，不滿意。"① 按，此注近是而未確。此述太子出家，車匿勸阻不得，痛苦而還。"悵怏"當爲痛苦義。本引文之前的內容——《佛所行讚》卷二《合宮憂悲品第八》："車匿牽馬還，望絕心悲塞。隨路號泣行，不能自開割。先與太子俱，一宿之徑路。今舍太子還，生奪天蔭故。徘徊心顧戀，八日乃至城。"（04/14/a–b）所謂"望絕心悲塞""隨路號泣行，不能自開割"正是痛苦的真實寫照。

《佛所行讚》卷五《離車辭別品第二十四》也有相同的用法："如來善安慰，割情而長辭。制心忍悲戀，如菱迦尼花。徘徊而遲遲，悵怏隨路行。如人喪其親，葬畢長訣還。"（04/45/a）

相同的用法亦見於其他佛典：隋闍那崛多譯《四童子三昧經》卷上："如是無量千億衆生淚墮如雨，長歔嘆息絕而復穌。或合爪掌，涕淚交流而復號哭；或以右手揾頭涕淚，低頓躄地而大號哭；或以左手扣頭悵怏，憂火所燒而大號哭；或身體萎悴，宛轉煩憊而大號哭；或擲兩手，面失本色，迷悶哽塞而大號哭。"（12/930/c）這裏寫的也是佛涅槃前的衆生痛苦相。

"悵怏"並非通常之"惆悵不樂"義，而是"痛苦"義。該詞義引申方式與"惆悵"相同（"惆悵"由憂傷失意義引申爲痛恨、痛苦義）②，有一個程度上的由輕到重的引申過程。"悵怏"的"痛苦"義亦當由"憂傷"義引申而來，此詞義在辭書中當另立一義項。

關於"急"的詞義討論：

"急"，《説文·心部》："急，褊也。"段注："褊者，衣小也，故凡窄陋謂之褊。《釋言》曰：'褊，急也。'"引申義甚多。"衣小"給人的心理感覺是"緊"，故引申義中有"緊"義（心理上覺得緊迫局促）。《素問·通評虛實論》："喘鳴肩息者，脉實大也，緩則生，急則死。"《三國志·魏志·吕布傳》："遂生縛布。布曰：'縛太急，小緩之。'太祖曰：'縛虎不得不急也。'"這些語境中的"緊"義都是心理上的感覺。《齊民要術·種桃奈第三十四》："桃性皮急，四年以上，宜以刀豎劙其皮。""皮急"即"皮緊"，主觀上是人感覺其皮緊，客觀上則可描述爲皮堅。

佛經中有"持……急"的短語結構：

① 孫昌武編注：《漢譯佛典翻譯文學選》，天津：南開大學出版社2005年版，第62頁。
② 參見曾昭聰：《中古佛經釋詞四則》，《語言研究》2003年第3期。

舊題吴康僧會譯《舊雜譬喻經》卷上：“昔有國王，持婦女急。”（04/514/a）①

又，“昔有一女行嫡人，諸女共送，於樓上飲食相娛樂。橘子墮地，諸女共觀。誰敢下取得橘來，當共爲作飲食。當嫁女便下樓，見一童子已取橘去。女言：童子，以橘相與。童子曰：汝臨嫁時先至我許，我還橘；不爾，不相與。女言：諾。童子便與橘。女得持還，衆人共作飲食。送女至夫所。女言：我有重誓，願先見童子，還爲卿婦。夫便放去。出城逢賊。女向賊求哀：我有重誓當解。賊放去。適前逢噉人鬼，女叩頭願乞解誓。鬼放去。到童子門，請前坐。童子不干。爲設飲食，以私金一餅送之。師曰：如是夫、賊、鬼、童子，四人皆善。雖爾，意有所在。或有言夫勝者，爲持婦急；言賊勝者，爲持財物急；言鬼勝者，爲持飲食急；言童子勝者，爲謙謙也”。（04/515/a−b）

宋沮渠京聲譯《佛説耶祇經》：“前後左右，皆諸鬼神，競來分裂其肉。如是，耶祇眼目臭咜，面如土色，自然之火燒其身。求生不得，求死不得。鬼神持之甚急。”（14/829/b）

唐湛然述《止觀輔行傳弘決》卷八：“佛因爲阿蘭若比丘七十二患，説修阿那般那法。外惡聲觸内心根，四百四病脉持心急故，一時動亂，風力強，故一時入口。”（46/400/a）

按，“持”有守義，《左傳·昭公十九年》：“楚不在諸侯矣，其僅自完也，以持其世而已。”楊伯峻注：“持，守也，保也。”《吕氏春秋·慎大》：“勝非其難者也，持之其難者也。”高誘注：“持，猶守。”“急”，上文已説到它有“緊”義，故“持……急”當釋作“看管……很緊”或“把……看得很重”。第一例“持婦女急”，婦女指正夫人，“持婦女急”指把夫人看得太緊，使其不得自由，所以下文才有正夫人擅自出遊之事。第二例故事頗詳，“持婦急”“持財物急”“持飲食急”，其義相同。《佛説耶祇經》“持之甚急”也指看管很緊。《止觀輔行傳弘決》一例，“持心急”謂四百四病脉久蘊於心，其義略同。

關於“目”的詞義討論：

《説文·目部》：“目，人眼。”引申可指“目光”，動詞用法則有“看”義。跟中古品評之風相關，又引申出“品評”義：

《世説新語·言語》：“桓征西治江陵城甚麗，會賓僚出江津望之，云：‘若能目此

---

① 據考證，《舊雜譬喻經》的譯者並非吴康僧會，而應是三國前後的另一譯者。參曹廣順、遇笑容：《從語言的角度看某些早譯經的翻譯年代問題——以〈舊雜譬喻經〉爲例》，《漢語史研究集刊》（第三輯），成都：巴蜀書社 2000 年版。賈君芳、何洪峰認爲譯者應在漢代之後晉代之前，詳賈君芳、何洪峰：《從介詞角度看〈六度集經〉與〈舊雜譬喻經〉的翻譯時代》，《寧夏大學學報》（人文社會科學版）2016 年第 4 期。

城者，有賞。'顧長康時爲客在坐，目曰：'遙望層城，丹樓如霞。'"

《世說新語‧賞譽》："世目李元禮：'謖謖如勁松下風。'"

《世說新語‧賞譽》："武元夏目裴、王曰：'戎尚約，楷清通。'"

《世說新語‧賞譽》："世目杜弘治標鮮，季野穆少。"

《三國志‧魏志‧孫資傳》："及咸熙中，開建五等，以放、資著勳前朝，改封正方城子，宏離石子。"[1] 裴松之注："案《孫氏譜》：宏爲南陽太守。宏子楚，字子荊。《晉陽秋》曰：楚鄉人王濟，豪俊公子也，爲本州大中正。訪問闐求楚品狀，濟曰：'此人非卿所能名。'自狀之曰：'天才英博，亮拔不群。'"《晉書‧孫楚傳》作"此人非卿所能目，吾自爲之"。

5.3　中古近代漢語的造詞方式

"造詞法和構詞法是兩個不同的概念，構詞法是從共時平面分析詞的結構，造詞法是從歷時的角度考察詞的形成。"[2] 中古近代漢語中的造詞方式主要包括字形造詞、語音造詞、語法造詞、修辭造詞、結構造詞五大類。下面分類舉例。

5.3.1　字形造詞

字形造詞即通過拆分漢字形體以造詞。

白話文獻中常有拆字遊戲，例如：

宋黃庭堅《兩同心》："你共人，女邊著子，爭知我，門裏挑心。"

明洪楩《清平山堂話本‧刎頸鴛鴦會》："再說秉中已回，張二官又到。本婦便害些'木邊之目'，'田下之心'。"又："次夜如前，正遇本婦，怪問如何爽約，挨身相就，止做得個呂字兒而散。"

《西廂記》五本三折："君瑞是個肖字這壁著個立人，你是個木寸馬户屍巾。"

《金瓶梅詞話》第八十三回："金蓮每日難挨繡幃孤枕，怎禁晝閣淒涼？未免害些木邊之目，田下之心，脂粉懶勻，茶飯頓減，帶圍寬腿，慊慊瘦損。"又九十八回："這韓愛姐兒見濟一去數十日不見來，心中思想，挨一日似三秋，盼一夜如半夏，未免害'木邊之目，田下之心'。"

---

① 《三國志》此引文之上文："嘉平二年，[劉] 放薨，謚曰敬侯。子正嗣。""[孫] 資……三年薨，謚曰貞侯。子宏嗣。"

② 蔣紹愚：《漢語歷史詞彙學概要》，北京：商務印書館 2015 年版，第 66 頁。

　　用這種形式造出來的"詞"多爲臨時造成，僅少數字形造詞流通範圍較廣。相對來說，市語中的字形造詞數量較多，用得也多一些（但畢竟是社會行業語，其範圍比全民通用語又要小很多了）。市語中的"析字類"實即字形造詞，例如：

　　丁不鈎：一；示不小：二；王不直：三；罪不非：四；吾不口：五；交不父：六；皂不白：七；分不刀：八；馗不首：九；針不金：十；十八公：松；不正：歪皮；動行：歪；叟氏：嫂。①

5.3.2　語音造詞

　　語音造詞包括擬聲詞、疊音詞、連綿詞與反切合音詞等。例如：

　　【鼕鼕】唐顧況《公子行》："朝遊鼕鼕鼓聲發，暮遊鼕鼕鼓聲絕。"《新唐書·馬周傳》："先是，京師晨暮傳呼以警衆，後置鼓代之，俗曰'鼕鼕鼓'。"《清平山堂話本·柳耆卿詩酒玩江樓記》："番身落水尋不見，則聽得採蓮船上，鼓打撲鼕鼕。"

　　【騰騰】清梁同書《直語補證》"焢焢"條："《廣韻》'焢'字下引《字林》。按，《詩》'蘊隆蟲蟲'，徐仙民音徒冬反。韓詩作'焢焢'，則'焢焢'甚古也。"

　　按，《詩·大雅·雲漢》："旱既太甚，蘊隆蟲蟲。"毛傳："蟲蟲而熱。"即灼熱貌。或作"焢焢"。唐陸德明釋文："蟲蟲……《韓詩》作'焢'，音徒冬反。"王先謙集疏："《衆經音義》四引《埤蒼》：'焢焢，熱貌也。'《廣韻》：'焢，熱氣焢焢。''焢'與'蟲'皆徒冬反，故通用。"又，《爾雅·釋訓》作"爞爞"："爞爞、炎炎，薰也。"郭注："皆旱熱薰炙人。""爞爞"用例：唐李復言《續玄怪録·李嶽州》："旁有賣糕者，其氣爞爞。""蟲蟲"用例：宋王安石《酬王濬賢良松泉二詩·泉》："蟲蟲夏秋百源乾，抱甕復道愁蹣跚。""焢"的異體字作"燑"，因之"焢焢"又可寫作"燑燑"：前蜀杜光庭《神仙感遇傳·維揚十友》："既撒油𩵀，氣燑燑然尚未可辨。"

　　按"焢""蟲""爞"諸字徒冬切，到近代漢語中，音徒登切的"騰"與之有相混的趨勢，因之又音轉出現異形詞"騰騰"，《廣韻》中的"熱氣焢焢"也變成了"熱氣騰騰"，《漢語大詞典》録有"殺氣騰騰""怨氣騰騰""怒火騰騰"等諸多用例。例如《前漢書平話》卷上："戰塵鬱鬱，殺氣騰騰。"明梁辰魚《浣紗記·吳刎》："你看怨氣騰騰入九霄，堪笑夫差也祇這遭。"

　　【吺誻】明陳士元《俚言解》卷一"吺誻"條："言語煩瑣謂之吺誻，音兜答。

① 例據王鍈：《宋元明市語匯釋·前言》（修訂增補本），北京：中華書局2008年版。

《集韻》注：'多言也。'……"又可寫作"兜答"。《清平山堂話本·快嘴李翠蓮記》："打緊她公公難理會，不比等閒的，婆婆又兜答，人家又大，伯伯、姆姆，手下許多人，如何是好？"

又可作"兜搭"，參曾良《明清通俗小說語彙研究》"兜搭"條。①

【鯽溜】明陳士元《俚言解》卷一"鯽溜"條："稱敏快曰鯽溜。唐盧仝詩：不鯽溜鈍漢。"清顧張思《土風錄》卷十"鯽潽"條："《西湖志》：余杭人有以二字反切一字以成聲，如鯽潽爲秀是也。則鯽潽即伶俐之意。吳梅村《詠涼枕》詞：眼多唧潽爲知音。作唧潽。"

按，上海古籍出版社影印揚州詩局本《全唐詩》卷三八八載盧仝詩《揚州送伯齡過江》詩作"唧溜"。《漢語大詞典》"鯽溜"條："敏捷；機靈。"舉二例：宋宋祁《宋景文公筆記·釋俗》："孫炎作反切語，本出於俚俗常言尚數百種。故謂'就'爲鯽溜，凡人不慧者，即曰不鯽溜。"（《土風錄》"鯽潽爲秀"不確。）袁枚《隨園隨筆·方言與今不同》引明田汝成《委巷叢談》："杭人謂快速爲鯽溜。"除了"唧溜"與"鯽溜"，還有其他寫法。顧之川《明代漢語詞彙研究》說到"即溜"又寫作"湒溜""鯽溜""唧嚠""唧溜"②。按宋祁引孫炎的說法，以爲"鯽溜"是"就"的反切語。

反切合音詞，除了上引《宋景文公筆記》，還有一些。例如宋洪邁《容齋三筆》卷十六"切脚語"條："世人語音有以切脚而稱者，亦間見之於書史中。如以'蓬'爲'勃籠'、'槃'爲'勃闌'、'鐸'爲'突落'、'叵'爲'不可'、'團'爲'突巒'、'鉦'爲'丁寧'、'頂'爲'滴顁'、'角'爲'矻落'、'蒲'爲'勃盧'、'精'爲'即零'、'螳'爲'突郎'、'諸'爲'之乎'、'旁'爲'步廊'、'茨'爲'蒺藜'、'圈'爲'屈攣'、'錮'爲'骨露'、'窠'爲'窟駝'是也。"

5.3.3 語法造詞

參照王雲路《漢魏六朝詩歌語言論稿》③ 等論著，分別舉例介紹。

---

① 曾良：《明清通俗小說語彙研究》，南昌：江西教育出版社 2009 年版，第 328 頁。《俚言解》卷一"哾諸"條："言語煩瑣謂之哾諸，音兜答。《集韻》注：'多言也。'又，行事纏繞曰哾搭，言其不斷截也。夷人之服名氃氋，亦音兜答。《藝林伐山》謂：'今人稱性劣者爲氃氋，又云'此語不可解'。余謂《藝林伐山》豈以音同而誤耶？"按，哾諸、哾搭、氃氋，語音相同相近，意義相關，是一組同源詞。"哾諸"是言語煩瑣；"哾搭"是行事纏繞；"氃氋"是夷人之服，多裝飾佩件等（引申指人性劣）。均有繁多義。《藝林伐山》稱"今人稱性劣者爲氃氋"，"不可解"，其實並非"氃氋"誤記而音同致誤，而是未意識到詞義引申。

② 顧之川：《明代漢語詞彙研究》，開封：河南大學出版社 2000 年版，第 225 頁。

③ 王雲路：《漢魏六朝詩歌語言論稿》，西安：陝西人民教育出版社 1997 年版。

其一，并列式。同義或近義的兩個單音詞經常連用，從而成爲一個新詞，這是一種最能產的構詞方式，也是雙音詞中比例較大的一部分。例如：

【忽忘】即忘記。《史記·魏其武安侯列傳》："武安愕，謝曰：'吾昨日醉，忽忘與仲孺言。'"《漢書·張禹傳》："上報曰：'朕以幼年執政，萬機懼失其中，君以道德爲師，故委國政。君何疑而數乞骸骨，忽忘雅素，欲避流言？朕無聞焉。'"魏王粲詩（無標題）："白日已西邁，歡樂忽忘歸。"晉湛方生《還都帆》："寤言賦新詩，忽忘羈客情。"

按，《說文·心部》："忽，忘也。"

【恒長】【恒常】即長久，常常。梁《橫吹曲辭·紫騮馬歌》："獨柯不成樹，獨樹不成林。念郎錦褊襠，恒長不忘心。"北周庾信《看舞》："鸞回不假學，鳳舉自相關。到嫌衫袖廣，恒長礙舉鬟。"北周楊文佑《爲周宣帝歌》："朝亦醉，暮亦醉，日日恒常醉，政事日無次。"

【親交】即親友。漢《樂府古辭·上留田行》："里中有啼兒，類似親父子。回車問啼兒，慷慨不可止。""父"是"交"字殘文。又《善哉行》："親交在門，飢不及食。"又《病婦行》："閉門塞牖，捨孤兒到市。道逢親交，泣坐不能起。"魏曹植《贈徐幹》："親交義在敦，申章復何言。"

按，"交"爲"友"義，如《病婦行》："對交啼泣，淚不可止。我欲不傷悲不能已，探懷中錢授持交。"

其二，附加式。中古時期出現了一批構詞能力很強的詞綴，例如：

【當】《世說新語·雅量》："人有詣祖，見料視財物，客至，屏當未盡，餘兩小簏，著背後，傾身障之。"

按，屏當，義爲收拾、清理，由隱藏、遮蔽義引申而來。又作摒擋、併當、併譡、併擋、拼擋。"當"作詞綴，中古漢語還構成：知當、勘當、配當、般當、斷當、勾當、了當。

【將】《世說新語·文學》："劉真長與殷淵源談，劉理如小屈，殷曰：惡！卿不欲作將善雲梯仰攻？"

按，"將"作助詞，用在動詞之後，有的表示動作的完成或實現，有的表示動作的持續，有時僅相當於一個詞綴。作詞綴的例子還有：送將、奪將、騎將。

【行】《論衡·知實》："孔子知五經，門人從之學，當復行問以爲人法，何故專口授弟子乎？"

按，"行"作動詞，意義較爲抽象，容易虛化爲詞綴，又如：行見、行起、行飄、行劫、行計、行戲、行尋、行哭、行啼。

【馨】《世説新語·文學》："殷中軍嘗至劉尹所，清言良久，殷理小屈，遊辭不已，劉亦不復答。殷去後，乃云：'田舍兒强學人作爾馨語！'"

按，"爾馨"猶言"這樣的話"。又有"如馨"，《世説新語·容止》注引《語林》："王仲祖有好儀形，每覽鏡自照，曰：'王文開那生如馨兒！'""寧馨"，《晉書·王衍傳》："（王衍）神情明秀，風姿詳雅。總角嘗造山濤，濤嗟嘆良久，既去，目而送之曰：'何物老嫗，生寧馨兒！'"唐代音變爲"生"。李白《戲贈杜甫》："借問別來太瘦生，總爲從前作詩苦。"
其三，緊縮式。由一種比喻用法逐漸固定成詞，是新詞產生的方式之一。

【抽】宋鮑照《松柏篇》："孝子撫墳號，父子知來不？欲還心依戀，欲見絶無由。煩冤荒隴側，肝心盡崩抽。"隋釋慧英《一三五七九言詩》："遊，愁，赤縣遠，丹思抽。"

按，"抽"有抽緊、割裂之義，故用"若抽"表示痛苦之甚。如魏嵇康《思親》："奈何愁兮愁無聊，恒惻惻兮心若抽。"晉孫楚《除婦服》："臨祠痛感，中心若抽。"魏曹操《善哉行》："其窮如抽裂，自以思所怙。"緊縮之後單用"抽"亦表示精神痛苦、哀傷。

【飢渴】【渴飢】漢《李陵録別詩》："浮雲日千里，安知我心悲。思得瓊樹枝，以解長渴飢。"晉陸機《爲顧彦先贈婦》："願保金石軀，慰妾長飢渴。"

按，飢和渴由生理上的反應轉而形容心理上的需求，比喻分離之苦和思念之甚。魏曹植《責躬》："遲奉聖顏，如渴如飢。"晉張載《贈司隸傅咸》："未見君子，載渴載飢。"中古漢語常用"飢渴"或"渴飢"表達此義。

【雲雨】宋鮑照《登雲陽九里埭》："宿心不復歸,流年抱衰疾。既成雲雨人,悲緒終不一。"梁何遜《南還道中送贈劉諮議別》："入塞長雲雨,出國暫泥沙。握手分歧路,臨川何怨嗟。"隋姚察《遊明慶寺》："何言遂雲雨,懷此悵悠然。"

按,魏王粲《贈蔡子篤》："濟岱江衡,邈焉異處。風流雲散,一別如雨。"曹植《名都篇》："鳴儔嘯匹侶,列坐竟長筵。……雲散還城邑,清晨復來還。"晉傅玄《昔思君》："昔君與我兮形影潛結,今君與我兮雲飛雨絕。"簡縮爲"雲雨",表示分離、分別。

其四,凝固式。動詞性詞組及習語經常連用而固定成詞。例如:

【投分】晉潘岳《金谷集作》："春榮誰不慕,歲寒良獨希。投分寄石友,白首同所歸。"

按,"投分"本義爲結交,情義相投。《東觀漢記·王丹傳》："家公欲與君投分,何爲拜子孫耶?"《魏書·裴佗傳》："佗性剛直,不好俗人交遊,其投分者必當時名勝。"由動作轉而固定爲一名詞,指情分。

【生資】【資生】晉束皙《補亡詩·崇丘》："恢恢大圓,茫茫九壤。資生仰化,於何不養。"引申爲資產義。晉王羲之《雜帖》："上方寬博多通,資生有十倍之覺。"

按,晉陶淵明《歸去來兮辭序》："生生所資,未見其術。"謝靈運《遊名山志序》："夫衣食,生之所資;山水,性之所適。""生生所資""生之所資"謂資以爲生,憑藉生存,凝固成詞,則爲"生資"或"資生",含義不變。

【發摘】《梁書·范雲傳》："官曹文墨,發摘若神,時人咸服其明贍。"《三國志·蜀志·何祗傳》："衆咸畏祗之發摘,或以爲有術,無敢欺者。"

按,《漢書·趙廣漢傳》："其發奸摘伏如神,皆此類也。"《後漢書·法雄傳》："善政事,好發摘奸伏。盜賊稀發,吏人畏愛之。""發奸摘伏"或"發摘奸伏"經常連用而固定成詞:"發摘",指揭露奸伏罪惡如神明。

另外還有主從式、省略式等,不一一介紹了。

5.3.4 修辭造詞①

【友于】三國魏曹植《求通親親表》："今之否隔，友于同憂。"唐白居易《東南行一百韻》："萬里拋朋侶，三年隔友于。"

按，《書·君陳》："惟孝友于兄弟。"《論語·爲政》："子曰：《書》云：孝乎惟孝，友于兄弟，施于有政。"後因以"友于"借指兄弟。

【烹鮮】《後漢書·循吏傳贊》："政畏張急，理善烹鮮。"晉葛洪《抱朴子·用刑》："烹鮮之戒，不欲其煩。"唐李頎《贈別穆元林》詩："彼鄉有令弟，小邑試烹鮮。"宋張元幹《水調歌頭·陪福帥燕集口占以授官奴》詞："調鼎他年事，妙手着烹鮮。"

按，《老子》："治大國若烹小鮮。"後"烹鮮"凝固成詞，比喻治國便民之道，亦比喻政治才能。

以上二例是"截取"造詞。

【阿堵】宋張耒《和無咎》之二："愛酒苦無阿堵物，尋春那有主人家。"更進一步簡省作"阿堵"。《二刻拍案驚奇》卷二六："正是：世情看冷暖，人面逐高低。任是親兒女，還隨阿堵移。"清郁植《悲歌》："吾曹意氣恥阿堵，揮斥黃金賤如土。"

按，南朝宋劉義慶《世說新語·文學》："殷中軍見佛經云，理亦應阿堵上。"《世說新語·規箴》："王夷甫雅尚玄遠，常嫉其婦貪濁，口未嘗言錢字。婦欲試之，令婢以錢遶牀不得行。夷甫晨起，見錢閡行，呼婢曰：'舉卻阿堵物。'"《晉書·文苑傳·顧愷之傳》："愷之每畫人成，或數年不點目精。人問其故，答曰：'四體妍蚩，本無關少於妙處，傳神寫照，正在阿堵中。'""阿堵"本中古漢語時期指代詞，猶言"這個"。因爲《世說新語·規箴》所記王夷甫"舉卻阿堵物"之語，後遂以"阿堵物"指錢。

【渭陽】《綺談市語·親屬門》："舅，渭陽。"唐李匡乂《資暇集·渭陽》："微舅氏事，必用渭陽，前輩名公，往往亦然。"宋孫光憲《北夢瑣言》卷四："唐畢相誠，

---

① 以下部分例子參考了方一新：《中古近代漢語詞彙學》，北京：商務印書館 2010 年版，第 713–731 頁。

家本寒微，其渭陽爲太湖縣伍伯。”明高啓《送錢氏兩甥度嶺》詩：“江邊南望泣，不盡渭陽情。”

按，《詩·秦風·渭陽》：“我送舅氏，曰至渭陽。”朱熹集傳：“舅氏，秦康公之舅，晉公子重耳也。出亡在外，穆公召而納之。時康公爲太子，送之渭陽而作此詩。”後因以“渭陽”爲舅父的代稱。

以上是“用典”造詞。

【蹲鴟】晉左思《蜀都賦》：“坰野草昧，林麓黝儵，交讓所植，蹲鴟所伏。”劉逵注：“蹲鴟，大芋也。”宋蘇軾《上神宗皇帝書》：“是猶見燕晉之棗栗、岷蜀之蹲鴟，而欲以廢五穀，豈不難哉！”

按，《史記·貨殖列傳》：“吾聞汶山之下，沃野，下有蹲鴟，至死不飢。”張守節正義：“蹲鴟，芋也。”因大芋狀如蹲鴟，故用“蹲鴟”喻指大芋。①

【白屋】漢荀悦《漢紀·宣帝紀一》：“將軍輔翼幼君，將流大化，是以天下之士延頸企踵，爭願自効。今士見者皆露索、挾持，恐非周公輔相成王之禮，致白屋之意也。”《後漢書·文苑傳下·高彪》：“昔周公旦父文兄武，九命作伯以尹華夏，猶揮沐吐餐，垂接白屋，故周道以隆，天下歸德。”李賢注：“白屋，匹夫也。”《新唐書·張玄素傳》：“周公資聖人，而握沐吐餐，下白屋，況下周公之人哉？”明何景明《壽許司馬》詩：“不屈朱門貴，能憐白屋貧。”

按，《尸子·君治》：“人之言君天下者瑤臺九累，而堯白屋。”宋程大昌《演繁露·白屋》：“古者宮室有度，官不及數，則居室皆露本材，不容僭施采畫，是爲白屋也已。”元李翀《日聞錄》：“白屋者，庶人屋也。《春秋》：丹桓宮楹，非禮也。在禮：楹，天子丹，諸侯黝堊，大夫蒼，士黈黃色也。案此，則屋楹循等級用采，庶人則不許，是以謂之白屋也。後世諸王皆朱其邸及官寺皆施朱，非古矣。”白屋爲寒士所居，故用來喻指寒士。

以上是“比喻”造詞。

此外還有借代、委婉、避諱等方式造詞，不一一列舉。

---

① 《顏氏家訓·勉學》：“江南有一權貴，讀誤本《蜀都賦注》，解‘蹲鴟，芋也’，乃爲‘羊’字；人饋羊肉，答書云：‘損惠蹲鴟。’舉朝驚駭，不解事義，久後尋迹，方知如此。”

5.3.5 結構造詞

袁賓《近代漢語概論》歸納了近代漢語中幾種特殊結構的詞語：模式詞語、倒序詞語、倒反詞語、偏義詞語。① 這些詞語的造詞方式不能用以上諸規則來概括，姑名之曰結構造詞。

1. 模式詞語

模式詞語是指由固定的字數組成、語義有規律可循、按照固定的結構造成的詞語。常見的模式詞語有：

(1)"A不A"結構（等於"A"）。

元無名氏《孟德耀舉案齊眉》："恰捧著個破不剌碗內，呷了些淡不淡白粥，吃了幾根兒哽支殺黃齏。"

元張國賓《相國寺公孫合汗衫》："怎麼那眼皮兒連不連的祇是跳？也不知是跳財，是跳災？"

(2)"若A若B"結構（等於"無論A或B"）。

明周楫《西湖二集》第十二卷："挨挨擠擠，白公堤直鬧到蘇公堤，若男若女，若長若短，接袵而行。"

清曹雪芹《紅樓夢》第七十四回："説著，便命丫頭們把箱一齊打開，將鏡妝、妝盒、衾袱、衣包若大若小之物，一齊打開，請鳳姐去抄閲。"

(3)"不A不B"結構（等於"既不A也不B"）。

①不合常理：

明馮夢龍《醒世恒言》卷二十："若揀個好的，也還有指望。倘一時沒眼色，配著個不僧不俗、如醉如癡的蠢材，豈不反誤了終身？"

清西周生《醒世姻緣傳》第二十回："他老人家從來説話不犯尋思，來替大叔弔孝，原是取好，不管不顧説這們幾句，叫奶奶心裏不自在。"

---

① 袁賓：《近代漢語概論》，上海：上海教育出版社1992年版。

②適中:

明洪楩輯《清平山堂話本·花燈轎蓮女成佛記》: "蓮女道罷, 祇見惠光禪師不荒不忙, 便道: '何不投院子裏來? 此處又無法座。'"

清曹雪芹《紅樓夢》第五六回: "他這遠愁近慮, 不抗不卑, 他們奶奶就不是和咱們好, 聽他這一番話, 也必要自愧的變好了。"

(4) 可變體爲 "A 不 A, B 不 B"。

清黃小配《廿載繁華夢》第二十九回: "祇那周庸祐和一班朋友都不大識得西文, 縱或懂得鹹不鹹淡不淡的幾句話, 哪裏知得幾多?"

清唐蕓洲《七劍十三俠》第三十七回: "臉上一路青, 一路黃, 黑不黑, 白不白, 頷下亂糟糟短短黃須, 頂盔貫甲。"

此外還有 "是 A 是 B" "天 A 地 B" "七 A 八 B" "三 A 兩 B" "百 A 百 B" 等等。總之模式與數量都非常多。而論其源頭, 則絕對不是近代漢語裏突然産生的, 實際上有許多模式詞語上古漢語已見。例如《老子》: "上士聞道, 勤而行之; 中士聞道, 若存若亡; 下士聞道, 大笑之。"《詩·邶風·雄雉》: "不忮不求, 何用不臧。"鄭玄箋: "我君子之行, 不疾害, 不求備於一人, 其行何用爲不善。"

2. 倒序詞語

倒序詞語即同素逆序詞語。有些詞語産生之初尚未凝固因而有兩個不同的詞形, 或者是在不同的方言中分別有不同的詞形, 也有因作者的書寫習慣而形成不同的詞形。這類詞語在上古漢語中就已産生, 到了中古近代漢語中更是大量産生。日本漢學家香坂順一曾經指出, 近代漢語複音詞有的開始時可以互換, 例如:

要緊 熱鬧 整齊 言語 看覷 聲音 點檢 帶攜 鬧吵 等待 買賣 揀選
想念 選擇 名姓 喜歡 譁嚇 戰爭 話語 立站 找尋 懼怕 競爭 答對
把守 怕恐 歇宿 因爲 該應 欲待①

上面的詞在近代漢語中都有兩個詞形, 如 "要緊" "緊要", "整齊" "齊整" 等。用例如宋龔昱《樂庵語録》卷二: "文章如美婦, 可以傾人之城, 可以傾人之國, 然要

---

① 轉引自蔣紹愚: 《近代漢語研究概要》, 北京: 北京大學出版社 2005 年版, 第 296 頁。

緊在行事處。"《朱子語類》卷一一五:"道夫曰:'以此見得孟子求放心之説緊要。'"

上面未列出的倒序詞語,中古漢語、近代漢語各舉一例於下:

學計/計學,詞義是"考慮"。

(1)"學計"的用例:

何等爲賢者法?賢者學計是:我不必從大姓,能斷貪淫,能斷瞋恚,能斷愚癡。(後漢安世高譯《佛説是法非法經》,中華大藏經34册第11頁中欄,下面簡略標示)

或時一者比丘善語言,善説余比丘,不如便從善語言善説,自舉欺余,是非賢者法。賢者復不爾。賢者學計是:我不必從善美語,亦不從知善美説,能斷欲貪,能斷瞋恚,能斷愚癡。(同上,34-11下)

賢者復不爾。賢者但念學計是:我不必從年大,故亦不從多知識,故亦不從多得福,故能斷貪欲,能斷瞋恚,能斷愚癡。(同上,34-11下)

(2)"計學"的用例:

賢者復不爾。賢者但計學是:我不必從入,故亦不從通經,故能斷貪欲,能斷瞋恚,能斷愚癡。(同上,34-12上)

賢者復不爾。賢者但計學:我不必從三領名,故能斷瞋恚,能斷愚癡。(同上,34-12中)

賢者復不爾。賢者但計學:我不必從是,露中樹下空澤間,故能斷貪欲,能斷瞋恚,能斷愚癡。(同上,34-12中)

賢者復不爾。賢者但計學:無有思想,亦無有思想行,佛學從計,我有是受法隨法諦,不自譽,不自憍,不欺余,是賢者法。(同上,34-12下)

以偈問佛言:……坐值見尊敬,失行亡善名。見是諦計學,所淫遠舍離。(吴支謙譯《佛説義足經》卷上《彌勒難經》,34-808中)

按,"學計/計學"當是同義複合的用法,故可顛倒。"計"有"考慮"義。如《管子·中匡》:"計得地與寶,而不計失諸侯;計得財委,而不計失百姓。"往好的方面(佛法義理)深入考慮也就是"學"。"學計"一詞,《漢語大詞典》未收;"計學",《漢語大詞典》下卷6515頁只收有"舊指經濟學"一個義項;"學"之"考慮"義,亦未收。①

人客/客人，詞義是旅客。

句道興本《搜神記》："太守遙問：'何處女子獨遊無伴？'女子答曰：'女是客人，寄在城外，是以無伴。'"

《清平山堂話本·楊温攔路虎傳》："路僻何曾人客到，山深時聽殺人聲。"

張巍《中古漢語同素逆序詞演變研究》對此有系統研究，可以參看。②

3. 倒反詞語

倒反詞語即語義與字面義相反的詞語。近代漢語中常見的倒反詞語例如"不尷不尬""不端不正""可耐""可憎""無賴"等。

近代漢語詞彙中，用以表示"時常""經常"義的倒反詞語有"不時""不常""不時常""不時間"，例多不贅舉。另外還有一個"不間"，尚在疑似之間：《清平山堂話本·花燈轎蓮女成佛記》："李小官思思想想，没作奈何，廢寢忘食，也不敢和父母説，因此害出一樣證候，叫作'相思病'。看看懨懨的黄瘦了，不間便有幾聲咳嗽。"

又如"不若"一詞，在《清平山堂話本》中出現四次：

眉分兩道雪，鬢挽一窩絲。眼昏一似秋水微渾，髮白不若楚山雲淡。　（《簡貼和尚》）

盈盈嫩綠，有如剪就薄薄輕羅；嫋嫋輕紅，不若裁成鮮鮮麗錦。（《西湖三塔記》）

盈盈嫩綠，有如剪就薄薄香羅；嫋嫋輕紅，不若裁成鮮鮮蜀錦。（《洛陽三怪記》）

勝如仙子下凡間，不若嫦娥離月殿。（《花燈轎蓮女成佛記》）

上面四個例句中"不若"均與"一似""有如""勝如"互文見義，其中"不"字不表否定，而是帶有一定的强調語氣。它也是一個倒反詞語，乃"正似，正如"義，《漢語大詞典》上冊 177 頁該條祇收錄了"不如；比不上""不依順；不順遂""猶言不

---

① "學計/計學"又可徑作"學"：A. 余比丘不如，便從一食後不取，自憍自橋，欺余。是非賢者法。賢者復不爾。賢者但學：我不必從一食後不取，不從，是故能斷瞋恚，能斷愚癡。（《佛説是法非法經》，34－12 上）B. 賢者復不爾。賢者但學：第一禪者佛説自知，是受是法諦不自譽，不自橋，不欺余，是賢者法。（同上，34－12 中）C. 佛説：比丘，我已説賢者法，亦説非賢者法。比丘，當自思惟賢者法，亦當思惟非賢者法；已思惟，當行賢者法；舍非賢者法，受賢者法。隨法比丘，應當學是。佛説是，比丘受賢心行。（同上，34－12 下）D. 是時佛告舍利弗：我亦倉卒説弟子法，我亦具説，但爲難得解者。舍利便白佛：倉卒説亦可，弟子法具説亦可，弟子法會有解者。佛便告舍利弗：當學如是。身識俱外，一切思想我是，是我所憍慢……（失譯附吴魏《雜阿含經》，34－348 中）見曾昭聰：《中古佛經中的字序對換雙音詞舉例》，《古漢語研究》2005 年第 1 期。

② 張巍：《中古漢語同素逆序詞演變研究》，上海：上海古籍出版社 2010 年版。

祥或不祥的事物""不善，强暴"四個義項。未收此義項。當據補。此義又見於其他典籍，如《永樂大典戲文三種·宦門子弟錯立身》："鵲飛頂上，尤如仙子下瑤池；兔走身邊，不若嫦娥離月殿。"《古今小說》卷十五："遮攔架隔，有如素練眼前飛；打齚支撑，不若耳邊風雨過。"又卷二十四："嘆古今負義人皆如此，乃傳之於人。詩曰：一負馮君罹水厄，一虧鄭氏喪深淵。宛如孝女尋屍死，不若三閭爲主冤。"亦有單用的例子，如《藝文類聚》卷四十一："魏陳王曹植《豫章行》……又曰：鴛鴦自用親，不若比翼連。他人雖同盟，骨肉天性然。"《劉知遠諸宮調》第一："傍裹知遠嗔怒，叫一聲不若春雷。"按，"不"作語助詞而無實在意義的用法敦煌變文、元明戲曲、小說中習見，詳見蔣禮鴻先生《敦煌變文字義通釋》"不"條；這種用法可以追溯至先秦，詳王引之《經傳釋詞》卷十。

4. 偏義詞語

偏義詞語指由意義相對、相反或相類的語素（或詞）組成的詞語，該詞語的意義僅由其中一個語素（或詞）決定。例如：

《清平山堂話本·風月相思》："瓊情不已，亦作《茶瓶》詞，云：……妾心未改君先改，奈好事多成敗！"

《清平山堂話本·簡貼和尚》："殿直道：'你見我三個月日押衣襖上邊，不知和甚人在家中吃酒?'"

5.4　中古近代漢語詞彙的研究

5.4.1　古人關於中古近代漢語詞彙的研究

古人關於中古近代漢語詞彙的研究表現在不同的方面，除專門詮釋俗語詞的俗語辭書之外，方言辭書、訓詁專書與注疏、筆記雜著、字書韻書與音義著作中都有很多相關的研究內容。

1. 俗語辭書

最早的口語詞詮釋專書是東漢服虔《通俗文》，但早亡佚。清代馬國翰《玉函山房輯佚書》、黃奭《漢學堂叢書》有輯本。南朝宋何承天《纂文》亦已佚，慧琳《一切經音義》引其佚文，從中可以看出該書也是口語詞詮釋性質的。大規模地對口語詞進行詮釋工作的是明清俗語辭書。

俗語辭書指的是記錄並詮釋較通行的一般性的漢語方言俗語和俗語詞的辭書。清平步青《釋諺·序》：

方言俚語，皆有自來。古人甄録爲書者，如《隋書·經籍志》子部雜家類載劉霽《釋俗語》八卷，《舊唐書》載李少通《俗語難字》，《新〔唐〕書》載張推《證俗音》、顏愍楚《證俗音略》、李虔《續通俗文》，今皆不傳。傳者祇宋人《釋常談》，《肯綮録》、《容齋隨筆》亦偶及之。《困學紀聞》卷十九羅列百十五條，疏證尚未備也。乾隆中，翟氏灝《通俗編》出，句稽繁夥，分門別類，蔚爲巨編，宜倜備矣。然如焦文端《筆乘》所載數條，猶未賅而存之。梁山舟學士所以有《直語補證》之作也。同時趙東潛有《營庭録》，其書未刊。諸秋士仿晴江例，集遠近方言，證以經傳，徵引既博，援據尤精，分韻編之，成若干卷，惜亦無槧本。《陔餘叢考》成語凡二百條，則在翟、趙、諸三家後……①

《釋諺·序》所録者，不盡爲俗語辭書，然亦可見古人研究俗語之風氣。輯集明清俗語辭書的叢書以日本已故著名漢學家長澤規矩也的《明清俗語辭書集成》最爲有名，他從日本公私庋藏的中國古籍中精選有關書籍二十種，於 1974 年由日本汲古書院影印出版。上海古籍出版社於 1989 年將此書重新影印出版。② 這二十種辭書是（按《集成》順序）：明陳士元《俚言解》、明陸噓雲《世事通考》、清顧張思《土風録》、清梁同書《直語補證》、清易本烺《常譚搜》、清史夢蘭《異號類編》、清梁章鉅《稱謂録》、清孫錦標《通俗常言疏證》、清伊秉綬《談徵》、清高某（静亭）《正音撮要》、清唐訓方《里語徵實》、清蔡奭《官話匯解》、清北洋陸軍督練處《軍語》、民國周起予《新名詞訓纂》、民國李某（鑑堂）《俗語考原》、明張存紳《（增定）雅俗稽言》、明趙南星《目前集》、明周夢暘《常談考誤》、清鄭志鴻《常語尋源》、清郝懿行《證俗文》。除收入《集成》者外，明清俗語辭書還有不少。例如，在《集成》出版之前，北京商務印書館已先後排印出版了《恒言録　恒言廣證》（1958 年）、《通俗編（附直語補證）》（1958 年）、《邇言等五種》（1959 年），而此後中華書局亦排印出版了《稱謂録　親屬記》（1996 年）、《通俗常言疏證》（2000 年）、《通俗編（附直語補證）》（2013 年）。

下圖是清顧張思《土風録》卷一首頁（清嘉慶三年序刊本）：

---

① （清）平步青：《釋諺·序》，（清）錢大昭等著：《邇言等五種》，北京：商務印書館 1959 年版，第 81 頁。
② 據"出版説明"，上海古籍出版社在重印時對原影印本殘頁和版面不清者用同一版本作了更換或修補，更爲實用，嘉惠學林。

土風錄卷一　　大倉頤張思雪亭編

貼宜春

新年門首貼宜春字見宗懍荊楚歲時記益

六朝時已然但在立春日按筍傳咸燕賦云

淑青書以贊時著宜春之嘉祇宜春二字當

本此然秦已有宜春宮宜春苑見括地志會王

立春帖子云寶字帖宜春

　　明清俗語辭書的編纂目的（也是其主要工作）有三個方面：一是探求詞的得名之由，揭示詞的最早用例；二是有意記錄方言俗語，並作深入考證；三是爲查檢之目的而編纂，有較明確的工具書意識。前兩個方面跟本書關係密切。

　　明清俗語辭書在釋義時有時注意探求詞的得名之由，揭示詞的最早用例。清伊秉綬《談徵·自序》：“至若吾人日用所常見常聞，及所常行者，多習焉不察，或就事論事，或人云亦云竟至曰。名之不知所自起，言之不知所自出，事事物物不知所自來，亦何異日飲食而不知飲食之味也？……眼前景、口頭語，祇覺無一事無一字無來歷。”比較一下中國古代第一部有意爲之的詞源學著作——東漢劉熙《釋名》的序：“夫名之於實，各有其義類，百姓日稱而不知其所以之意，故撰天地、陰陽、四時、邦國、都鄙、車服、喪紀，下及民庶應用之器，論敍指歸，謂之《釋名》。”可以看出，二者學術目的是一樣的，即都是爲了探求詞源。所不同者，劉熙的《釋名》所探求的詞源是指詞的得名之由即詞的理據，而明清俗語辭書所探詞源除此之外，還有很多是指俗語詞的最早用例。兩方面都是漢語詞彙史研究的工作。探求俗語詞最早用例的例子：

【打春】清顧張思《土風録》卷一"打春"條："漢晉時無打春之事。《隋書·禮儀志》始有'綵仗擊牛'之文。宋孟元老《東京夢華録》云：立春前一日，開封府進春牛入禁中鞭春。縣置春牛於府前，至日絶早，府僚打春，府前百姓賣小春牛。晁冲之詩：不上譙樓看打春。"

【小便】清翟灝《通俗編》卷十六《身體》"小便"條："《左傳·定三年》：闔以瓶水沃庭曰：夷射姑旋焉。注云：旋，小便也。《晉語》：少溲於豕牢。注云：少，小也。溲，便也。"清梁同書《直語補證》"小便"條："《説文》：屎，人小便也。《後漢書·甘始傳》：甘始、東郭延年、封君達三人者，皆方士也，率能行容成御婦人術，或飲小便，或自倒懸。《通俗編》引《晉語》'少溲'注，誤。"

按，《通俗編》所引《國語·晉語》例中無"小便"一詞，韋昭注也是分開説的，故《直語補證》以之爲誤。《直語補證》另增《説文》《後漢書》例。

再看探求詞的得名之由的例子：

【梅雨】【霉雨】【煤雨】明陳士元《俚言解》卷一"梅雨"條："夏雨斑衣謂之梅雨，蓋梅熟時也。其斑衣惟梅葉可洗。一曰霉雨，又曰煤雨，言衣黑如煤也。按《歲時紀事》：'江南三月爲迎梅雨，五月爲送梅雨。'又《埤雅》：'閩人以立夏後逢庚日入梅，芒種後逢壬日出梅。'又《神樞》：'芒種後逢丙日入梅，小暑後逢未日出梅。'又《碎金》：'芒種後逢壬日入梅，夏至後逢庚日出梅。'諸説不一。要之，芒種逢丙之説近是，蓋其時雨能斑衣也。"

按，據《俚言解》所記，梅雨之名有三："梅雨""霉雨""煤雨"，三詞音同義同，實爲異形詞，但各有其理據，蓋源於梅雨各方面不同的特點。梅雨期亦有三説，乃因各地氣候差別之故。作者採用其中一説並闡述理由"蓋其時雨能斑衣也"，實際上也是説明了他所認定的梅雨的得名之由是"雨能斑衣"。則似認定"霉雨"爲構詞理據最明顯者，但未明言。關於梅雨之名，前人多有探討，例如宋陳元靚《歲時廣記》卷二"黃梅雨"條："《風土記》：夏至雨名黃梅雨，沾衣服皆敗黦。《四時纂要》云：'梅熟而雨曰梅雨。'又閩人以立夏後逢庚日爲入梅，芒種後逢壬日爲出梅。農人以得梅雨乃宜耕稼，故諺云：'雨不梅，無米炊。'《瑣碎録》又云：'芒種後逢壬入梅，前半月爲梅雨，後半月爲時雨，遇雷電謂之斷梅。'數説未知孰是。又《陳氏手記》云：'梅雨水洗瘡疥，滅瘢痕，入醬令易熟，沾衣便腐，乾垢如灰汁，有異他水。江淮以南地氣卑濕，五月上旬連下旬尤甚。梅雨壞衣，當以梅葉湯洗之，餘並不脫。……"與《俚言解》意見基本相同，但持二說。《漢語大詞典》"梅雨"條："指初夏產生在江淮流域持續較長的陰雨天氣。因時值梅子黃熟，故亦稱黃梅天。此季節空氣長期潮濕，器物易霉，故又稱霉雨。"首例是《太平御覽》卷九七〇引應劭《風俗通》："五月有落梅風，江淮以爲信風。又有霜霆，號爲梅雨，沾衣服皆敗黦。"又"霉雨"條："梅雨。黃梅季節下的雨。"首例是明李時珍《本草綱目·水一·雨水》："梅雨或作霉雨，言其沾衣及物，皆生黑霉也。"《風俗通》說"沾衣服皆敗黦"，《本草綱目》說"言其沾衣及物，皆生黑霉也"，對詞的理據的看法與《俚言解》相類。雖然作爲異形詞，各成員可以有不同的理據，不必定於一名，但《俚言解》的觀點值得重視。

【大箍圍】【小箍圍】清顧張思《土風錄》卷六"箍桶"條："以篾束物曰箍。音'孤'。見《異字苑》（《廣韻》引之）。《朱子語錄》：大慈寺有箍桶者，精于《易》。程明道兄弟就質所疑，酬應如響。（《臨淮新語》①：番禺諸村皆在海島中，大村曰大箍圍，小村曰小箍圍，言四環皆江水也。）"

按，清屈大均《廣東新語》卷二"大小箍圍"條："下番禺諸村皆在海島之中。大村曰大箍圍，小曰小箍圍。言四環皆江水也。"未明言爲何以"箍"名之。《土風錄》"以篾束物曰箍"配以"四環皆江水"，則知"大箍圍""小箍圍"地名得名之由：江水環繞，如篾之箍桶。今已用同音俗書作"大谷圍""小谷圍"。今之廣州大學城即在小谷圍島上。

【顧繡】清顧張思《土風錄》卷六"顧繡"條："刺繡稱顧繡。案前明松江府顧氏女善繡，因得名。華亭周茂源子綸撰門聯，云：'問文章似談箋，顧繡換得錢無?'二物皆松江土產。吳園《次韓繡行》云'泖水曾傳顧氏娥'，指顧繡也。（詩載徐釚《本事詩》)"

按，顧繡之得名乃因"前明松江府顧氏女善繡"。此說從歷史文化角度考證。而後面所引其他材料更能進一步證明其說。清王士禛《居易錄》卷二六："華亭門人周綸，字鷹垂，才士，不偶。有子名稚廉，字氷持。少年以錢塘觀潮賦知名，下筆千言而悠悠忽忽，迹類清狂。常除夕署門一聯，云：論家世如閣帖，官窑可稱舊矣；問文章似談

---

① 《土風錄》所稱《臨淮新語》，實即屈大均《廣東新語》。屈大均是廣東番禺人，其著作於乾隆三十九年（1774）遭焚毀。稱《臨淮新語》當爲避"文字獄"。

箋，顧繡換得錢無？未幾卒。二物皆松江産也。（或云稚廉好食生蝸牛。）"徐釚《本事詩》所引吳綺（字園次，一字豐南，號綺園）《亭皋詩集·韓繡行》："天上雲襄隔銀渚，吳宮絲絶難重數。泖水曾傳顧氏娥，蘇臺今見韓家女。……"又據《中國工藝美術大辭典》"顧繡"條："明代上海顧氏之刺繡。上海顧氏，以明嘉靖三十八年（1559）進士顧名世起始著稱。……世稱其家刺繡，爲'露香園顧繡'或'顧氏露香園繡'，或簡稱'露香園繡'、'顧繡'。……妻韓希孟，武陵（今湖南）人，工畫花卉，擅長刺繡，神韻生動，爲世所珍。在顧繡中，迄今可考者有繆氏、韓希孟和顧蘭玉等人，其中以韓希孟爲傑出代表，世稱'韓媛繡'。"① 知《土風録》所探"顧繡"得名之由是對的。

明清俗語辭書有意記録方言俗語並作深入考證的例子亦不少，例如：

【拜年】【投刺】明陳士元《俚言解》卷一"拜年"條："自元日以後，親友往來，交錯道路，謂之拜年。然鄉村各拜其親友，或携盒酒，多出實心。而城市士人多望門投刺，或不過其門，令人送名帖。不知此風起於何年。余少時尚無此風也。俗云：'青草蓋牛蹄，正是拜年時。'言必躬必親，不嫌於遲。然今昔事異，可慨者不止此爾。"

【空帖拜年】清顧張思《土風録》卷一"空帖拜年"條："新正，友朋交賀，以空帖而身不至，前明已然。《文待詔集·拜年》詩云：'不求見面惟通謁，名紙朝來滿敝廬。我亦隨人投數紙，世情嫌簡不嫌虛。'又，周煇《清波雜誌》載：'元祐間，新正賀節，有持門狀遣僕代往。其人出迎。僕云："已脱籠矣。"諺云脱籠者，詐閃也。溫公聞之，笑曰："不誠之事，原不可爲。"'是宋已有此風。"

按，今日過年寄送賀年卡片，正爲拜年投刺之俗的遺留。此俗最早爲投名片謁見之俗，中古已有。北魏楊衒之《洛陽伽藍記·景寧寺》："或有人慕其高義，投刺在門，元慎稱疾高卧。"唐張鷟《朝野僉載》卷三："遂行至州，投刺參州將，錯題一張紙。"《俚言解》述投刺拜年之俗，明代興盛。明陸容《菽園雜記》卷五有記載："京師元日後，上自朝官，下至庶人，往來交錯道路者連日，謂之拜年。然士庶人各拜其親友，多出實心；朝官往來，則多泛愛不專，如東西長安街，朝官居住最多，至此者不問識與不識，望門投刺，有不下馬，或不至其門，令人送名帖者。遇黠僕應門，則皆卻而不受。亦有閉門不納者。在京仕者，有每旦朝退即結伴而往，至入更酣醉而還，三四日後始暇拜其父母。不知是何風俗，亦不知始於何年。聞天順間尚未如此之濫也。"陳士元《俚言解》"拜年"條前數語，似襲陸容《菽園雜記》而來。又明文徵明《甫田集》卷二

① 吳山主編：《中國工藝美術大辭典》，南京：江蘇美術出版社1999年版，第439－440頁。

《元日書事效劉後村》詩："不求見面惟通謁，名紙朝來滿敝廬。我亦隨人投數紙，世情嫌簡不嫌虛。"《俚言解》所説明代"望門投刺"，"不知此風起於何年"，據《土風錄》所引宋代周煇《清波雜誌》，則知宋時已有人發其端矣。

2. 方言辭書

"方言"主要指漢語的地方變體。但古代的方言材料，也包括其他民族語言和外語。漢代揚雄的《方言》是中國最早的方言辭書，影響很大，至明清時期，尤其是清代，相關調查撰著之風極盛。

明清方言辭書可以分爲兩大類：

第一類，以某個地點方言或區域方言的方言俗語作爲調查考證對象的著作。這類著作模仿揚雄《方言》，對某個地點方言或區域方言進行調查考證，其中雖也有引古書以證方言俗語淵源有自，但主要成績在於記錄了不少當時當地的活的語言。這類著作，書名即標明了該書所調查考證的方言的地點或區域名稱。

這一類方言辭書界定必須要與俗語辭書區分開來。許寶華、詹伯慧兩位先生在《中國大百科全書·語言 文字》的"漢語方言"條中談及"古代方言的研究"時，對清代學者的方言研究成果作了分類：

清代是中國傳統語言學的鼎盛時期。漢語方言的研究這時也得到了比較全面的開展，取得了較大的學術成就：①撰寫了許多調查、輯録和考證方言俗語的著作。其中有的以比較通行的一般性的方言俗語作爲調查、輯録和考證對象，如錢大昕的《恒言録》、陳鱣的《恒言廣證》、孫錦標的《通俗常言疏證》、錢坫的《異語》、翟灝的《通俗編》、梁同書的《直語補證》、張慎儀的《方言別録》、錢大昭的《邇言》、平步青的《釋諺》、胡式鈺的《語竇》、鄭志鴻的《常語尋源》、易本烺的《常語（譚）搜》、顧張思的《土風録》、梁章鉅的《稱謂録》、羅振玉的《俗説》等；有以某個地點方言或區域方言的方言俗語作爲調查考證對象的，如孫錦標的《南通方言疏證》、李實的《蜀語》、張慎儀的《蜀方言》、胡韞玉的《涇縣方言》、胡文英的《吳下方言考》、范寅的《越諺》、毛奇齡的《越語肯綮録》、茹敦和的《越言釋》、劉家謀的《操風瑣録》、詹憲慈的《廣州語本字》、楊恭恒的《客話本字》等。①

由此論述出發，我們可以認爲，古人"調查、輯録和考證方言俗語的著作"中"以比較通行的一般性的方言俗語作爲調查、輯録和考證對象"即是俗語辭書，而"以某個地點或區域方言俗語作爲調查考證對象"的，即是方言辭書。簡單來說，俗語辭書

---

① 見中國大百科全書總編輯委員會《語言文字》編輯委員會、中國大百科全書出版社編輯部編：《中國大百科全書·語言 文字》，北京：中國大百科全書出版社 1988 年版，第 147 頁。

指的是記録並詮釋較通行的一般性的漢語方言俗語的辭書①，而方言辭書是指記録並詮釋某個地點方言或區域方言的方言俗語的辭書。當然，雖然從總體來説，方言辭書與俗語辭書是可以區分的，但是，俗語辭書中有的也暗含了"以某個地點方言或區域方言的方言俗語作爲調查考證對象"的成分，而方言辭書中有的也暗含了"比較通行的一般性的方言俗語"。②

這一類以某個地點方言或區域方言的方言俗語作爲調查考證對象的方言辭書，除了《中國大百科全書·語言　文字》的"漢語方言"條所列出的孫錦標《南通方言疏證》等十一種，還有不少較爲重要的著作，例如：史夢蘭《燕説》、許叔莊《黔雅》、張澍《蜀典》、錢侗《吳語詮》、孔仲南《廣東俗語考》、翁輝東《潮汕方言》、章炳麟《嶺外三州語》、羅翽雲《客方言》等。

第二類，徵引古代文獻中多地的方言材料以續補揚雄《方言》的著作。這類方言辭書廣引經史子集中的相關材料，包括字書韻書、筆記雜著、類書、注釋、音義等各種不同文獻，凡原書上標明某地方言的材料（也包括一些其他民族語言的材料）則摘而録之，彙編成書。因是集合多地方言材料，故書名上不標地名，而往往冠以"續""補""廣""新"等字樣。這一類方言辭書，既非前面所引《中國大百科全書·語言　文字》的"漢語方言"條中"以比較通行的一般性的方言俗語作爲調查、輯録和考證對象"，也非"以某個地點方言或區域方言的方言俗語作爲調查考證對象"，而是從古書中鈎稽零散方言材料，集合多個地點方言或區域方言材料以續補揚雄《方言》的著作。從這個角度來説，《中國大百科全書·語言　文字》的"漢語方言"條中關於清代方言俗語著作的論述尚不完備。

這一類方言辭書中較爲重要的例如：明代朱謀㙔《方國殊語》、魏濬《方言據》、方以智《諺原》，清代杭世駿《續方言》、戴震《續方言（手稿）》、程際盛《續方言補正》、趙齊嬰《廣方言》、張慎儀《續方言新校補》、張慎儀《方言別録》、徐乃昌《續方言又補》、程先甲《廣續方言》及《拾遺》、李調元《方言藻》、龔自珍《今方言》、章炳麟《新方言》等。

將第一類與第二類合起來，我們所説的明清方言辭書就是指：明清時期撰述的以某個地點方言或區域方言的方言俗語作爲調查考證對象的著作和徵引古代文獻中多地的方

---

① 《中國大百科全書·語言　文字》的"漢語方言"條中的論述並未有"俗語辭書"和"方言辭書"的術語，但其分類卻正好可以用作區分"俗語辭書"和"方言辭書"第一類的標準。日本著名漢學家長澤規矩也所輯集的《明清俗語辭書集成》所收録的俗語辭書，也正與《中國大百科全書·語言　文字》中論述一致。

② 例如陳鈍《舊籍中關於方言之著作》中收録"方言"著作四十種，然其中亦包含我們認爲是俗語辭書的清代著作五種，即梁同書《直語補證》、錢大昕《恒言録》、翟灝《通俗編》、孫錦標《通俗常言疏證》、唐訓〔方〕《里语徵實》。陳鈍：《舊籍中關於方言之著作》，載《國立中山大學語言歷史學研究所週刊·方言專號》第八集第八十五、八十六、八十七期合刊，1929年，第112－114頁。該目録後面另有其他方言論著目録二種，該期雜誌目録合稱"方言書目"。

言材料以續補揚雄《方言》的著作。①

下圖是《嘉應州志》卷七《方言》首頁（清光緒二十四年刊本）：

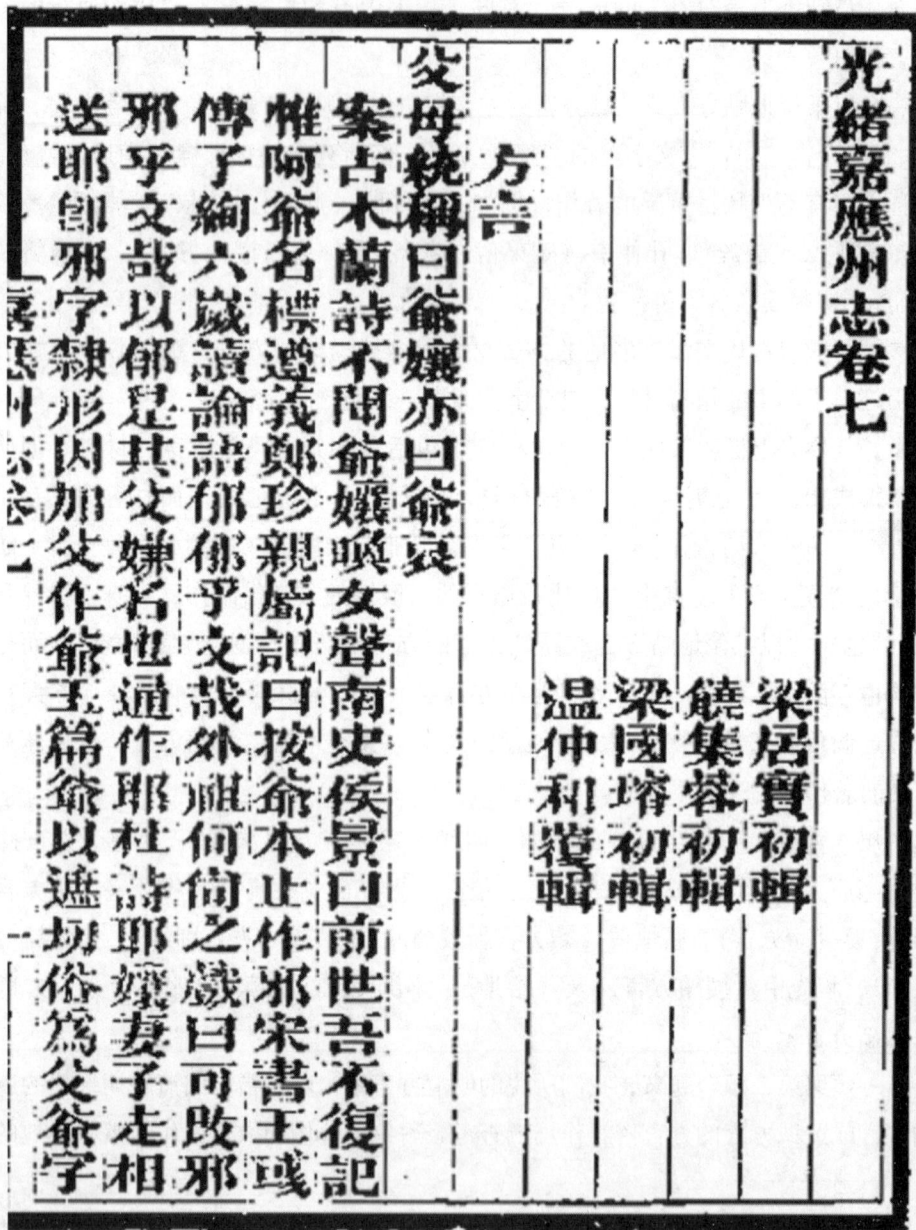

光緒嘉應州志卷七

梁居實初輯
饒集蓉初輯
梁國璿初輯
溫仲和覆輯

方言

父母統稱曰爺孃亦曰爺哀
案占木蘭詩不聞爺孃喚女聲南史侯景曰前世吾不復記
惟阿爺名標遺義鄭珍親屬記曰按爺本止作邪宋書王彧
傳子絢六歲讀論語郁邪乎文哉外祖何伺之歲曰司敗邪
邪乎文哉以郁是其父嫌名世通作邪杜詩耶孃妻子走相
送耶剑邪字隸形因加父作爺玉篇爺以遮切俗爲父爺字

---

① 此外，還有一些散見的方言材料，如明沈榜《宛署雜記》卷十七《民風·方言》、徐昌祚《燕山叢錄》卷二十二《長安俚語》，清蒲松齡《日用雜字》、桂馥《札樸》卷九至卷十《鄉言正字》、屈大均《廣東新語》卷十一《文語·土言》。參見蔣紹愚：《近代漢語研究概要》，北京：北京大學出版社 2005 年版，第 275－276 頁。

下面是清胡文英《吳下方言考》卷一前兩頁（清乾隆刊本）：

吳下方言考卷一

武進胡文英繩崖甫輯

平韻一東附二冬

俫
音松

揚子方言儱右人名嫣曰俫案俫爲人作事不用
力也吳中謂作事不用力曰俫所作之物甚平常
亦曰俫。

妐
音公

呂覽姑妐知之曰爲我婦而有外心不可畜案妐

171

吳下方言考《卷一》　一

翁也、吳中新婦稱翁曰阿妐亦曰妐妐。

妐　音中

許氏說文妐繟也案妐用成幅布縫如囊無兩袴、

取蔽前後大如幘鼻直如烟衝是也吳中謂不穿

袴曰一口妐。

弓

淮南子說林訓蓋菲弓不能蔽曰案弓謂隆起如

弓也吳中凡物之中央高起者俱謂之弓。

陳　音東

3. 訓詁專書與注疏

訓詁專書中，以明方以智《通雅》規模最大，成績也最大。《通雅》共五十五卷，分疑始、釋詁、天文、地輿、身體、稱謂、姓名、官制、事制、禮儀、樂曲、樂舞、樂器、器用、衣服、宮室、飲食、算數、植物、動物、金石、諺原、切韻聲原、脉考、古方解答等四十四門。

四庫全書本《通雅》卷六《釋詁（謰語）》選讀：

徬徨一作傍偟傍偟房皇方皇彷徉急則為張皇一作
幢偟憧惶通爲倉皇蒼皇　禮書房皇周浹即徬徉一作
作傍偟荀子方皇周浹乎天下注方音旁猶徘徊也莊
子芒然傍偟乎塵垢之外吳語王親獨行屏營彷徉于
上林之中荊軻傳傍偟不能去集韻有傍偟即徬徉有
幛偟即張皇韻會彷徉猶征營也陶弘景周氏冥通記
整心建意勿憧惶也書張皇六師不寧之狀杜甫送鄭
虞倉皇已就長途往北山移文蒼黃翻覆韓祭女媧文
蒼皇分散舊唐書僖宗廣明二年王處之衆蒼黃潰亂
李端叔曰楊元發蒼黃失據郝氏直以張皇爲倉黃智
謂徘徊為徬徉舒徐為徫徉急遽則古齒激聲為張皇
又穿齒憤聲為倉黃則更迫矣

卷三十三《釋器》選讀：

承槃即桮也　說文本作槃籀作盤承盤也徐按中山王文木賦製為槃杆古樂苑奉槃一玉桮南史劉穆之以金桮盛檳榔即盤字也集韻古作槃漢曰承盤今曰托盤宋謂之托子程泰之謂始于崔寧名之曰托因資暇錄也又有帚塞者乃楪子環蠅遺制也黃伯思曰北齊畫圖已有之盖初止謂酒臺盤為托而後緣以為茶盤之名僉載酒令連臺拗倒謂杯置臺中之蒂也陶穀曰劉張有魚英托鏤言以魚鰍為酒臺盞也

　　中古時期的注疏名作如裴松之《三國志注》、劉孝標《世說新語注》、酈道元《水經注》等雖以補充史實爲主，但是關於口語詞的記錄與訓詁內容也有一些，因而彌足珍貴。

　　近代漢語時期，訓詁注疏中的相關內容很多，如顏師古《漢書注》、李賢《後漢書注》、《文選》李善注與五臣注、胡三省《資治通鑑注》等。

顏師古《漢書注》是一次集大成的工作，《漢書注》共一百卷。"彙集了隋代以前二十三家的注釋，糾謬補闕，消除了一些文字音義上的障礙"①，《漢書注》對於中古詞語的釋義分量很大，釋義的同時也進行了大量的詞源探討。例如：

《列傳第十二》："上欣然而笑，即罷。呂后側耳於東箱聽"，師古曰："正寢之東西室皆曰箱，言似箱篋之形。"

《列傳第二十七上》："相如與俱之臨邛，盡賣車騎，買酒舍，乃令文君當盧。相如身自著犢鼻褌"，師古曰："即今之襜也，形似犢鼻，故以名云。……"

《列傳第六十四上》："漢使曰：'匈奴父子同穹廬臥。'"師古曰："穹廬，旃帳也。其形穹隆，故曰穹廬。"

《列傳第二十七上》："被以江離，糅以蘪蕪，雜以留夷。布結縷，攢戾莎。"師古曰："結縷蔓生，著地之處皆生細根，如綫相結，故名結縷，今俗呼鼓箏草。兩幼童對銜之，手鼓中央，則聲如箏也，因以名云。"

《帝紀第一》："蕭何爲主吏，主進"，文穎曰："主賦斂禮進，爲之帥也。"鄭氏曰："主賦斂禮錢也。"師古曰："進者，會禮之財也。字本作賮，又作賵，音皆同耳。古字假借，故轉而爲進。賵，又音才忍反。《陳遵傳》云：陳遵與宣帝博，數負進，帝後詔云可以償博進未。其進雖有別解，然而賭者之財疑充會食，義又與此通。"

《列傳第三十五》："上嘗使諸數家射覆"，師古曰："數家，術數之家也。於覆器之下而置諸物，令闇射之，故云射覆。……"

《列傳第三十五》："置守宮盂下，射之，皆不能中。"師古曰："守宮，蟲名也。術家云以器養之，食以丹砂，滿七斤，搗治萬杵，以點女人體，終身不滅，若有房室之事，則滅矣。言可以防閑淫逸，故謂之守宮也。今俗呼爲辟宮，辟亦禦捍之義耳。……"

《帝紀第八》："而邴吉爲廷尉監，治巫蠱於郡邸，憐曾孫之亡辜，使女徒復作淮陽趙徵卿、渭城胡組更乳養"，李奇曰："復作者，女徒也。謂輕罪，男子守邊一歲，女子軟弱不任守，復令作於官，亦一歲，故謂之復作徒也。"孟康曰："復，音服，謂弛刑徒也。有赦令詔書去其鉗釱赭衣。更犯事，不從徒加，與民爲例，故當復爲官作，滿其本罪年月日，律名爲復作也。"師古曰："孟説是也。趙徵卿淮陽人，胡組渭城人，皆女徒也。二人更遞乳養曾孫。……"

4. 筆記雜著

筆記雜著，中古漢語時期以《顏氏家訓》最爲有名。近代漢語時期的筆記雜著很

---

① 見（漢）班固撰：《漢書》"出版説明"，北京：中華書局 1962 年版。

多，例如唐顏師古《匡謬正俗》、李匡乂《資暇集》、蘇鶚《蘇氏演義》；宋沈括《夢溪筆談》、吳曾《能改齋漫錄》、王觀國《學林》、孟元老《東京夢華錄》、洪邁《容齋隨筆》；元代陶宗儀《輟耕錄》；明代郎瑛《七修類稿》，焦竑《焦氏筆乘》，陸容《菽園雜記》，楊慎《丹鉛總錄》《丹鉛續錄》《丹鉛雜錄》《俗言》；清黃生《字詁》《義府》，顧炎武《日知錄》，錢大昕《十駕齋養新錄》，趙翼《陔餘叢考》等，其中都有大量的中古近代漢語詞彙詮釋的内容。

唐顏師古所著《匡謬正俗》，共八卷，多爲中古近代漢語詞義訓詁内容。例如：

《匡謬正俗》卷六"底"：

問曰："俗謂何物爲'底'（丁兒反）。'底'義何訓？"答曰："此本言'何等物'，其後遂省，但言直云'等物'耳。'等'字本音'都在反'，又轉音'丁兒反'。左太冲《吳都賦》云'畛畷無數，膏腴兼倍。原隰殊品，窊隆異等'，蓋其證也。今吳越之人呼齊等皆爲'丁兒反'，應瑗［璩］詩云'文章不經國，筐篋無尺書。用等稱才學，往往見嘆譽'，此言譏其用何等才學見嘆譽而爲官乎？以是知去'何'而直言'等'，其言已舊。今人不詳其本，乃作'底'字，非也。"

按，章太炎《新方言》卷一："等，何也。《後漢書·禰衡傳》曰'死公云等道'。音轉如底，今常州謂何爲底，讀丁買切。"是"等"亦有"何"義，音變而爲"底"。師古爲俗語"底"探源，是。

《匡謬正俗》卷六"椎"：

問曰："關中俗謂發落頭秃爲'椎'，何也？"答曰："按許氏《説文解字》云：'鬊，發墮也。'呂氏《字林》、《玉篇》、《唐韻》並'直垂反'，今俗呼'鬊'音訛，故爲'椎'耳。"

按，"鬊"《經典釋文》丁果反，音變爲直垂反，《方言》卷十二"鬊，盡也"。郭璞注："鬊，毛物漸落去之名。除爲反。"即直垂反。顏師古將"椎"的詞源追索到"鬊"，是。

《匡謬正俗》卷五"閼氏"：

習鑿齒《與謝安石書》云："匈奴名妻作閼氏，言可愛如煙支也。'閼'字'於言反'，想足下先作此讀書也。"按《史記》及《漢書》謂單于正妻曰"閼氏"，猶中國言"皇后"爾。舊讀音"焉氏"，此蓋北翟之言，自有意義，未可得而詳也。若謂色象煙支便以立稱者，則單于之女謂之"居次"，復比何物？且"閼氏"妻號，非妾之名，未知習生何所憑據，自爲解釋。

按，師古此條以"閼氏"來源於其他民族語言，不能從漢語中探源，所説極是。後世學者尚多習鑿齒之風，硬從漢語尋求外來詞詞源，則師古此説，可謂中流砥柱。

《匡謬正俗》卷八"享"：

或問曰："俗呼某人處爲某'享'（火剛反）。其義何也？"答曰："此是'鄉'聲之轉耳。'鄉'者，居也。州鄉之鄉取此爲義，故子産有云'毀於西鄉'。又向對之'向'，古文典籍卒無'向'字，尋其旨趣，本因'鄉'字始有'向'音。今之'向'字若於六書，自是北牖耳，《詩》云'塞向墐户'是也。"

按，顏師古所探詞源是也。章太炎《新方言》卷一："鄉，所也。《左傳》曰'毀於而鄉'，《匡謬正俗》曰'俗呼某人處爲某享'，是鄉聲之轉。今紹興稱在此處曰在享。蘇州謂内裏曰裏享，音如向，本鄉字也。"

5. 字書韻書與音義著作

字書以《説文解字》爲代表，其中已有一些地方闡明某詞爲"俗語"。《廣韻》《集韻》雖爲韻書，但在釋語也頗多中古近代漢語俗語詞的解説。佛經音義中的相關内容也很多。

佛經音義是指對佛經中難讀難解的字的音義進行詮釋的著作。佛經音義著作多廣征博引，保存了大量的古代字書、韻書及相關典籍，是進行古籍校勘、輯佚與訓詁的珍貴資料。佛經音義中較著名的有唐貞觀年間釋玄應所撰《一切經音義》（又名《衆經音義》）25卷，唐貞元、元和年間釋慧琳所撰《一切經音義》100卷，北宋雍熙四年（987）遼釋希麟《續一切經音義》10卷，後晉釋可洪《新集藏經音義隨函録》30卷。

玄應《一切經音義》卷七（海山仙館叢書本）選讀：

大般泥洹經第一卷

哀慟　徒貢反論語顏囬死子哭之慟馬融曰慟哀過之
慟也別衍曰說文無慟字漢執金吾丞武榮碑悲慟
字貝所需反說文漱盪口反又蒼頭悲篇
作愊澡漱也經文作漱誤澀也
作愀遠之經文又無方反訓其哉織
題非體也

亳芒　利如禾芒也經文作芒非也

寮孔　云寮小空也經文又作孔

第二卷

羅寇　口候反尚書寇賊姦宄范甯集解曰寇謂羣行攻
剟者也說文寇暴音廬雅寇鈔也剟音芳妙反　長訣反古穴

祖送　宋古反爾雅祖始也詩云仲山甫出祖
者將行犯軷之祭也軷也蕭達反
絕也迴俗文云與死
耆髀曰訣訣亦別也

第三卷

一切經音義卷七

海山仙館叢書

犹鼠　余繡反似獼猴而大善
黑色能捕鼠為物捷健　塗瀗　初歸反通俗文
土入食中曰塗砂

第四卷

寘然　兒也經文作誑虚
其反痛聲也誑非此用
石經為古文燕同一見反說文戾
息　謂亥息
羅師　羅者此譯云美音　攗臂　秋出臂也被音獼世反
策中本起經云瞿師羅長者而　羊反攘除也謂除衣

第五卷

堅由　堅土也三蓉土塊也　今作塊同芐對反說文論
似羊一角青色重　烏笑反炮者反
兜來　似又徐姊反爾雅堯　又作㺜兜二形同音
干斤忻日兜俗字呷嘘者反

第六卷

猛烈　力折反說文烈火猛
也廣雅烈熱也爛也
阿爽　無往反正言排陛有毒
出幽州人或惇和食噉

慧琳《一切經音義》卷二十六、二十八（日本獅谷白蓮社本）選讀：

大般泥洹經第一卷　　玄應撰

也　考聲云傷蓐也

說文從心既聲也

哀慟　同貢反　論語云顏回死子哭
　　之慟慟哀過也　經文作欸歔非也

豪芒　如禾芒也　經文作秘無方鉥非也

窨孔　了彫反　作逢逺之邊也　利

濼漱　上遣老反　下所溜反　非也

第二卷

羅寂送　行攷剝老也　者古反　將行犯
　　者詩云仲山甫　載音蒲達反　長訣

候尚書　賊姦究花窨集聲曰窨蕭群

第三卷

者古宂反　訣訣頪略冰亦別也

大方等頂王經

維摩詰
經

慧琳撰

門聲或作閫門從草木亂也亦非梵語
經門閫苦本反毛詩云閫門限也賓孼反

企吉反郭注從草作靮非梵語

芬葩香上非也䒩上芬詩云芬香和芬也

䪍花是從或作㽵草分明也說文從芔聲下草䒩

廣雅是從草分明也希明說文從草集略說文云

說文聲從丈義毛詩與毛傳云

困聲橛板也

宅雅云辰除作焦也

廣雅云黑也慈也希明說文

凶禍義上文劦逐甲反惡也轉

鎧下雅上云苦也奇益

䐑犬從奇從甲反分文鎧字詩也集傳考聲云陷

也知非
非愤
愤亂
亂文
文上
木古
亂外
也反
從考
心聲
賓云
聲愤
又闌
音煩
會木
也通

泡
沫作也

陀尼子甲以反上詩云
交云金梵箏畟
並反
散身人
足怡
音省
各聲

鎧從身人下人郭
省鎧也督聲
廣磑從云音

上魄茅反考聲云水上浮漚也說文從水包聲下忙鉢反顧野王云沫水上浮沫也重重水上浮沫也說文從水未聲也

土墼 下經歷反顧野王云尅土方而不燒爲墼也說文義同從土毄聲毄音同上

蠲棄 上吉緣反郭注方言云蠲除也說文從蜀益聲下企智反孔注尚書云棄廢也尒疋忘也說文捐也正作棄從収推𠦒弃𠫓𠫓逆子也籀文作棄𠦒音半安反𠫓音土忽反經作弃古文字也

嬈害 上彌鳥反考聲云嬈相戲弄也說文嬈煩也苛也一曰擾弄也從女堯聲或作嬲苛音何苛怒也剝暴曰苛

怯羸 上去劫反顧野王云怯畏劣也家語云由能勇而不能怯而也古今正字從心去聲下果危反杜注左傳云羸弱也許叔重注淮南子云劣也說文瘦也從羊羸聲也

壁枝 上并覓反考聲云壁牆也顧野王云壁壘室中垣壁也說文從土辟聲辟音同上

高鐙 待騰反郭注尒疋云即膏燈也聲類云無足曰鐙有足曰錠說文赤錠也從金登聲或作燈錠音都定反

探古 上他南反孔注尚書云探取也聲類謂探取也說文遠取也從手探

5.4.2　現當代關於中古近代漢語詞彙的研究

張相《詩詞曲語辭匯釋》和蔣禮鴻《敦煌變文字義通釋》表明中古近代漢語詞彙研究有了突破性的進展。

《詩詞曲語辭匯釋》，張相著，中華書局 1953 年出版。這是研究詩詞曲中特殊詞語的一部專著。其"敍言"謂："詩詞曲語辭者，即約當唐宋金元明間，流行於詩詞曲之特殊語辭，自單字以至短語，其性質泰半通俗，非雅詁舊義所能賅，亦非八家派古文所習見也。""其字面生澀而義晦，及字面普通而義別者，則皆在探討之列。"該書以唐宋金元明詩詞曲中習見的特殊語詞爲考釋對象；排比例句時由詩而詞，由詞而曲，在一定程度上反映了詞語的淵源流變。該書考釋詞義的方法，在書序中說得非常清楚：

一曰體會聲韻。有韻之文，押韻爲難，古人容有遷就。況律詩須諧平仄，詞曲並嚴上去，聲韻所限，下字易窘，斯字義寬假之處，當亦愈多。在解釋時，自當多設方便，以謀適應。雖一字多義之原因，不盡屬此，要亦消息之一。至於聲近義通，訓詁舊例，顧在末流，稍失之滑。茲事江河不廢，陳義寧取矜慎。

二曰辨認字形。便書通假，古人往往隨手拈用，亦有後人傳寫摹刻，輾轉變易者。爲偏旁整齊，則"尤殢"增成"犹殢"；爲形體簡便，則"傒倖"省作"奚幸"。故"誚""悄""俏"可視其從"肖"而認爲同義；"謾""漫""慢"可視其從"曼"而認爲同義。形近義同之處，無從繩以小學，第於文義求之，姑且望文生義而已。

三曰玩繹章法。有倒裝之字，有倒裝之句，更有倒裝之段落。有本句爲呼應，有上下句爲呼應，有隔若干句爲呼應。試以詞論，普通前後分兩片，此乃譜之起訖，未可即認爲文之起訖。名家傑搆，其前片後半與後片前半，合成一段落者甚多，所謂過片不斷曲意也。夢窗（吳文英）之詞，號稱難治，與其云在字句之澀，毋寧云在章法之細。玉田（張炎）評夢窗詞，謂如七寶樓臺，拆碎下來，不成片段。竊爲下一轉語：樓臺結構，本成片段，見爲不成，以拆碎故。故本書所引文字，除單句意義明白者外，輒每引上下文，成一起訖，俾意義得以完全，瞭解易於正確。

四曰揣摩情節。詩詞小令套數，題敍所及，爲其命意所在。劇曲更各有關目由歷，尋其脉絡，得其葷較，不中不遠。又語氣輕重緩急有殊，意義亦即大異，子細覃索，並於上下文求之，或就命意求之，亦可想像八九。例如"誰家"一辭，"誰"猶云"甚"，此可就"姓甚名誰"之恒言，推得其義。"家"與"價"同，爲估量某種光景之辭，與"箇"字相近。"誰家"，猶如今日蘇杭語之"啥箇"，亦猶云"甚麼"也。杜甫《少年行》云："馬上誰家白面郎！臨階下馬坐人牀。不通姓字粗豪甚，指點銀瓶索酒嘗。"此"誰家"字語氣激烈，乃是詈辭，猶今云"甚麼東西"。《西遊記》劇十二云："誰家一個黃口孺子，焉敢罵我！"文義亦同。若解爲"某家郎"或"某家孺子"，語氣未免不合。《牡丹亭·驚夢》云："良辰美景奈何天，賞心樂事誰家院！"此"誰家"字語氣沉重，乃是悲語。"誰家院"猶云"甚麼院落"，意言"尚成甚麼院落"也，故與"奈何天"相對。此非臆測，上句云"似這般都付與斷井頹桓"，下文云"便賞遍了十二亭壹是惘然"，俱其明證。若解爲"某一家之院"，則迂緩而不切矣。

五曰比照意義。兹事稍煩，復析爲六項述之：

甲、有異議相對者，取相對之字以定其義。例如：駱賓王《樂大夫挽詞》："城郭猶疑是，原陵稍覺非。"李嶠《早發苦竹館》詩："早霞稍霏霏，殘月猶皎皎。"兩詩之"稍"字與"猶"字相對，因假定"稍"猶"已"也。再證之以章應物《休沐東還胄貴里》詩："竹木稍摧翳，園場亦荒蕪。"韓愈《秋雨連句》："氛霧稍疏映，霧亂還擁菁。"一與"亦"字相對，一與"還"字相對，"稍"字之"已"義益明。復證之蘇軾《十月四日以病在告獨酌》詩："月華稍澄穆，霧氣尤清薄。"陳師道《次韻晁無歝夏雨》詩："稍無蟲飛喧，復覺蟬語多。"一與"尤"字相對，一與"復"字相對，"稍"字之"已"義益確。凡此諸詩之"稍"字，以"少""小"之本義釋之，殊無當矣。

乙、有同義互文者，從互文之字以定其義。例如：李商隱《昨日》詩云："昨日紫姑神去也，今朝青鳥使來賒。""賒"字初覺費解。然此爲七律詩體，對仗工整，"賒"字當與"也"字同爲語助詞而互文，因假定"來賒"猶之"來兮"，亦猶之"來也"。然後章應物《池上》詩所云"池上一來賒"，及楊萬里《多稼亭看梅花》詩所云"更上城頭一望賒"者，迎刃而解，知其亦爲語助詞也。

丙、有前後相應者，就相應之字以定其義。例如：邵雍《答安之少卿》詩云："輕風早是得人喜，更向芰荷深處來。"又孫光憲《浣溪沙》詞云："早是銷魂殘燭影，更愁聞着品弦聲。"兩"早是"字均與下句"更"字相應，因假定"早是"之義，猶云"本是"或"已是"也。

丁、有文從省略者，玩全段之文以定其義。例如："早是"字與"更"字相應，然馮延巳《搗練子》詞云："早是夜長人不寐，數聲和月到簾櫳。"又《董西廂》四云："早是離情悽苦，病體兒不能痊癒。"兩上句均有"早是"字，如其下句均省去"更"字也。

戊、有以異文印證者。同是一書，版本不同，某字一作某，往往可得佳證。例如：王維《燕支行》詩云："教戰須令赴湯火，終知上將先伐謀。"趙殿臣注本云："'須'，顧元緯本、凌本俱作'雖'。"李商隱《中元作》詩云："羊權須得金條脫，溫嶠終虛玉鏡臺。"朱鶴齡注本云："'須'一作'雖'。"兩詩之"須"字作"雖"字解，方與下句之"終"字相應。又巾箱本《琵琶記》三十云："他媳婦須有之。"凌刻朦仙本及陳眉公本，俱作"雖有之"。據此三證，則知"須"猶"雖"也。

己、有以同義異文印證者。類似之文句，甲文某字作某，乙文作某，比照之而其義可見。例如：陳師道《寄泰州曾侍郎肇》詩云"是處逢人說項斯"，實脫胎於楊敬之《贈項斯》詩之"到處逢人說項斯"。則知"是處"即"到處"也。陳與義《雨中再賦海山樓》詩云"一生襟抱與山開"，實脫胎於杜甫《奉待嚴大夫》詩之"一生襟抱向誰開"。則知"與"猶"向"也。（以上所舉各例，俱詳見各本字條。）凡此方法，大率不出劉淇氏《助字辨略》、王引之氏《經傳釋詞》及清代諸訓詁大師所啓示，創始難而因仍易，不佞惟有遙謝古人而已。①

《詩詞曲語辭匯釋》突破了傳統訓詁的研究對象，考證嚴密，引例豐富，兼及所釋詞語之源流，結論大多可信。下面選讀該書卷一開篇所釋"須"的考證內容（考證例證較多，酌刪）：

須（一）

須，猶應也；必也。杜甫《投簡梓州幕府兼簡章十郎官》詩："固知貧病人須棄，能使韋郎迹也疏。"人須棄，猶云人應棄也。……邵雍《人物吟》："人破須至護，物破須至補。補護既已多，卒歸於敗露。"言應得護、應得補也。按黃庭堅《次韻時進叔》詩："人故義當親，衣故義當補。"兩詩之句，機軸相同。一用須至字，一用義當字，當即應也，可相證也。

須（二）

須，猶是也；自也；正也。王安石《見鸚鵡戲作》詩："直須強學人間語，舉世無人解鳥言。"直須，猶云直是也。《小孫屠》戲文："他須煙花潑妓，水性從來怎由己，緣何會做得人頭妻。"他須，猶云他是也。……《麗春堂》劇二："我與那左丞相是兄弟，我和你須叔姪。"須與是互文，須即是也。以上屬是字義。涵芬本《遇上皇》劇一："既然他不肯斷酒呵，不要他城市中住，教他村裏莊兒上去住，須沒有酒吃。"此須字作自字解，言自沒有酒吃也。……有時須字與是字聯用，語氣較強，則可解為自是或正是。《遇上皇》劇二："小人則（祇）是個隨驢把馬喬男女，你須是說古論文士大夫。"須是，猶云自是或正是也。……《東窗事犯》劇："陛下索趁逐，替微臣報冤讎，臣須是一日無常萬事休。"此猶云正是。《殺狗勸夫》劇二："俺須是死無個葬身之地，祇落得抱雙肩緊把頭低。"此亦猶云正是。以上為正字義。

須（三）

須，猶本也。語氣較自字、正字義為強。《太平樂府》九，睢景臣《哨遍》套，

《高祖還鄉》：“你須身姓劉，你妻須姓呂，把你兩家兒根脚從頭數。”言你本姓劉，你妻本姓呂也。根脚，猶云出身。……《倩女離魂》劇一：“俺本是乘鸞艷質，他須有中雀豐標。”須與本亦互文。《㑳梅香》劇三：“這的是赴約的風流況，須不是樂道的顔回巷。”須不是，猶云本不是也。《李逵負荆》劇四：“須不是我倚强凌弱，還是你自攬禍招災。”義同上。

須（四）

須，猶終也。語氣較應字義爲强。王建《歲晚自感》詩：“一向破除愁不盡，百方迴避老須來。”老須來，老終來也。……《樂府雅詞》拾遺上，無名氏《西江月》詞：“飲罷高陽人散，曲終巫峽雲飛；千方修合鬬新奇，須帶別離滋味。”言終帶別離滋味也。按此當爲詠茶，古人宴會散時，點茶送客也。……《瀟湘雨》劇一：“雖然俺心下有，我須是臉兒羞。”《舉案齊眉》劇二：“須有日御簾前高捧三台印，都省裏官身正一品。”須有日，終有日也。巾箱本《琵琶記》五：“但願得雙親長健，須有日，拜堂前。”義同上。

須（五）

須，猶卻也。於語氣轉折時或語氣加緊時用之。朱敦儒《水調歌頭》詞：“中秋一輪月，祇和舊青冥。都緣人意，須道今夕別般明。”須道，卻道也；言中秋之月，祇與常時一樣，都緣心理作用，卻道別樣光明也。《花草粹編》三，無名氏《菩薩蠻》詞：“含笑問檀郎：‘花强妾貌强？’檀郎故相惱，須道‘花枝好’。”須道，義同上。《小孫屠》戲文：“孫二須不是這般人。”言卻不是這種人也。《馬陵道》劇三：“先生！我須不是故意來賺你的。”……《氣英布》劇三：“原來他罵的也則（祇）是鄉間漢、田下叟；須不共英雄輩，做敵頭。”須不共，卻不共也；言卻不與英雄輩爲難也。按本條所述，與作終字解者頗相近，特彼爲直敘語氣，此爲轉折語氣耳。

須（六）

須，猶雖也。王維《燕支行》：“教戰須令赴湯火，終知上將先伐謀。”顧元緯本、凌本須均作雖，須字自與終字相應，言教戰之令雖嚴，終以伐謀爲先也。李商隱《中元作》詩：“羊權須得金條脫，溫嶠終虛玉鏡臺。”須一作雖，亦與終字相應。錢起《江行》詩：“放歌雖自遣，一歲又崢嶸。”雖一作須。王建《昭應官舍》詩：“文案把來看未會，雖書一字甚慚顔。”雖一作須。玩上所舉，可知須與雖本通用也。……曹松《送僧人入蜀過夏》詩：“五月峨眉須近火，木皮嶺裏祇如冬。”言峨眉雖熱，木皮嶺則不熱也。敦煌文庫，《晏子賦》：“梧桐樹須大，裏空虛；井水須深，裏無魚。”須大，雖大也；須深，雖深也。……《董西廂》一：“須看了可憎底千萬，兀底般媚臉兒不曾見。”言雖見過美人千萬，然如此美貌則不曾見過也。……凡此諸須字，亦皆雖字義也。

《敦煌變文字義通釋》，蔣禮鴻著，中華書局1959年初版，1960年再版，1962年第三版；上海古籍出版社1981年第四版，1988年第五版（第四次增訂本），1997年第六版（增補定本），總字數四十餘萬字，總印數超兩萬冊，影響深遠，是一部對敦煌變文詞語進行深入詮釋的專著。該書將所釋詞分爲六類：釋稱謂、釋容體、釋名物、釋事爲、釋情貌、釋虛字。"作者將變文材料歸納比勘，以唐五代人詩詞、筆記、小說等語言材料相互證發，並從漢魏六朝及宋元明清語言材料上下取證，論述通借，探索語源，使敦煌變文字義中的積久滯礙，一朝貫通，確詁精解，絡繹紛披，開辟了本世紀俗語詞研究的一個新階段。不僅解決了變文研究中長期誤讀和歷來困惑的難點，而且有力地啓動了上自漢魏下及明清而以唐宋爲重點的方俗語詞研究的進程，對漢語詞彙史研究有着不可磨滅的貢獻。"①

《敦煌變文字義通釋·序目》認爲："古代口頭語言的真實面貌，反映在'正統'的文言文裏的非常之少，而在民間的創作以及文人吸取民間口語的作品中可以窺見其一部分。民謠、詩、詞、曲、小說、隨筆、語錄等，其中或多或少地保存着口語的材料。研究古代語言的人，對這些還沒有加以足夠的注意，以致古代語言真相隱而不顯。"因而，蔣禮鴻先生對通俗文獻中的語言研究特別關注，該書所專門研究的敦煌變文，雖反映當時口語，"提供了漢語史中較多的口語詞彙和語法的材料"，但由於時代久遠，後世理解困難，故詳加解釋是必要的。該書的研究方法，蔣禮鴻先生在"序目"中也有詳細闡述：

研究古代語言，我以爲應該從縱橫兩方面做起。所謂橫的方面是研究一代的語言，如元代。其中可以包括一種文學作品方面的，如元劇；也可以綜合這一時代的各種材料，如元劇之外，可以加上那時的小說、筆記、詔令等。當然後者的做法更能看出一個時代語言的全貌。所謂縱的方面，就是聯繫起來看它們的繼承、發展和異同。《詩詞曲語辭匯釋》就是這樣做的。入手不妨而且也祇能從一小部分一小部分做起，但到後來總不能爲這一小部分所限制；無論是縱的和橫的，都應該有較廣泛的綜合。就綜合來說，《詩詞曲語辭匯釋》在縱的方面算是有了展延，但在橫的方面範圍仍是狹窄的。例如唐代的材料，作者祇採用了詩詞和少量的變文，而於小說、筆記和大量的變文等都沒有採集。這一則是體例所限，一則是所見材料還不足，不能過於吹求，但不能不算是憾事。②

《敦煌變文字義通釋》解釋詞語，參證材料極爲豐富，這裏祇引用其中一條字數較

① 蔣禮鴻著，吳熊和主編：《蔣禮鴻集·前言》，杭州：浙江教育出版社2001年版。
② 蔣禮鴻：《敦煌變文字義通釋·序目》，上海：上海古籍出版社1997年版，第1－2頁。

少的例子。該書釋"覺"爲"較量",其論證材料如下:

《孔子項託相問書》:"二人登時卻覓勝,誰知項託在先亡。""卻覓勝"戊卷作"各覓強"。按:"覓"字應用作"覺",是形近之誤。《廣韻》入聲四覺韻内"覺""斠""角""較"並音古岳切,又古孝切。"覺勝""覺強"的"覺"就是"角力"的"角",而"角力"的"角"即"比較"的"較","較"字本義是車較,其作"比較"義的,是"斠"的假借。《廣雅》釋詁三下:"斠,量也。"就是現今所説的"較量"。《廣韻》中這四個字,聲同義通,要其根柢則爲"斠";參見拙著《義府續貂》"覺趹"條。又《中國語文》一九八〇年第一期載郭在貽撰《〈太平廣記〉裹的俗語詞考釋》一文有"乖角、乖覺"一條,釋爲違戾,牴牾,亦可證"角""覺"通用。"覺勝""覺強",即較量勝敗強弱,前文所述孔子與項託互相問答,旨在難倒對方,就是所謂覺勝、覺強;作"覓"字無義。《維摩詰經講經文》:"祇候覓皇傾法雨,專希大圣振春雷。""覓皇"是"覺皇"之誤,與"覓勝"爲"覺勝"之誤同例。

　　張、蔣兩位先生之後,許多前輩學者在中古近代漢語詞彙研究方面創獲甚多,例如郭在貽、劉堅、吳金華、王鍈、白維國等先生。

　　王鍈先生《詩詞曲語辭例釋》(1980)繼承並發展了張相《詩詞曲語辭匯釋》的旨趣,其探討更進一步精密化和科學化。《唐宋筆記語辭匯釋》(1990)則以唐宋筆記中的俗語詞爲主要研究對象,拓寬了近代漢語詞彙的研究領域。《宋元明市語匯釋》(1997)更進一步將近代漢語詞彙研究擴展到全新的領域。三部著作後來均多次修訂再版,是治漢語史和古代文學、古典文獻的學者的案頭必備之書,成績有目共睹,學界早有定論,此不贅述。[①] 其他諸位前輩在中古近代漢語研究方面的學術成就此不贅述,請參考其相關論著。

　　以上所述,僅爲中古近代漢語詞語考釋工作。詞語考釋是基礎,但詞彙研究不能僅限於此。前面所説的各種詞彙概貌、詞彙的發展、造詞方式等,都是中古近代漢語詞彙研究的内容。蔣紹愚先生指出:

近代漢語詞彙研究應該包括以下幾個方面:

(1) 詞語的考釋

(2) 構詞法的研究

---

　　① 詳見曾昭聰:《王鍈先生學術成就述略》,崔志遠、吳繼章主編:《中國語言文學研究》(2016 年春之卷:總第 19 卷),北京:社會科學文獻出版社 2016 年版;蔣紹愚:《重讀王鍈〈詩詞曲語辭例釋〉》,崔志遠、吳繼章主編:《中國語言文學研究》(2017 年春之卷:總第 21 卷),北京:社會科學文獻出版社 2017 年版。

（3）常用詞演變的研究

（4）專書詞彙研究

（5）各階段詞彙系統的研究

（6）近代漢語詞彙發展史的研究

近年來，做得最多的是詞語考釋，除此之外，構詞法的研究、常用詞演變的研究、專書詞彙研究都有不同程度的進展，但各階段詞彙系統的研究和近代漢語詞彙發展史的研究做得不夠。①

除此之外，中古近代漢語詞彙研究還有一些新的領域，因爲本門課程是入門性質的，所以有關學界在各個方面的研究的最新進展就不多介紹了。有志於此者，需要繼續深入學習。

☆練習題

1. 閱讀并抄録清代乾隆十六年無不宜齋刊本《通俗編》卷三八《識餘》"市語"條，分析其中所説到的市語的構成方式。

---

① 蔣紹愚：《近代漢語研究概要》，北京：北京大學出版社 2005 年版，第 287 頁。

東五屯六春七軒八書九籍道家星卜一太二大三裳
四全五假六眞七秀八雙全九淵雜貨鋪一平頭二空
工三眠川四睡目五㪣六鼻大七㿒底八分頭九未
九優伶一江風二耶神三學上四朝元五供養六么今
七娘子八甘州九菊花十段錦江湖雜流一酉二月三
汪四則五中六人七心八眼九愛十足江湖人市語尤
多坊間有江湖切要一刻事事物物悉有隱稱所謂誠
惑亂聰聞無足採也其間有通行市井者如官僧曰孤司
店曰朝陽犬曰益老妻曰底老家人曰形脚僧曰
道七曰廿四成衣曰獻短裙曰樓兒剃頭曰打掃頭曰獸
青船曰瓢兒屋曰頂公銀曰琴公鏡曰水鴨曰珠
餅曰偏食鹽曰讚老魚曰

日照兒抹布曰踢坐曰打墩拜曰鵡撣搯曰丟圈子
叩頭曰蹕郎坐曰打墩拜曰寫字曰捌黑說話曰吐剛被欺曰上當
虛奉承曰王六火曰太式無曰念俱由
來于此語也西京雜記云晁安市人語各有不同有葫
蔗語鑷子語鈕語練語三摺語通謂市語宋汪雲程跰
跰譜有所謂錦語者亦與市語不殊蓋此風之興已久
或云盧敎作市語其信然乎

2. 論述漢語史上不同時期漢語吸收外來詞的現象。

3. 閱讀一本近代漢語時期的俗語辭書或方言辭書，找到至今仍在你的方言中使用的詞語，分析其詞義與構詞理據。

6 中古近代漢語語法

語法主要包括詞法和句法。中古近代漢語語法所包括的内容甚多，這裏祇簡要地介紹一些中古近代漢語中幾種句式的發展和幾個虛詞的發展。[①] 其他詳細内容，則請參考相關專門論著。關於中古近代漢語語法的研究，也祇作一些簡單的介紹。

6.1 中古近代漢語句式的發展

6.1.1 繫詞"是"和"是"字句的發展

戰國末，繫詞"是"已經産生，但是西漢用"是"構成的判斷句還不多，結構也比較單純，主語和表語大都是名詞或名詞性詞組，往往同時用"也"煞尾。例如：

①此是何種也？（《韓非子·外儲説左上》）
②固曰："此是家人言耳。"（《史記·儒林列傳》）

汪維輝發現，東漢時期漢語佛經中已有不少用"不是"的例子，"不是"的出現是繫詞發展成熟的標誌。同時，繫詞"是"本來就用得相當普遍，而且經常受副詞的修飾。[②] 例如：

③其法不是弊魔及魔天之所滅，亦不是天中天弟子所滅。（支婁迦讖譯《阿閦佛國經》卷下）
④般若波羅蜜者，即是珍寶故。（支婁迦讖譯《道行般若經》卷四）

晉宋以後，"是"字句數量增加了很多，《世説新語》中用"是"構成的判斷句佔

---

①　這一部分前兩小節主要參考向熹《簡明漢語史》、蔣紹愚《近代漢語研究概要》等著作及相關論文，最後一小節則主要參考孫錫信《中古近代漢語語法研究述要》。

②　汪維輝：《繫詞"是"發展成熟的時代》，《中國語文》1998 年第 2 期。

全部判斷句的一半。《百喻經》裏"是"字句占全部判斷句的90%以上。近代漢語中更加普遍。例如：

⑤盧志於衆坐問陸士衡："陸遜、陸抗是君何物?"（《世説新語·方正》）

⑥彼王問言："爾是何人? 何處得馬?"（《百喻經·五百歡喜丸喻》）

從結構上看，"是"字句的主語和表語可以有各種不同的情況：主語或表語可以是名詞或名詞性詞組，代詞；表語是"所"字結構，動詞、形容詞；主語或表語是動賓形式或句子形式，"底"字結構。可以沒有或省略主語，省略表語。從意義上看，中古以後，"是"字句不僅表示判斷，而且有了不同的引申用法。可以解釋事物發生的原因、表示比擬或比喻、表示一種存在。例如：

⑦瘐曰："君復何所憂慘而忽瘦?"伯仁曰："吾無所憂，直是清虛日來，滓穢日去耳。"（《世説新語·言語》）

⑧謝太傅云："不得爾，此是屋下架屋耳。事事擬學，而不免儉狹。"（《世説新語·文學》）

⑨時時聞鳥語，處處是泉聲。（白居易《遺愛寺》）

從繫詞本身看，"是"的應用也有了很大發展，在近代漢語中産生了不少新的用法："是"的作用主要不是聯繫主語和謂語，而是加强句子的語氣。例如：

⑩無情最是章臺柳，依舊煙籠十里堤。（韋莊《臺城》）

同時，繫詞句可以省去主語或沒有主語，如果表語後接有別的分句，"是"的繫詞性也會減弱，最後完全失去繫詞的性質而具有"凡是""所有的"的意思。例如：

⑪今是水悉有之，黄花似菔。（《顏氏家訓·書證》）

⑫院院皆行，是事皆有。（《敦煌變文集·山遠公話》）

在近代漢語中，出現繫詞"是"重出的判斷句，可能是受到阿爾泰語系的影響。例如：

⑬老身是孟老相公宅上嬷嬷的便是。（元無名氏《舉案齊眉》）

中古漢語中的繫詞"是"處在句子末尾有兩種情況：一是表語已提到繫詞前面，一是省略表語。這兩種情況在近代漢語中均多見。近代漢語中進一步發展，"是"前面出現一個內容完整的句子形式，可以獨立存在，"是"置於句末，已經虛化。"是"前還可以有"便、就"，"是"後可以加語氣詞"了"。例如：

⑭這罪越添得重了，待走那裏去的是？（《水滸傳》第六二回）
⑮你還我一紙休書來，你自留他便是了。（《水滸傳》第二四回）

"是"的虛化還存在於選擇問句。"是"字用於選擇問句是從晚唐五代開始的，例如敦煌變文中的"不委是凡是聖"。後來逐漸失去繫詞的性質，變成了選擇連詞。例如：

⑯小姐是車兒來？是馬兒來？（鄭德輝《倩女離魂》）
⑰這會子還是立刻叫他呢，還是等着？（《紅樓夢》第七十回）

6.1.2　處置式的發展

處置式是用一定的虛詞把目的語（受事賓語）提到敍述語前面的一種句式，因爲這類句子大多具有對受事進行某種處置的意義，所以叫處置式。

上古漢語中的處置式用介詞"以"構成，這種用法六朝沿用。例如：

①今予將試以汝遷。（《書·盤庚中》）

"以汝遷"就是"把你們遷走"。

②因以死人頭投大賢前。（《搜神記》卷十八）

西晉時"將"字開始用於處置式：

③時遠方民，將一大牛，肥盛有力，賣與此城中人。（西晉竺法護譯《生經》卷三）
④爾時世尊告諸比丘：汝等將此梵志，教授威儀，度爲比丘。（姚秦涼州沙門竺佛念譯《出曜經》卷二）

到唐代，"將"和"把"都廣泛用於工具語和處置式，而且兩者常常並用。例如：

⑤敢將十指夸鍼巧，不把雙眉鬥畫長。（秦韜玉《貧女》）
⑥心將潭底測，手把波文裹。（皮日休《奉和魯望漁具十五詠》）

近代漢語中處置式的新發展主要有以下幾個方面：
其一，處置式跟現在有相同的一面，即動詞後面帶賓語、補語或助詞，動詞前有各種修飾成分；也有不同的一面，動詞前後沒有別的成分。例如：

⑦已用當時法，誰將此義陳？（杜甫《寄李十二白二十韻》）
⑧料理中堂，將少府安置。（張鷟《遊仙窟》）
⑨試把你裙帶兒拴，紐門兒扣。（王實甫《西廂記》四本二折）

其二，現代漢語裏，處置式的否定句，一般祇把否定副詞"不"放在"將"和"把"的前面，但近代漢語處置式沒有這樣的限制。例如：

⑩念我常能數字至，將詩不必萬人傳。（杜甫《公安送魏二少府匡贊》）
⑪今人所以悠悠者，祇是把學問不曾做一件事看。（《朱子語類》卷八）
⑫林沖每日和智深吃酒，把這個事不記心了。（《水滸傳》第七回）

其三，出現沒有動詞相呼應的處置式。例如：

⑬我把那精驢賊醜生弟子孩兒！（孟漢卿《魔合羅》二折）
⑭我把你這個大膽的潑猴！怎敢這等欺人！（《西遊記》第三五回）

其四，處置式和被動式結合使用。例如：

⑮如今把俺們也吃他活埋了，弄的漢子烏眼雞一般。（《金瓶梅》第十一回）
⑯今早帥眾與天王交戰，把七十二洞妖王與獨角鬼王盡被眾神捉了。（《西遊記》第五回）

其五，有些句子現代漢語中不可以用處置式，但在近代漢語中是可以的。例如：

⑰二人辭了須好去，不用將心怨阿郎。(《敦煌變文集·董永變文》)
⑱不經旬日，行至勝山，將身即入。(《敦煌變文集·秋胡變文》)

其六，出現了不表處置的"把（將）字句"，例如：

⑲將大小將校，依令如此而行。(《水滸傳》第六十回)
⑳把一個高贊就喜得手舞足蹈。(《醒世恒言》卷七)

6.1.3　被動句的發展

上古漢語非"被"字的各種被動句在中古近代漢語中仍然很多，應視爲仿古用法。例如：

①吾不能舉全吳之地，十萬之衆，受制於人。(《資治通鑒·赤壁之戰》)
②從來禦魑魅，多爲才名誤。(杜甫《有懷臺州鄭十八司戶》)
③然而公不見信於人，私不見助於友。(《韓愈《進學解》)
④聞他宿舊沙門婆羅門有大名德，而爲世人之所恭敬。(《百喻經·爲婦貿鼻喻》
⑤中道之郵亭人舍，多爲尊官有力者之所見占。(薛用弱《集異記》)

"被"字句大約萌芽於戰國末期，例如《戰國策》中的"萬乘之國，被圍於趙"，《韓非子》中的"今兄北被侵"，但這些"被"字後面還不帶關係語（即動作的施事）。帶關係語的"被"字句在漢末出現，到南北朝時增多。例如：

⑥五月二十日，臣被尚書召回。(蔡邕《被收時表》)
⑦禰衡被魏武謫爲鼓吏。(《世説新語·言語》)

中古近代漢語中，"被"字句有了全面的發展，出現了一些複雜的形式。
其一，有些"被"字句的謂語是一個固定詞組，所以不能還原爲主動句。例如：

⑧吾自到此土，被人六度下藥。(《祖堂集》)
⑨這閻婆惜被那張三小意兒百依百順，輕憐重惜。(《水滸傳》第二一回)

其二，帶賓語的"被"字句，賓語可以是主語的一部分或爲主語所領有，或者賓語就是主語。例如：

⑩如彼愚人，被他打頭。（《百喻經·以梨打頭破喻》）

⑪祇如上座過在什摩處，即被打之？（《祖堂集》）

其三，非被動關係的"被"字句數量不少，例如：

⑫二將奏曰："被漢將詐宣我王有敕，賺臣落馬。"（《敦煌變文集·漢將王陵變》）

⑬小人親兄武大被西門慶與嫂通姦，下毒藥謀害性命。（《水滸傳》第二六回）

其四，"被"字句與"把"字句結合。例如：

⑭那人又飛起脚來踢，被李逵直把頭按將下去。（《水滸傳》第三八回）

⑮被他把兩個青氈包袱提在手裏，駕斤斗雲，不知去向。（《西遊記》第五七回）

其五，"被"字句的謂語前加"不"。例如：

⑯覷着鶯鶯，眼去眉來，被那女孩兒不睬不睬。（《董西廂》卷一）

⑰被武松不管他，拖了過來。（《水滸傳》第二六回）

除"被"字句外，近代漢語中還有幾種其他形式的被動句。

一是"吃"字句（"吃"或作喫、乞）。"喫"本義爲"食"，唐五代時引申出"蒙受、遭受"義，如敦煌變文中的"解事急說情由，不說眼看喫杖"，"火急離我門前，少時終須喫摑"，再進一步虛化就成爲表示被動關係的助詞，或用在"吃＋名＋動"格式裏作爲表示被動的介詞。例如：

⑱他心本不曾動，祇是忽然喫一跌，氣才一暴，則其心志便動了。（《朱子語類》卷五二）

⑲黄羊野馬捻槍撥，虎鹿從頭喫箭川（穿）。（《敦煌變文集·王昭君變文》）

二是"給"字句。"給"作動詞在近代漢語中表示"給予"，引申爲動詞"讓，叫"，表示使對方做某事，例如《紅樓夢》中"賈母忙拿出幾個小杌子來，給賴大母親等幾個高年有體面的媽媽坐了"，或表示容許對方做某事，如《紅樓夢》中的"没給寶玉看見過”。最後表示被動，例如：

⑳就是天，也是給氣運使喚着。(《兒女英雄傳》第三回)

到現代漢語中，這種被動句就用得很多了，如“別給雨淋了”之類。

三是“教”字句（“教”或作叫、交）。“教”字句是在唐代出現的，這些例句看起來像使役句，但要看作被動句也是完全可以的。

㉑五月販鮮魚，莫教人笑汝。(寒山詩)

㉒願爲化得紅綬帶，許教雙鳳一時銜。(李商隱《飲席代官妓贈兩從事》)

表被動的“教”字句中的施動者後來出現無生物，而且在句末出現“了”。例如：

㉓以前雖被愁將去，向後須教醉（一作酒）領來。(皮日休《奉酬魯望惜春見寄》)

㉔叫雪滑倒了。(《紅樓夢》第八回)

6.2　中古近代漢語虛詞的發展

6.2.1　介詞的發展

上古漢語的介詞“從、爲、向、以、因、由、於（于）、與、在、自”等，中古近代漢語繼續使用。同時，中古近代漢語中也出現了不少新介詞。主要有下面這些：

把　介詞“把”由動詞虛化而來，有兩種用法，一是表示工具、材料或方法；二是把動詞的賓語提前，表示處置。例如：

①生爲不讀半行書，祇把黃金買身貴。(李賀《嘲少年》)

②應是天仙狂醉，亂把白雲揉碎。(李白《清平樂》)

趁　介詞“趁”大約產生於唐代，表示等到某個時候，相當於“乘”。例如：

③月乘殘夜出，人趁早涼行。(白居易《早發楚城驛》)

④不關破賊須歸奏，自趁新年賀太平。(韓愈《同李二十八員外從裴相公野宿西界》)

197

扶　介詞"扶"產生於三國，表示方向，相當於"循，沿"。例如：

⑤玉樹扶道生，白虎夾門樞。（曹植《仙人篇》）
⑥既出，得其船，便扶向路，處處誌之。（陶潛《桃花源記》）

共　上古"共"已有副詞用法，是"共同，一起"的意思，三國時引申有介詞用法，表示動作所涉及的對方，相當於"和，跟"。例如：

⑦其男長瓜，聰明博達，善能論議，常共其姊舍利，凡所論説，每常勝姊。姊既妊娠，共弟論議，弟又不如。時弟長瓜，而作是言：我姊先來，共我論議，常不如我；懷妊以來，論議殊勝，乃是胎子福德之力。（吳支謙譯《撰集百緣經》卷十）
⑧時彼比丘，作是念：我今不應共他婦女起惡名聲，我今欲於此林中自殺。（西晉法炬譯《比丘避女惡名欲自殺經》）

和　介詞"和"產生於唐朝，表示包括或强調動作所關涉的事物，相當於"連"。例如：

⑨紫芽嫩茗和枝采，朱橘香苞數瓣分。（元稹《貶江陵途中寄樂天》）
⑩主僕二人急叫店主人時，叫不應了，仔細看時，和店房都不見了，和王吉也乞一驚。（《清平山堂話本·陳巡檢梅嶺失妻記》）

就　介詞"就"表示動作發生的處所，相當於"從"或"向"。例如：

⑪但問情若爲，月就雲中墮。（謝靈運《東陽溪中贈答》）
⑫四員神將領了法旨，去不多時，就花園内起一陣風。（《清平山堂話本·洛陽三怪記》）

連　介詞"連"產生於南北朝，表示包括或强調動作所關涉的事物。例如：

⑬嘗發所在竹篙，有一官長連根取之，仍當足，乃超兩階用之。（《世説新語·政事》）
⑭若數西山得道者，連予便是十三人。（施肩吾《西山靜中吟》）

似 介詞"似"產生於唐代,有兩種用法。一是放在動詞後,表示動作影響所及的對象,相當於"與,向";另一種是表示比較,相當於"於,過"。例如:

⑮今朝別有承恩處,鸚鵡飛來説似人。(羅鄴《宮中》)
⑯逆旅主人相問,今回老似前回。(劉克莊《風入松》)

望 介詞"望"產生於魏晉。表示方向,相當於"對,向";又表示趨向,相當於"至,到"。例如:

⑰其寺東南北方五百步,前望嵩山少室,卻負帝城。(《洛陽迦藍記·景明寺》)
⑱蒲柳之姿,望秋而落。(《世説新語·言語》)

聞 介詞"聞"產生於唐代,表示及時,相當於"趁"。例如:

⑲莫度清秋吟蟋蟀,早聞黄閣畫麒麟。(杜甫《季夏送鄉弟韶陪黄門從叔朝謁》)
⑳聞閑且共賞,莫待繡衣新。(韋應物《早春對雪,寄前殿中元侍御》)

問 介詞"問"產生於唐代,表示動作的方向,相當於"向"。例如:

㉑爲向東州故人道,江海已擬惠休詩。(李益《送賈校書東歸寄振上人》)
㉒風雨荆州二月天,問人初雇峽中船。(竇群《自京將赴黔南》)

着 介詞"着"產生於唐朝,表示動作所用的工具,相當於"以,用"。例如:

㉓莫憂世事兼身事,須着人間比夢間。(韓愈《遣興》)
㉔傳語李君勞寄馬,病來唯着杖扶身。(白居易《還李十一馬》)

捉 介詞"捉"表示處置,相當於"把,將"。例如:

㉕向吾宅裏坐,卻捉主人欺。(《敦煌變文集·燕子賦》)
㉖布金買園無辭憚(憚),外道捉我苦刑持。(《敦煌變文集·降魔變文》)

自從 "自"和"從"連用爲複合介詞,漢代已有。中古近代漢語一直沿用。

㉗自從窮蟬以至帝舜，皆微爲庶人。（《史記·五帝本紀》）
㉘高氏又說："自從今日爲始，我再不與你做一處。"（《清平山堂話本·錯認屍》）

此外還有衝、除、況、憑、起、替、往、等、趕、打、打從、去、衹、朝、朝著、照、照著、拿、使、據、靠、給、跟、合、爲著、爲了等，限於篇幅，就不一一介紹了。另外，上古漢語中的一些介詞，如比、將、同、向，其用法在中古近代漢語中擴大了。

6.2.2　連詞的發展

中古近代漢語中產生了不少新的連詞。下面分類述及。

其一，並列連詞。新產生的有"共""和""將"等。"共"的連詞用法產生於中古，"和"產生於唐代，"將"也始見於唐代。例如：

①譬如五人，共買一婢。（《百喻經·五人買婢共使作喻》）
②雀兒和燕子，合作開元歌。（《敦煌變文集·燕子賦》）
③經山復歷水，百恨將千慮。（李頎《臨別送張諲入蜀》）

其二，承接連詞。"便""乃""即"上古漢語中都是副詞，魏晉以後逐漸用作連詞。同時由它們構成的雙音詞"便即""便遂""便乃""即乃""遂即"等也表承接。例如：

④便遂乃揭卻一幕，捉得知更官健。（《敦煌變文集·漢將王陵變》）
⑤子胥聞船人此語，知無惡意，遂即出於蘆中。（《敦煌變文集·伍子胥變文》）

其三，遞進連詞。上古的遞進連詞有"並""況""且"等。中古近代漢語中又產生了新的遞進連詞"何況"，放在後一分句句首；"不但、不論、不徒、不唯"，"非但、非論、非唯"都放在前一分句句首；"尚且、尚自"，放在前一分句主語之後；"無論"，放在前一分句句首，後一分句意思更進一層。例多不贅舉。

其四，轉折連詞。中古近代漢語中新產生的轉折連詞有"卻""但""衹是"。

⑥既召見而惜之，但名字已去，不欲中改，於是遂行。（《世說新語·賢媛》）

其五，因果連詞。上古漢語中有"因""由""故"，中古以後又產生"爲緣""所以""因此""因兹""緣兹"等複合用法。例如：

⑦爲緣不識阿羅漢，百般笑效苦芬葩。（《敦煌變文集·醜女緣起》）

其六，假設連詞。上古假設連詞達二十多個，有些至中古不用了。但中古近代漢語中又新產生了一些假設連詞："但若""還""可中""忽、忽而、忽爾、忽然、忽若、若忽""如或、如若""若還、若或、若令、若使、若也、但若、或若""倘或、倘若、倘使""向令、向若"。例如：

⑧草檄可中能有暇，迎春一醉也無妨。（李涉《早春霽後發頭陀寺寄院中》）
⑨向令太祖録其小能，節以大禮，抑之以權勢，納之以軌則，則亂心無由而生。（《晉書·張華傳》）

其七，讓步連詞。中古以後新產生的讓步連詞有十多個：單音詞"便""就""任""然""饒""則""直""終""總"，複音詞有"就令""假如""假饒""假使""雖然""然須""直饒""縱饒""遮莫""遮不""終然""縱然"等。例如：

⑩遮莫你僂儸上陵天，南州北郡置莊田，未待此身裁與謝，商量男女擬分錢。（《敦煌變文集·太子成道經》）
⑪是故衆生莫輕小惡，以爲無罪，死後有報，纖毫受之。父子至親，歧路各別。縱然相逢，無肯代受。（唐實叉難陀譯《地藏菩薩本願經》卷上）

另外，近代漢語中還新產生了很多其他連詞，現代漢語中所有的連詞都已經在近代漢語中產生了，限於篇幅，也不再一一介紹。

6.2.3　助詞的發展

中古近代漢語中新出現的結構助詞有"底""地""的"。

底　產生於唐代，有三種用法。一是可以用在定語和中心語之間，表示領屬關係或修飾關係；二是放在形容詞後面，構成描寫性詞語，充當謂語、狀語或補語；三是用在名詞、代詞、動詞、形容詞或詞組後面，構成"底"字結構，充當主語、賓語或表語。例如：

①僧便問："作摩生是在頂上底眼?"（《祖堂集》卷四）
②拆開看時，裏面寫着四句詩，便是夜來夢裏見那渾家做底一般。（《清平山堂話本·簡貼和尚》）

③舉措悉皆索索底,時長恬恬底。(《祖堂集》卷七)

④顏色變異,呵呵底笑。(《祖堂集》卷二)

⑤更有一般底,錐又錐不動,召又召不應。(《祖堂集》卷四)

⑥王介甫家小底不如大底,南陽謝師宰家大底不如小底。(王銍《默記》卷中)

關於"底"的來源,章炳麟《新方言》認爲:"今人言底言的,凡有三義:在語中者,的即之字;在語末者,若有所指,如云冷的,熱的,的即者字。"呂叔湘認爲"底"來自"者"。王力不同意上述意見,因爲説"者"變成"底"至少在語音上難以解釋。馮春田進一步論證了唐宋的"者"近於"底",但語音問題還是不能解決。梅祖麟對此提出了自己的看法。曹廣順認爲從功能上看,"的"有三個來源:之、者、許。石毓智、李訥也認爲助詞"底"由指示代詞"底"發展而來。江藍生則認爲助詞"底"來源於方位詞"底"。蔣紹愚認爲應該從語法結構的演變來看"底"的產生。

地　"地"的產生過去認爲是在中古,《世説新語·方正》:"使君如馨地,寧可鬥戰求勝?"但這個例子應標點爲:"使君,如馨地寧可鬥戰求勝?"意思是:"在這樣的場合,怎麼能以鬥戰求勝?"所以,"地"的產生還是在唐代。它有兩種用法,一是用在狀語和中心語之間,二是置於形容詞後面構成描寫性謂語。例如:

⑦爾若自信不及,即便忙忙地徇一切境轉。(《臨濟惠照禪師語録》)

⑧爾還識渠麼,活潑潑地,祇是無根株。(《臨濟惠照禪師語録》)

"地"和"底"不是同一來源,它應該是由處所名詞虛化爲近指代詞,再虛化爲助詞。

的　"的"的產生,呂叔湘説得很清楚:"'的'字現在説輕聲(並且説 də 不説 di),想來'底'和'地'寫成'的',都已是變輕聲以後的事。'地'字變輕聲當在'底'字變輕聲之後,所以《京本通俗小説》等書和元人劇曲裏'底'字幾已全作'的',而'地'字仍常見。"現在見到的"的"字的較早用例是在北宋:

⑨南朝瞟是應副本國也,如有些小的公事,也且休恐惡模樣。(沈括《乙卯入國奏請》)

⑩學是至廣大的事,豈可以迫切之心爲之。(《二程語録》卷一一)

6.2.4　語氣詞的發展

中古近代漢語中產生了一大批新的語氣詞。如陳述語氣詞有"了""在""裏"

"的""罷了""便了"；疑問語氣詞有"麽""那""嗎""那""哩（里）""呢"；祈使語氣詞有"著""者""咱""則""則個""好""休""罷""呸""吧"；感嘆語氣詞有"呵（阿、啊）""呀""也麽哥"等等。這裏祇介紹"啊""嗎""呢"三個。

啊　語氣詞"啊"出現在清代，它的來源不是單一的，而是由唐宋時期句中語氣詞"後"和句末語氣詞"好"、宋代語氣詞"呵"（有祈使、疑問、假設三種用法）、元代語氣詞"阿"合併而成的。例如：

①把酒問春因底意，爲誰來後爲誰歸？（五代王周《問春》）
②慚愧！大須努力好！（《祖堂集》卷七）
③我且歸家，你而今休呵。（歐陽修《醉蓬萊》）
④天阿！兀的不害殺我也！（楊顯之《瀟湘雨》楔子）

元代的"呵"又寫作"阿"，表明從元代開始，作語氣詞的"呵"的聲母已弱化，與"阿"讀音相同了。寫作"啊"則是在清代：

⑤兩位姐姐，看得高興啊，也等我每看看。（洪昇《長生殿》）

嗎　"嗎"最早出現是在清代，而關於"嗎"的來源，王力、太田辰夫等認爲來源於唐代疑問句句末的"無"，"無"又源於上古漢語否定詞"否"。《左傳·定公四年》："問諸道路，不知信否？"到《史記》中，可以看到否定詞"不""未"放在句末表示反問："秦王以十五城請易寡人之璧，可予不？""君除吏已盡未？"到南北朝，已有"無"字出現於句尾。《賢愚經》卷一："世間羸瘦，有劇我者無？"這種"無"還是對"有"的否定，不是語氣詞。到唐代，"無"可以出現在以一般動詞爲謂語的句子中，例如：

⑥草樹雲山如錦繡，秦川得及此間無？（李白《上皇西巡南京歌》其二）
⑦江花未落還成都，肯訪浣花老翁無？（杜甫《入奏行》）

唐代句末語氣詞"無"，在敦煌文書中寫作"磨"或"摩"，在《祖堂集》中寫作"摩"，唐詩中也有寫作"麽"的。寫作"嗎"始見於清代：
⑧這是爆竹嗎？（《紅樓夢》第二二回）

呢　現代漢語中"呢"按其語法功能大致可分爲兩類，一是表敍實（強調或誇張）

的；一是表疑問的。表欵實的"呢"來源於唐宋時的"里（哩）"；表疑問的"呢"來源於唐宋時的"聻"，"聻"又源自先秦的"爾"。

⑨幸有光嚴童子里，不交伊去唱將來。(《敦煌變文集·維摩詰經講經文》)

⑩後明皇帝幸蜀，至中路日："崀郎亦一遍到此來里。"(《劉賓客嘉話錄》)

⑪云："此人意作摩生?"云："此人不落意。"云："不落意此人聻?"(《祖堂集》卷二)

⑫一日同遠經行法堂，偶童子趨庭吟日："萬象之中獨露身。"遠拊公背日："好聻!"(《續傳燈錄·馮楫濟川居士》)

現代漢語中的語氣詞"呢"最早大約出現於宋元時期：

⑬問道："擔子呢?"應道："攧在河裏。""區擔呢?""攧在河裏。"(《警世通言》卷三七)

⑭婆婆，俺那孩兒的呢? (張國賓《合汗衫》)

6.3 中古近代漢語語法的研究

6.3.1 古人關於中古近代漢語語法的研究

在《馬氏文通》之前，古人尚没有對漢語語法有系統的研究，但是仍留下了一些關於某些語法現象與語法問題的研究材料。鄭奠、麥梅翹《古漢語語法學資料彙編》分兩部分，第一部分輯錄了古人論述古漢語語法問題的資料，第二部分輯錄了古代文字訓詁及諸子書中有關語法的資料，其中頗有中古近代漢語語法研究的内容。[①] 趙振鐸《中國語言學史》、何九盈《中國古代語言學史》等著作對自先秦至清代每一個階段的語法研究作了闡述，從中可以看出，古人的語法研究大多集中於上古漢語，對中古近代漢語語料中的語法現象關注較少，但也不是没有。當然，這些關於中古近代漢語語法的闡述往往也是跟上古漢語語法聯繫在一起討論的。

先秦時期，諸子的著作中已經有了一定的語法觀念。兩漢時期，有關於詞類和虛詞的分析。魏晉至唐五代時期，《五經正義》中有關於詞類的探討。中古近代漢語時期，有一批研究虛字的著作，如元代盧以緯《語助》、清袁仁林《虛字説》、劉淇《助字辨

---

① 鄭奠、麥梅翹：《古漢語語法學資料彙編》，北京：中華書局1964年版。

略》、王引之《經傳釋詞》等，均以研究文言虛字爲主。白話語料中的某些語法現象可參考以下材料：

1. "虛字" "實字"①

宋代出現的實字、虛字名目，最早是指名詞、動詞。孫奕《示兒編》卷九：

> 詩貴於的對而病於偏枯，雖子美尚有此病。……《龍門》曰："往還時屢改，川水日悠哉。"是以實對虛也。大手筆如老杜則可，然未免爲白圭之砧，恐後學不可效尤。

這裏的"往還"是動詞，"川水"是名詞。"實"指"川水"，"虛"指"往還"。名動相對，是以實對虛，故孫奕以之爲白圭之砧。

又如，宋人指出一個字因讀音的不同而有虛、實意義的不同：王觀國《學林》卷十：

> 又如枕字分上聲、去聲二音，若"枕股而哭"、"枕轡而寢"、"飲水曲肱而枕之"、"枕流漱石"與"枕戈"、"枕江"之類，皆去聲也，上聲爲實字，去聲爲虛字，二聲有辨也。

張炎《詞源》卷下有一段文字專門論及"虛字"：

> 詞與詩不同。詞之句語有二字、三字、四字，至六字者，若堆疊實字，讀且不通，況付之雪兒乎？合用虛字呼喚，單字如"正""但""任""甚"之類，兩字如"莫是""還又""那堪"之類，三字如"更能消""最無端""又卻是"之類，此等虛字，卻要用之得其所。若能善用虛字，句語自活，必不質實，觀者無掩卷之誚。②

這裏所説的"虛字"已經跟後世的"虛詞"有點相似了，當然也僅是相似，因其含義比較寬泛。

2. "動字" "静字"

宋人著作中還提到"動字"和"静字"。黃震《黄氏日抄》卷二《讀論語·憲

---

① 關於"虛字""實字""動字""静字"主要參考趙振鐸：《中國語言學史》，石家莊：河北教育出版社2000年版。

② 此段文字，不同版本差異較大，末句爲甚。此從《宛委别藏》本。《詞源》論"清空"："詞要清空，不要質實。清空則古雅峭拔，質實則凝澀晦昧。"知"質實"是張炎所批評的風格，因此這裏説"若能善用虛字，句語自活，必不質實"，其他版本未注意到"質實"之詞義，顯然不妥。又，《續修四庫全書》影印道光八年秦恩復刻詞學叢書本"善用"作"盡用"，亦不妥。

問篇》：

"霸諸侯" 注云："霸與伯同，長也。" 愚意天下之主謂之王，諸侯之長謂之伯，此指其定位而名也。以德方興而爲天下所歸則王（平聲），聲轉而爲王（去聲），王政不綱而諸侯之長自整齊其諸侯則伯（入聲），聲轉而爲霸（去聲）[1]，皆有爲之稱也。正音爲静字，轉聲爲動字。

要正確理解這裏的 "静字" 與 "動字"，需要從 "正音" 與 "轉聲" 入手。王讜《唐語林》卷二："稷下有諺曰：'學識何如觀點書'，書之難，不唯句度、義理，兼在知字之正音、借音。若某字以朱發平聲，即爲某字，發上聲變爲某字，去入又改爲某字。轉平上去入易耳，知合發不發爲難。" 所謂 "正音"，就是照字的本音去讀，即 "如字"；"轉聲"，指這個字由於詞義和詞性不同而發生的變化。因此，字分動静即改變音讀使詞義和詞性發生變化，静字即本字，動字是指改變音讀使詞義或詞性發生變化的字。

3. 代詞[2]

中古近代漢語時期，人們注意到口語中的代詞用法，例如：

身 《爾雅·釋詁下》：

身，我也。
朕、余、躬，身也。郭璞注：今人亦自呼爲身。

儂 宋吳處厚《青箱雜記》卷八：

慶曆丙戌歲，春牓省試，以民功曰庸爲賦題，題面生梗，難爲措詞。其時路授、饒瑄各場屋馳名，路則云："此賦須本賞。" 饒則云："此賦須本農。" 故當時無名子嘲曰："路授則家住關西，打賞駡賞；饒瑄則生居浙右，你儂我儂。"

宋文瑩《湘山野録》卷中：

---

① 黃震《黃氏日抄》原文没有 "入聲" "去聲" 的標識，此據明楊慎《丹鉛續録》卷三 "霸伯同" 條所引《黃氏日抄》。

② 關於代詞、量詞、語氣詞和嘆詞，主要參考孫錫信主編，楊永龍副主編：《中古近代漢語語法研究述要》，上海：復旦大學出版社 2014 年版，第 21 – 24 頁。《中古近代漢語語法研究述要》中的誤字、誤點之處復核原書後徑改。

武肅（錢鏐）覺其歡意不甚浹洽，再酌酒，高揭吳喉唱山歌以見意。詞曰："你輩見儂底歡喜，別是一般滋味子，永在我儂心子裏。"

這是"你"的用法。吳地自稱曰我儂，稱人曰渠儂、個儂、他儂等。此"儂"則爲專用於人稱代後面的語助。因稱人多用儂字，故以"吳儂"指吳人。唐劉禹錫《福先寺雪中酬別樂天》："才子從今一分散，便將詩詠嚮吳儂。"元高德基《平江記事》："嘉定州去平江一百六十里，鄉音與吳城尤異，其並海去處號三儂之地。盖以鄉人自稱曰'吾儂''我儂'，稱他人曰'渠儂''你儂'，問人曰'誰儂'。夜晚之間，閉門之後，有人叩門，主人問曰：'誰儂？'外面答曰：'我儂。'主人不知何人，開門視之，認其人矣，乃曰：'卻是你儂。'好事者遂名其處爲三儂之地。"

你　清郝懿行《晉宋書故》：

今鄉里鄙人夫婦相謂，俱呼曰"你"，即《禮記》之"乃"也。

清陸敬安《冷廬雜識》：

你字本作爾。《後周書·異域波斯傳》："你能作幾年可汗？"此"你"字之初見於史也。又《北史·李密傳》："與你論相殺事，何須作書傳雅語。"

咱　明張自烈《正字通·口部》：

莊加切，音查。北音呼我曰咱。《中州音韻》茲沙切。與俺音別義同。

清黃生《字詁》"怎、咱、波、吓"條：

咱（側皆切）之爲我，則"自""家"二字所合也。

底　唐劉知幾《史通·雜說》：

"渠們""底箇"（"底"音丁禮反），江左彼此之辭；"乃""若""君""卿"，中朝汝我之義。斯並因地而變，隨時而革。

金王若虛《滹南遺老集·謬誤雜辨》：

古人言"底事""底物""底處""有底""作底","底"之訓何也。今人或認爲"此"字之義，誤矣。

清俞正燮《癸巳類稿》卷七"等還音義"條：

浙東西語"何"爲"底"，"底"爲"等"之轉。"等"乃"何等"之急省。

怎　清黄生《字詁》"怎、咱、波、吓"條：

怎（子肯切）字本作"咱"上聲，今北人語猶然，蓋"作麼"之二合音也。北無入聲，故元人創作此字。南人踵之，又轉其聲爲"子肯切"耳。

4. 量詞

漢語中的量詞甚爲豐富，古人時有討論。

兩、量　顏師古《匡謬正俗》卷七：

或問曰："今人呼屨舄、屐屩之屬一具爲一量，於義何耶？"答曰："字當作兩。《詩》云'葛屨五兩'者，相偶之名，屨之屬二乃成具，故謂之兩，兩音轉變，故爲量耳。古者謂車一乘亦曰一兩。《詩》云：'百兩御之'，是也。今俗音訛往往呼爲車若干量。"

箇、隻　宋范晞文《對牀夜語》卷二：

數物以箇，俗語也。老杜有"峽口驚猿聞一箇""兩箇黄鸝鳴翠柳"，疊字有"樵聲箇箇同""箇箇五花文""漁舟箇箇輕""卻遠井欄添箇箇"。司空圖"鶴群長遠三株樹，不借閑人一隻騎"，"隻"亦"箇"字之類。

量詞的系列研究，以清袁枚《隨園隨筆》卷二四中的論述最爲詳盡，其中牽涉的量詞有：狀、腰、斤、螺、丸、枚、稱、流、雙、斂、椑、版、覓、頭、頓、屈、俘、隻、診、兩、端、尺、純、經程、斤、鎰、弓、軸、番、棱、壯、樹、遭、兩、匹、頭、通、石、擔、箪、琲、笏：

南朝呼筆四管爲一狀，見孔元舒《在家記》。北朝呼帶爲腰，周武帝賜李賢御服十三鐶金帶一腰。裙亦稱腰，《唐（書）·五行志》："安樂公主造百鳥毛裙兩腰。"陸雲與兄書曰："一日上三臺，曹公藏墨數十萬斤，今送兄二螺。"《北戶録》亦稱墨爲螺、爲丸、爲枚。衣稱"稱"，見《禮・喪服大記》"衣十九稱"，注："單複具曰稱。"袍有表、衣有裳謂之一稱。名銀爲流者，《漢書・食貨志》："朱提銀重八兩爲一流。"名田爲雙者，《唐書・南詔傳》："官給田四雙爲二百畝。"《輟耕録》："一雙四畝也，佛地二畝爲一雙。"名酒爲榫者，見段成式"送人酒一榫"。《博雅》："榫，榼也。"《集韻》："飲器也。"以金稱版者，見韓晉公與擔夫白金一版。《周禮・秋宮・職金》"旅於上帝，供其金版"，注："餅金謂之版。"以物稱覓者，《唐書・南蠻傳》："十六枚爲一覓。"以食稱頭者，見《晉元帝集》："謝賜功德淨饌一頭。"又以食稱頓者，見《世説》："羅友少時，伺人祠，曰：'乞一頓食。'"麵稱屈者，見《南海誌》："扶南國貢交麵百屈。"以寶稱俘者，見《尚書大傳》："湯伐三股，俘厥寶玉。"以玉稱隻者，見《穆天子傳》："天子至群玉之山，載玉萬隻。"以履稱診者，見《後漢書・王喬傳》："有雙鳧從東方來，舉羅張之，得一隻舃，乃詔上方診視。"以詩稱餉者，見《魏（書）・文帝紀》："以詩賦餉孫權。"以城稱幣者，見《趙世家》："馮亭以城七十幣吾國。"以矢稱賄者，見《周本紀》："王命榮伯作賄肅慎之命。"以天子所到稱踐者，見《尚書序》："成王既伐東夷，遂踐奄。"以幣稱兩者，見《周禮・媒氏》："凡嫁娶入幣，純帛無過五兩"，注："五兩，十端也。言兩者，取配合之名。"《孔疏》云："四十尺也。"錦稱純，見《穆天子傳》："獻西王母錦組百純"，注："純，匹端名也。"以酒稱經程者，見《韓詩外傳》："齊桓公置酒，令大夫後者飲一經程，管仲後，當飲一經程。"《急就章》曰："稽檠程"，即經程之義也。以經稱斤者，楊升庵稱"《易》重一斤，《詩》重八兩"。以人稱鎰者，陳白沙稱"堯萬鎰，孔子九千鎰"。稱地爲弓者，《儀禮・鄉射》："侯道五十弓。"稱餅爲軸者，見《太平廣記》："唐儉過薛良，遺之以餅二軸。"紙稱番者，見《唐書》："太府月給蜀郡麻紙五千番。"田可稱棱，陸魯望詩："我本曾無一棱田。"炙稱壯者，《後漢書》注《華佗別傳》有"炙此艾各七壯"之語；《三餘贅筆》："醫家艾一灼謂之一壯。"首飾稱樹者，《隋書・禮誌》："後首飾花千二樹。"以一往稱一遭者，見楊子《方言》："一周曰一僐"，即一遭也。又車亦可稱兩，《孟子》："革車三百兩。"絹稱匹者，《小爾雅》："倍丈曰端，倍端曰兩，倍兩曰匹。"《淮南子・天文訓》："四丈爲匹。"稱牛馬爲一頭者，見《漢書・西域・烏孫傳》："馬牛羊驢七十餘萬頭。"鼓稱通者，見《文選注》引《車戰令》："嚴鼓一通，步騎士悉嚴。"一石稱一擔者，《後漢書・韋彪傳》注："江淮人謂一石爲一擔。"以裘稱石者，《史記・貨殖傳》："羔羊裘千石。"以簟稱領者，《世説》："王大見王恭坐六尺簟，曰：'可以一領及我。'"以珠稱琲者，《魏志》："孫權貢珠百琲。"以金稱笏者，《墨莊漫録》："朱芾爲太常博士，寫《黄庭》小楷，詔賜白金十三笏。"米可稱條者，見白香山《登靈應台北望》詩云："臨高始見人寰小，遠望方知世界空。回音卻歸朝市去，一條米落太倉中。"

按，此中引量詞甚多，足見其對漢語量詞的關注。當然其中也有並非量詞而是詞類活用的情況，例如"以詩稱餉者，見《魏（書）·文帝紀》：'以詩賦餉孫權。'"後面也有此類情況，不可不察。

5. 語氣詞和嘆詞

唯　清黃生《字詁》"俞　唯"條：

俞、唯皆應詞，今人作"唯"，但聲出喉中而不言，其字若嗄，則俞之聲也。嗄，本所駕切，元人曲中始作平聲，爲應詞用。

嘛　清黃生《字詁》"嘛"條：

嘛，音嗎，口動也。見山谷小詞①，字書不載。吾鄉謂口欲發悲曰嘛。閱黃詞，則知宋人已有此語矣。

呀　清李漁《笠翁劇論》（下）：

白中有"呀"字，驚駭之聲也。如意中並無此事，而猝然遇之；一向未見某人，而偶爾逢之，則用此字開口以示異也。

啊咦　清陳僅《捫燭脞存》：

《史記》"夥頤"字解者不一，有友人謂余曰："'夥頤'即今俗音'啊咦'二字，驚嘆詞耳。"此語最爲通解。

此外，在句法方面，古人在傳統的句讀理論多有闡述，此不贅引。

6.3.2　現當代關於中古近代漢語語法的研究

現當代學者有關中古近代漢語語法的研究成果很多。《中古近代漢語語法研究述要》一書對此有很詳細的介紹，茲據此書作一些簡單的梳理，以便後學者能按圖索驥。

關於中古近代漢語語法，十九世紀四十年代呂叔湘先生就有系列論文，五十年代王力先生的《漢語史稿》中册（1958）是第一部漢語語法史專著，1989年修訂更名爲

---

① 黃庭堅《醜奴兒》詞："濟楚好得些，憔悴損、都是因他。那回得句閑言語，傍人盡道，你管又還鬼那人吵。得過口兒嘛，直勾得、風了自家。是即好意也毒害，你還甜殺人了，怎生申報孩兒。"

《漢語語法史》。其後概論性著作有太田辰夫《中國語歷史文法》（日本江南書院 1958 年版，北京大學出版社 1987 年版）、潘允中《漢語語法史概要》、史存直《漢語語法史綱要》、孫錫信《漢語歷史語法要略》、向熹《簡明漢語史》（下編語法部分）。

中古漢語語法斷代研究著作主要有：程湘清《兩漢漢語研究》和《魏晉南北朝漢語研究》中有關語法研究的内容，太田辰夫《中古語法概説》，志村良治《中國中世語法史研究》，柳士鎮《魏晉南北朝歷史語法》，王雲路《漢魏六朝詩歌與中古漢語語法》，魏培泉《漢魏六朝人稱代詞研究》，劉練儒《魏晉南北朝量詞研究》，段業輝《中古漢語助動詞研究》，林曉恒《中古漢語方位詞研究》，高育花《中古漢語副詞研究》，董志翹、蔡鏡浩《中古虛詞語法例釋》，劉開驊《中古漢語疑問句研究》，崔達送《中古漢語位移動詞研究》，葛佳才《東漢副詞系統研究》，曹廣順、遇笑容《中古漢語語法史研究》。

中古漢語語法專書研究成果主要有關於《論衡》的語法研究，關於《三國志》及裴注的語法研究（何亞男《〈三國志〉和裴注句法專題研究》），關於《搜神記》的語法研究，關於《世説新語》的語法研究（詹秀惠《世説新語語法探究》等），關於中古佛經的語法研究（朱冠明《〈摩訶僧祇律〉情態動詞研究》、遇笑容《〈撰集百緣經〉語法研究》、龍國富《姚秦譯經助詞研究》）。

中古漢語語法的專題研究成果主要有關於中古漢語繫詞、虛詞、詞綴和構詞法以及句法的研究。

近代漢語語法研究的首倡者是黎錦熙，他於 1924 年出版了第一部以白話文爲對象的《新著國語文法》，四年後發表了《中國近代語研究提議》，揭開了近代漢語研究的序幕。二十世紀四十年代，吕叔湘發表了近代漢語語法研究的系列論文，是近代漢語語法的奠基者。一批近代漢語概論性著作中有相當多的篇幅研究語法，如袁賓《近代漢語概論》，楊建國《近代漢語引論》，蔣冀騁、吳福祥《近代漢語綱要》，魏達純《近代漢語簡論》，蔣紹愚《近代漢語研究概況》（1994，2005 年修訂更名爲《近代漢語研究概要》）。

近代漢語語法斷代研究的專著主要有：趙克誠《近代漢語語法》，馮春田《近代漢語語法問題研究》《近代漢語語法研究》，俞光中、植田均《近代漢語語法研究》，蔣紹愚、曹廣順《近代漢語語法史研究綜述》，劉堅、江藍生、白維國、曹廣順《近代漢語虛詞研究》，孫錫信《近代漢語語氣詞》，祝敏徹《近代漢語句法史稿》，程湘清《隋唐五代漢語研究》《宋元明漢語研究》，太田辰夫《唐五代文法試探》《宋代文法試探》，李崇興、祖生利、丁勇《元代漢語語法研究》，馬貝加《近代漢語介詞》，席嘉《近代漢語連詞》，楊榮祥《近代漢語副詞研究》，陳群《近代漢語程度副詞研究》，崔山佳《近代漢語語法歷史考察》。

近代漢語專書研究成果主要有關於變文的語法研究（吴福祥《敦煌變文語法研究》等）；關於《祖堂集》的語法研究（太田辰夫《〈祖堂集〉語法概說》，張美蘭《〈祖堂集〉語法研究》，曹廣順、梁銀峰、龍國富《〈祖堂集〉語法研究》，林新年《〈祖堂集〉動態助詞研究》，葉建軍《〈祖堂集〉疑問句研究》）；黄錦君《二程語録語法研究》；刁宴斌《〈三朝北盟會編〉語法研究》；關於《朱子語類》的語法研究（祝敏徹《〈朱子語類〉句法研究》、楊永龍《〈朱子語類〉完成體研究》、唐賢清《〈朱子語類〉副詞研究》、劉子瑜《〈朱子語類〉述補結構研究》、吴福祥《〈朱子語類輯略〉語法研究》）；盧烈紅《〈古尊宿語要〉代詞助詞研究》；楊永龍、江藍生《〈劉知遠諸宮調〉語法研究》；李崇興、祖生利《〈元典章·刑部〉語法研究》；高育花《元刊〈全相平話五種〉語法研究》；李泰洙《〈老乞大〉四種版本語言研究》；曹煒等《〈水滸傳〉虛詞計量研究》；許仰民《〈金瓶梅詞話〉語法研究》；關於《西遊記》《紅樓夢》《兒女英雄傳》的語法研究；馮春田《〈聊齋俚曲〉語法研究》。

近代漢語語法的專題研究成果主要有關於近代漢語各種虛詞詞綴的研究，關於近代漢語處置式、被動句、動補結構、選擇問句、比字句及唐詩句法研究，張赬《漢語介詞詞組詞序的歷史演變》、陳前瑞《漢語體貌研究的類型學視野》。

關於中古近代漢語語法研究的理論方法與視角，程湘清《漢語史斷代專書研究方法論》是一篇最早談及語法研究方法的論文。屈承熹《歷史語法學理論與漢語歷史語法》運用歷史語法學理論解釋漢語語法現象，說明歷史語法學的多種研究方法在漢語語法研究中的應用和成果，是一本具有理論色彩的漢語歷史語法著作。專注於某一種研究方法的語法研究論著很多，從方法上來說，有語法的歷時比較、虛詞的"因聲探源"、詞彙興替和重新分析、變換和類推、內部構擬法與功能擴展、歷史語法與方言語法研究相結合、多層面描寫與多角度解釋、語法化視角下的語法研究、語言類型學視角下的語法研究、語言接觸視角下的語法研究。

☆練習題

1. 閱讀金王若虚《滹南遺老集》（畿輔叢書本）卷五《論語辨惑二》中的部分内容，分析其中"語法"一詞具體所指。

子曰十室之邑必有忠信如丘者焉不如丘之好學也或
訓焉爲何而屬之下句廢焚子退朝曰傷人乎不問馬或
讀不爲否而屬之上句意謂聖人至謙必不肯言人之莫
已若聖人至仁必不至賤畜而無所恤也義理之是非姑
置勿論且道世之爲文者有如此語法乎故几解經其論
雖高而於文勢語法不順者亦未可遽從況未高乎

　　2. 閱讀金王若虛《溻南遺老集》（畿輔叢書本）卷十九《史記辨惑十一》與卷二〇《諸史辨惑上》中的部分內容，討論其中關於虛詞和語義結構分析的內容。

韓信傳云此所謂驅市人而戰之之字不安

趙堯薦周昌曰其人有堅忍質直何用有字

燕太子屬荆軻曰曰已盡矣荆卿豈有意哉范雎傳云須

賈問范雎曰今吾事之去留在張君孰子豈有客冐於相

君者哉妻敬說高帝曰陛下都雒陽豈欲與周室比隆哉

哉字皆不安作乎字可也

范蠡傳載楚王之言曰寡人雖不德耳奈何以朱公之子

故而施惠乎耳字不安去之可也

荆軻傳云軻雖游於酒人乎乎字尤乖

灌夫傳云諸公莫弗稱之莫弗字不成語

高祖縱觀泰皇帝師古曰縱放也天子出行放人令觀予

謂此於文勢爲悖恐只是恣觀之耳裴矩傳煬帝時諸番

胡入貢令武威張掖士女盛飾縱觀縱字當準此例

3. 以一部文獻年代、版本可靠的近代漢語語料爲對象，對某一語法現象作專書專題研究。

參考文獻

［1］陳鈍：《舊籍中關於方言之著作》，載《國立中山大學語言歷史學研究所週刊‧方言專號》第八集第八十五、八十六、八十七期合刊，1929 年。

［2］曹廣順、遇笑容：《從語言的角度看某些早期譯經的翻譯年代問題——以〈舊雜譬喻經〉爲例》，四川大學漢語史研究所編：《漢語史研究集刊》（第三輯），成都：巴蜀書社 2000 年版。

［3］曹廣順、遇笑容：《從中古譯經和元白話看第二語言習得導致的語言接觸——以語言接觸導致的語法變化爲例》，中國社會科學院語言研究所《歷史語言學研究》編輯部：《歷史語言學研究》（第九輯），北京：商務印書館 2015 年版。

［4］陳桐生：《商周文學語言因革論》，《文學遺産》2016 年第 4 期。

［5］董志翹：《中古文獻語言論集》，成都：巴蜀書社 2000 年版。

［6］董志翹：《中古近代漢語探微》，北京：中華書局 2007 年版。

［7］方齡貴：《古典戲曲外來語考釋詞典》，上海：漢語大詞典出版社、昆明：雲南大學出版社 2001 年版。

［8］方一新：《東漢魏晉南北朝史書詞語箋釋》，合肥：黃山書社 1997 年版。

［9］方一新、王雲路：《中古漢語讀本》（修訂本），上海：上海教育出版社 2006 年版。

［10］方一新：《中古近代漢語詞彙學》，北京：商務印書館 2010 年版。

［11］方一新、高列過：《東漢疑僞佛經的語言學考辨研究》，北京：人民出版社 2012 年版。

［12］顧之川：《明代漢語詞彙研究》，開封：河南大學出版社 2000 年版。

［13］郭朋：《中國佛教思想史》，廈門：福建人民出版社 1994 年版。

［14］何九盈：《中國古代語言學史》（新增訂本），北京：北京大學出版社 2006 年版。

［15］胡明揚：《近代漢語的上下限和分期問題》，載胡竹安、楊耐思、蔣紹愚編：《近代漢語研究》，北京：商務印書館 1993 年版。

［16］黃征：《敦煌俗字典》，上海：上海教育出版社 2005 年版。

［17］賈君芳、何洪峰：《從介詞角度看〈六度集經〉與〈舊雜譬喻經〉的翻譯時代》，《寧夏大學學報》（人文社會科學版）2016 年第 4 期。

［18］江藍生：《八卷本〈搜神記〉語言的時代》，《中國語文》1987 年第 4 期。

［19］蔣冀騁、吳福祥：《近代漢語綱要》，長沙：湖南教育出版社 1997 年版。

［20］蔣禮鴻：《中國俗文字學研究導言》，《杭州大學學報》1959 年第 3 期。

［21］蔣禮鴻：《敦煌變文字義通釋》，上海：上海古籍出版社 1997 年版。

［22］蔣禮鴻：《訓詁學說略》，載蔣禮鴻著，吳熊和主編：《蔣禮鴻集》（第三卷），杭州：浙江教育出版社 2001 年版。

［23］蔣紹愚：《近代漢語研究概況》，北京：北京大學出版社 1994 年版。

［24］蔣紹愚：《近代漢語研究概要》，北京：北京大學出版社 2005 年版。

［25］蔣紹愚：《王力先生的漢語歷史詞彙學研究》，《北京大學學報》（哲學社會科學版）2010 年第 5 期。

［26］蔣紹愚：《漢語歷史詞彙學概要》，北京：商務印書館 2015 年版。

［27］蔣宗福：《四川方言詞語續考》，成都：巴蜀書社 2014 年版。

［28］雷漢卿：《近代方俗詞叢考》，成都：巴蜀書社 2006 年版。

［29］李偉：《從元漢兒言語"有"的用法透視語言接觸下的語言演變》，《語文研究》2009 年第 1 期。

［30］李如龍：《漢語詞彙學論集》，廈門：廈門大學出版社 2011 年版。

［31］劉堅：《略談"話本"的語言年代問題》，《運城師專學報》1985 年第 1 期。

［32］劉堅：《近代漢語讀本》（修訂本），上海：上海教育出版社 2005 年版。

［33］劉堅：《中古漢語讀本·序》，方一新、王雲路：《中古漢語讀本》（修訂本），上海：上海教育出版社 2006 年版。

［34］柳士鎮：《從語言學角度看〈齊民要術〉卷前〈雜說〉非賈氏所作》，《中國語文》1989 年第 2 期。

［35］呂叔湘：《江藍生〈魏晉南北朝小說詞語匯釋〉序》，《語文近著》，上海：上海教育出版社 1987 年版。

［36］潘允中：《漢語詞彙史概要》，上海：上海古籍出版社 1989 年版。

［37］史存直：《漢語史綱要》，北京：中華書局 2008 年版。

［38］孫錫信主編，楊永龍副主編：《中古近代漢語語法研究述要》，上海：復旦大學出版社 2014 年版。

［39］唐作藩：《音韻學教程》（第三版），北京：北京大學出版社 2002 年版。

［40］王國維：《古史新證——王國維最後的講義》，北京：清華大學出版社 1994 年版。

［41］王國維編：《最近二三十年中中國新發見之學問》，載干春松、孟彥弘：《王國維學術經典集》（上卷），南昌：江西人民出版社 1997 年版。

［42］王力：《漢語史稿》，北京：中華書局 1980 年版。

［43］王力主編：《古代漢語》（校訂重排本），北京：中華書局 1999 年版。

［44］王利器：《顔氏家訓集解》，北京：中华书局 1993 年版。

［45］［美］王士元：《白馬非馬：一個俗語源的考察》，載［美］王士元著，石鋒等譯：《語言的探索——王士元語言學論文選譯》，北京：北京語言文化大學出版社 2000 年版。

［46］王鍈：《近代漢語詞彙語法散論》，北京：商務印書館 2004 年版。

［47］王鍈：《〈八卷本《搜神記》語言的時代〉補證》，《中國語文》2006 年第 1 期。

［48］王鍈：《宋元明市語匯釋》（修訂增補本），北京：中華書局 2008 年版。

［49］王雲路：《漢魏六朝詩歌語言論稿》，西安：陝西人民教育出版社 1997 年版。

［50］王雲路：《中古漢語詞彙史》，北京：商務印書館 2010 年版。

［51］汪維輝：《繫詞"是"發展成熟的時代》，《中國語文》1998 年第 2 期。

［52］汪維輝：《從詞彙史看八卷本〈搜神記〉的語言時代》（上），四川大學漢語史研究所編：《漢語史研究集刊》（第三輯），成都：巴蜀書社 2000 年版。

［53］汪維輝：《從詞彙史看八卷本〈搜神記〉的語言時代》（下），四川大學漢語史研究所編：《漢語史研究集刊》（第四輯），成都：巴蜀書社 2001 年版。

［54］汪維輝：《漢語詞彙史新探》，上海：上海人民出版社 2007 年版。

［55］魏達純：《近代漢語簡論》，廣州：廣東高等教育出版社 2004 年版。

［56］向熹編著：《簡明漢語史》，北京：高等教育出版社 1993 年版。

［57］徐復：《從語言上推測〈孔雀東南飛〉一詩的寫定年代》，《學術月刊》1958 年第 2 期。

［58］（清）胡文英著，徐復校議：《吳下方言考校議》，南京：鳳凰出版社 2012 年版。

［59］徐時儀：《白馬寺寺名探疑》，《古籍整理研究學刊》2002 年第 4 期。

［60］徐時儀：《漢語白話史》（第二版），北京：北京大學出版社 2015 年。

［61］俞理明：《佛經文獻語言》，成都：巴蜀書社 1993 年版。

［62］俞理明：《〈太平經〉正讀》，成都：巴蜀書社 2001 年版。

［63］遇笑容：《〈儒林外史〉詞彙研究》，北京：北京大學出版社 2001 年版。

［64］袁賓：《近代漢語概論》，上海：上海教育出版社 1992 年版。

［65］曾良：《明清通俗小說語彙研究》，南昌：江西教育出版社 2009 年版。

［66］曾昭聰：《中古近代漢語詞彙論稿》，北京：中央文獻出版社 2004 年版。

［67］曾昭聰：《明清俗語辭書及其所錄俗語詞研究》，上海：上海辭書出版社 2015 年版。

［68］張美蘭：《近代漢語論稿》，南昌：江西教育出版社 2004 年版。

［69］張青松：《文字錯誤還原與俗字的産生——兼談跟“麦”相關的幾個俗字》，北京師範大學民俗典籍文字研究中心編：《民俗典籍文字研究》（第十三輯），北京：商務印書館 2014 年版。

［70］張清源主編：《現代漢語知識辭典》，成都：四川人民出版社 1990 年版。

［71］張雙慶：《〈金瓶梅〉所見的粵方言詞彙》，張洪年、張雙慶、陳雄根主編：《第十屆國際粵方言研討會論文集》，北京：中國社會科學出版社 2007 年版。

［72］張巍：《中古漢語同素逆序詞演變研究》，上海：上海古籍出版社 2010 年版。

［73］張相：《詩詞曲語辭匯釋》，北京：中華書局 1955 年版。

［74］張涌泉：《漢語俗字新考》，《浙江大學學報》（人文社會科學版）2005 年第 1 期。

［75］張涌泉：《漢語俗字研究》（增訂本），北京：商務印書館 2010 年版。

［76］張永言：《從詞彙史看〈列子〉的撰寫時代——爲祝賀季羨林先生八十華誕作》，《語文學論集》（增補本），北京：語文出版社 1999 年版。

［77］趙振鐸：《中國語言學史》，石家莊：河北教育出版社 2000 年版。

［78］鄭賢章：《龍龕手鏡研究》，長沙：湖南師範大學出版社 2004 年版。

［79］周志鋒：《明清小説俗字俗語研究》，北京：中國社會科學出版社 2006 年版。

［80］朱慶之：《佛典與中古漢語詞彙研究》，北京：文津出版社 1992 年版。

［81］祖生利：《元代白話碑文研究》，中國社會科學院研究生院博士學位論文，2000 年。

［82］祖生利、［日］船田善之：《元代白話碑文的體例初探》，《中國史研究》2006 年第 3 期。

［83］中國大百科全書總編輯委員會《語言文字》編輯委員會、中國大百科全書出版社編輯部編：《中國大百科全書·語言 文字》，北京：中國大百科全書出版社 1988 年版。